***ACCESO GRATIS** a la Lectura en la Nube*

Para visualizar el libro electrónico en la nube de lectura envíe junto a su nombre y apellidos una fotografía del código de barras situado en la contraportada del libro y otra del ticket de compra a la dirección:

ebooktirant@tirant.com

En un máximo de 72 horas laborales le enviaremos el código de acceso con sus instrucciones.

La visualización del libro en **NUBE DE LECTURA** excluye los usos bibliotecarios y públicos que puedan poner el archivo electrónico a disposición de una comunidad de lectores. Se permite tan solo un uso individual y privado

LA VIVIENDA FAMILIAR

LA VIVIENDA FAMILIAR

Julián Ángel González Sánchez
Magistrado

tirant lo blanch
Valencia, 2025

En caso de erratas y actualizaciones, la Editorial Tirant lo Blanch publicará la pertinente corrección en la página web www.tirant.com.

Directora de colección
Carolina del Carmen Castillo Martínez

EDITA: TIRANT LO BLANCH
C/ Artes Gráficas, 14 - 46010 - Valencia
TELFS.: 96/361 00 48 - 50
FAX: 96/369 41 51
Email: tlb@tirant.com
www.tirant.com
Librería virtual: www.tirant.es
DEPÓSITO LEGAL: V-480-2025
ISBN: 978-84-1095-646-9
MAQUETA: Innovatext

Si tiene alguna queja o sugerencia, envíenos un mail a: *atencioncliente@tirant.com*. En caso de no ser atendida su sugerencia, por favor, lea en *www.tirant.net/index.php/empresa/politicas-de-empresa* nuestro procedimiento de quejas.

Responsabilidad Social Corporativa: http://www.tirant.net/Docs/RSCTirant.pdf

A Cristina

Índice

Capítulo 2

CRITERIOS DE ATRIBUCIÓN

Capítulo 3

VIVIENDA FAMILIAR PERTENECIENTE A TERCEROS

Capítulo 4

DURACIÓN DE LA ATRIBUCIÓN

Capítulo 5

MODIFICACIÓN Y EXTINCIÓN DEL DERECHO DE USO

Capítulo 6

GASTOS, CARGAS Y TRIBUTOS

Capítulo 7

ACCESO AL REGISTRO DE LA PROPIEDAD

Capítulo 11

FORMULARIOS

Abreviaturas

CC	Código Civil
CCCat	Código Civil de Cataluña
CDCFN	Ley 1/1973 de 1 de marzo, por la que se aprueba la Compilación del Derecho Civil Foral de Navarra
CDFA	Decreto Legislativo 1/2011, de 22 de marzo, del Gobierno de Aragón, por el que se aprueba, con el título de «*Código del Derecho Foral de Aragón*», el Texto Refundido de las Leyes civiles aragonesas.
CE	Constitución Española
LAU	Ley de Arrendamientos Urbanos
LEC	Ley de Enjuiciamiento Civil
LH	Ley Hipotecaria
LOPJ	Ley Orgánica del Poder Judicial
LPH	Ley de Propiedad Horizontal
RH	Reglamento Hipotecario
RDGSJFP	Resolución de la Dirección General de Seguridad Jurídica y Fe Pública
RDGRN	Resolución de la Dirección General de los Registros y del Notariado (actualmente, Dirección General de Seguridad Jurídica y Fe Pública)
AAP	Auto de la Audiencia Provincial
SAP	Sentencia de la Audiencia Provincial
STC	Sentencia del Tribunal Constitucional
STS	Sentencia del Tribunal Supremo

Capítulo 1
Cuestiones generales

SUMARIO: I. VIVIENDA FAMILIAR: CONCEPTO Y CONSIDERACIONES GENERALES SOBRE LA ATRIBUCIÓN DE SU USO. 1. Concepto de vivienda familiar. 2. Apreciación del carácter de vivienda familiar. 3. Abandono voluntario de la vivienda familiar al tiempo de la crisis matrimonial. 4. Separación de hecho prolongada anterior a la solicitud de la atribución del uso de la vivienda familiar. 5. Atribución del uso de la vivienda familiar independientemente de la titularidad de la misma. 6. Influencia de la atribución del uso de la vivienda familiar al cuantificar el importe de la pensión alimenticia. A) Valor económico de la atribución del uso. B) Atribución del uso de la vivienda como único contenido de la pensión alimenticia. II. NATURALEZA DEL DERECHO DE USO DE LA VIVIENDA FAMILIAR ATRIBUIDO JUDICIALMENTE. III. AJUAR DOMÉSTICO. IV. ANEJOS DE LA VIVIENDA FAMILIAR. 1. Viviendas unifamiliares. 2. Inmuebles sujetos al régimen de propiedad horizontal. V. ATRIBUCIÓN DE OTROS INMUEBLES O VIVIENDAS DISTINTAS A LA FAMILIAR. VI. PAREJAS DE HECHO. A) Derecho Común. B) Derecho Foral.

I. VIVIENDA FAMILIAR: CONCEPTO Y CONSIDERACIONES GENERALES SOBRE LA ATRIBUCIÓN DE SU USO

1. Concepto de vivienda familiar

No define nuestro Código Civil lo que debe entenderse por vivienda familiar, limitándose a señalar en el art. 70 CC que *"los cónyuges fijarán de común acuerdo el domicilio conyugal y, en caso de discrepancia, resolverá el Juez, teniendo en cuenta el interés de la familia"*.

Dicho vacío ha sido suplido por la jurisprudencia del Tribunal Supremo en la que encontramos muchas, y muy variadas, definiciones de la vivienda familiar, si bien todas ellas giran en torno a una misma idea: lugar en el que la familia convive con voluntad de permanencia y estabilidad.

La STS, Sala 1ª, 1191/1994, de 31 de diciembre (*Tol 1.666.524*), considera la vivienda familiar como un *"bien familiar, no patrimonial al servicio del grupo o ente pluripersonal que en ella se asienta, quien quiera que sea el propietario"* y la STS, Sala 1ª, 1085/1996, de 16 de diciembre (*Tol 5.152.812*), como *"el reducto donde se asienta y desarrolla la persona física, como refugio elemental que sirve a la satisfacción de sus necesidades primarias (descanso, aseo, alimentación, vestido, etc.) y protección de su intimidad (privaticidad), al tiempo que cuando existen hijos es también auxilio indispensable para el amparo y educación de estos"*.

En esta línea, la STS, Sala 1ª, 340/2012, de 31 de mayo (*Tol 2.558.081*), señala que la noción de vivienda familiar se ha venido interpretando como *"el lugar en que la familia haya convivido como tal, con una voluntad de permanencia"* y añade que *"que es un concepto no definido en el Código civil, pero que debe integrarse con lo establecido en el Art. 70 CC, en relación al domicilio de los cónyuges"*. Reiteran este concepto, entre otras, las SSTS, Sala 1ª, Pleno, 641/2018, de 20 de noviembre (*Tol 6.919.974*); 568/2019, de 29 de octubre (*Tol 7.571.565*), y 488/2020, de 23 de septiembre (*Tol 8.111.765*).

Por su parte, la Sala 1ª, 757/2024, de 29 de mayo (*Tol 10.052.569*), dispone que *"conforme reiterada jurisprudencia se entiende por vivienda familiar la habitada por los progenitores e hijos hasta la ruptura del matrimonio (sentencias 42/2017, de 23 de enero; 517/2017, de 22 de septiembre y 356/2021 de 24 de mayo)"*.

En definitiva, la vivienda familiar es aquella que constituye la sede donde se desarrolla, de manera permanente y estable, la vida familiar y que, estando adscrita al servicio de la unidad familiar, constituye la residencia habitual de la misma.

En este sentido, el art. 231-3 CCCat, tras señalar que *"los cónyuges determinan de común acuerdo el domicilio familiar"*, añade que *"ante terceras personas, se presume que el domicilio familiar es aquel donde los cónyuges o bien uno de ellos y la mayor parte de la familia conviven habitualmente"*; y el art. 184.2 CDFA establece que *"se presume que el domicilio familiar es aquel donde los cónyuges conviven habitualmente o bien uno de ellos y la mayor parte de la familia".*

Quedarían excluidas, por tanto, las segundas residencias, de recreo o vacaciones.

Ello no obsta a que, en circunstancias excepcionales, puedan existir dos viviendas familiares, normalmente por circunstancias profesionales de quienes habitan en ellas.

La SAP de La Rioja, Sección 1ª, de 17 de noviembre de 2014 (*Tol 4.712.081*) dispone que *"atendiendo a las circunstancias del caso, ocurre que hasta que se produce la separación del matrimonio, por motivos profesionales D. Belarmino reside en Castropol (Asturias), en la vivienda que hasta el traslado de Doña Socorro con sus hijos a Logroño constituía el domicilio familiar, y Doña Socorro en Logroño, en el piso que adquirió el matrimonio ante el traslado de la Sra. Socorro y sus hijos a Logroño, vivienda que, por tanto, también constituye el domicilio familiar desde antes de la separación; ninguna de esas viviendas ha recibido por parte de la familia la consideración de segunda vivienda, o de vacaciones; las dos han sido domicilio familiar, antes y después de la separación, porque en ambas han residido y residen de modo habitual los miembros de la familia, ahora D. Belarmino en la de Castropol y Doña Socorro y sus hijos en la de Logroño".*

La vivienda familiar, salvo acuerdo de los cónyuges o convivientes, es la única que puede atribuirse en los procedimientos matrimoniales y de guarda y custodia de hijos menores[1].

2. *Apreciación del carácter de vivienda familiar*

El art. 96.1 CC dispone en su primer inciso que *"en defecto de acuerdo de los cónyuges aprobado por la autoridad judicial, el uso de la vivienda familiar y de los objetos de uso ordinario de ella corresponderá a los hijos comunes menores de edad y al cónyuge en cuya compañía queden, hasta que todos aquellos alcancen la mayoría de edad".*

---

1 *Vid. infra* (Capítulo 1. V).

A efectos de este precepto, el carácter de vivienda familiar debe apreciarse en el momento de la ruptura de la pareja, de modo que será conceptuada como tal la que tenga dicho carácter en el momento de producirse la crisis o ruptura matrimonial.

Así resulta de la STS, Sala 1ª, 356/2021, de 24 de mayo (*Tol 8.454.612*), cuando dispone que la *"vivienda familiar es la habitada por los progenitores e hijo(s), hasta la ruptura del matrimonio"*.

Igualmente, la SAP de Madrid, Sección 22ª, de 9 de junio de 2023 (*Tol 9.709.700*) señala que debe entenderse por vivienda familiar *"la que ha venido constituyendo la sede de la vida conyugal en unión de los hijos, con anterioridad a la ruptura convivencial"*.

Y en esta misma línea pueden citarse, entre otras muchas, las SSAAPP de Badajoz, Sección 3ª, de 20 de octubre de 2015 (*Tol 5.539.468*) y Madrid, Sección 22ª, de 25 de septiembre de 2007 (*Tol 7.400.871*), 31 de mayo de 2013 (*Tol 3.786.872*), 24 de junio de 2014 (*Tol 4.512.374*) y 12 de mayo de 2023 (*Tol 9.689.662*).

Por tanto, en principio, y con carácter general, no puede conceptuarse como vivienda familiar aquella que, pese a no ser ocupada por la unidad familiar, estaba destinada a dicha finalidad con anterioridad a la crisis matrimonial ya que, como se ha dicho, la vivienda familiar es aquella que tenga tal carácter en el momento de producirse la crisis o ruptura matrimonial.

La SAP de Barcelona, Sección 12ª, de 11 de noviembre de 2004 (*Tol 8.016.497*) dispone que *"con la denominación de vivienda familiar se hace referencia a la que constituyó la residencia habitual y permanente de los cónyuges unidos por el vínculo matrimonial, y en su caso por sus generados, siendo pues la sede de sus actividades personales, sociales y económicas. Sentada tal consideración es de precisar, en el caso de autos, que la vivienda que constituyó el hogar familiar fue la ubicada en (...) Barcelona. El inmueble sito en la Gran Vía Carlos III, también de propiedad compartida entre los esposos, fue adquirido por los mismos con la intención de pasar a residir en el mismo, y así constituir el nuevo domicilio familiar, lo que no se llevó a cabo dado que al deber de efectuarse determinadas obras se demoró tal traslado, arribando la ruptura o crisis matrimonial antes de producirse tal cambio del domicilio familiar (...). La ocupación del inmueble referenciado, por parte de la esposa e hijos, fruto de su condición de copropietaria del mismo, fue debida a una decisión unilateral de aquella, surgida tras la crisis matrimonial, sin que ello constituya el domicilio conyugal de residencia habitual y permanente de los esposos e hijos del matrimonio. Por tal consideración, es evidente que el deseo o expectativa de los cónyuges de fijar allí el nuevo domicilio familiar no llegó a concretarse en la práctica, al cesar antes la convivencia conyugal, y ello hace que sea inviable la pretensión de la esposa de que le sea otorgado el uso del inmueble de la Gran Vía Carlos III, de Barcelona, al no tener la consideración de domicilio familiar".*

No obstante, no faltan resoluciones que conceptúan como familiar tanto la vivienda que tenía tal carácter al tiempo de la ruptura como aquella que lo fue durante gran parte de la convivencia conyugal e, igualmente, la que, pese a no llegar a ser habitada, estaba destinada a serlo por la unidad familiar.

La Sentencia de la Audiencia Provincial de Cáceres, Sección 1ª, de 8 de enero de 2013 (*Tol 3.015.050*) establece que el art. 96 CC *"no define qué deba entenderse por "vivienda familiar", pero, desde luego, tampoco dice que hubiera de corresponderse, necesariamente, con el último domicilio donde residió la familia; y, hasta el extremo ello es así (...), que basta el examen de los hechos de los Escritos de Demanda y de la Contestación a la Demanda y Reconvención para advertir, sin ninguna dificultad, que el domicilio familiar vino constituido, en la práctica totalidad del periodo de convivencia conyugal, por el situado en la (...) de Cáceres, hasta el punto de que la convivencia en el domicilio de (...) fue notablemente breve y reducida. Esta circunstancia autorizaría a afirmar que podrían considerarse como "vivienda familiar", a los efectos establecidos en el artículo 96 del Código Civil, a ambos domicilios, de tal modo que, si se considera que, en interés de los hijos, se les debe adjudicar en uso éste, y no aquél, no existe —a nuestro juicio— inconveniente alguno para que así se haga".*

Por su parte, la SAP de Granada, Sección 5ª, de 18 de marzo de 2011 (*Tol 2.137.895*), tras señalar que *"el concepto de "vivienda familiar" al que se refiere el artículo 96 del código civil no guarda rela-*

ción con la titularidad privativa o común de la vivienda o viviendas que puedan pertenecer a ambos cónyuges, o a uno solo, sino con el uso que se hace de ella por el grupo familiar destinándola a satisfacer la necesidad de vivienda del mismo", añade que *"este uso no tiene que ser actual ni supone que siempre deba haber una identificación entre vivienda familiar y posesión o uso de la misma, pues cabe que la vivienda familiar no esté temporalmente usada a tal fin porque concurran circunstancias que no lo permitan, como pueden ser razones laborales, ejecución de obras de reforma o reconstrucción, enfermedad u otras, porque lo esencial es que sobre ella recaiga la voluntad del grupo familiar de servir de residencia al mismo"*.

Asimismo, la SAP de Málaga, Sección 6ª, de 25 de abril de 2007 (*Tol 1.216.794*) dispone que la vivienda discutida "*se adquirió constante matrimonio para servir, una vez acabadas las obras y reformas acometidas, de domicilio familiar, según reconocen ambos litigantes, si bien la crisis matrimonial, producida antes de la finalización de las misma, impidió que dicha vivienda llegase a ser habitada pro el grupo familiar, circunstancias estas que, indudablemente, permiten considerarla como domicilio familiar"*.

3. *Abandono voluntario de la vivienda familiar al tiempo de la crisis matrimonial*

El abandono voluntario de la vivienda por parte de uno de los cónyuges en el momento de la crisis matrimonial no impide que el uso la misma le sea atribuido, siempre que su interés fuere el más necesitado de protección o, existiendo hijos, estos queden bajo su custodia.

No puede olvidarse que el art. 105 CC establece que *"no incumple el deber de convivencia el cónyuge que sale del domicilio conyugal por una causa razonable y en el plazo de treinta días presenta la demanda o solicitud a que se refieren los artículos anteriores"*, solicitud que, lógicamente, puede incluir la atribución del uso de la vivienda que constituyó el domicilio familiar.

La SAP de La Coruña, Sección 6ª, de 21 de diciembre de 2006 (*Tol 1.958.463*) establece que *"el argumento según el cual el interés del esposo merece mayor protección por haber quedado en el domicilio y haber sido la esposa quien se marchó de él para vivir en el piso de unos sobrinos de su marido resulta inconsistente. En el momento de la ruptura de hecho de la vida en común es normal que uno de los cónyuges abandone la vivienda conyugal y se traslade a vivir a otro sitio. Ello no puede repercutir en sus futuras expectativas sobre el uso de la vivienda. De hacerlo se estaría conculcando la libertad de los cónyuges, forzándolos a vivir en la misma casa a pesar de querer cesar en la convivencia. El cónyuge que decide poner fin a la convivencia puede abandonar la vivienda familiar e ir a otra. Lo que no excluye que su interés en el uso de la vivienda conyugal permanezca incólume y que sea merecedor de protección en la misma medida que el del cónyuge que permaneció en la vivienda".*

En el mismo sentido se manifiestan, entre otras, las SSAAPP de Cantabria, Sección 2ª, de 9 de febrero de 2012 (*Tol 2.732.962*); Córdoba, Sección 2ª, de 20 de junio de 2013 (*Tol 3.921.833*); Madrid, Sección 22ª, de 16 de septiembre de 2010 (*Tol 1.975.603*) y Valencia, Sección 10ª, de 5 de septiembre de 2007 (*Tol 1.218.639*).

Lo expuesto tiene especial trascendencia en supuestos de violencia de género, cuando la víctima de maltrato, y como consecuencia del mismo, decide abandonar la vivienda familiar, circunstancia que no implica una renuncia tácita al uso de la misma, del cual podría ser beneficiaria si concurren los presupuestos necesarios para ello.

La STS, Sala 1ª, 193/2013, de 15 de marzo (*Tol 3.266.069*), dispone que *"la sentencia recurrida, en orden a proteger el interés de los menores bajo la custodia de su madre, asignó a los mismos el uso de la que fue vivienda familiar hasta la ruptura de la relación del matrimonio. Es cierto que durante el procedimiento los abuelos maternos les cedieron de forma totalmente gratuita y de favor el uso de una vivienda de su propiedad pero ello no indica sin más que pueda ponerse a su cargo una obligación continuada que corresponde a los progenitores y que estos pueden, además, hacerla efectiva puesto que el matrimonio dispone de una vivienda, propiedad del esposo, que constituyó el domicilio conyugal y que no abandonaron de forma voluntaria, y menos aún con vocación de permanencia, sino "habida cuenta las males relaciones entre los cónyuges que desembocarían posteriormente en procedimientos penales en alguno de los cuales se fija una orden de protección que incluye el alojamiento" (…). La asignación del uso responde a la necesidad de garantizar una vivienda segura a los menores y esto no se produce desde el momento en que podrían ser desalojados en cualquier momento por la exclusiva voluntad del tercero propietario mediante el ejercicio de la acción de desahucio por precario, a la que está legitimado por la inexistencia de contrato con la ocupante. Ello perjudicaría a los menores, cuyo interés es el que debe presidir la atribución de la vivienda".*

En esta misma línea pueden citarse, entre otras, las SSAAPP de Cádiz, Sección 5ª, de 19 de junio de 2014 (Tol *4.468.437*); Madrid, Sección 22ª, de 24 de junio de 2022 (Tol *9.225.837*);Málaga, Sección 6ª, de 17 de febrero de 2011 (Tol *2.240.964*) y Vizcaya, Sección 4ª, de 16 de enero de 2008 (Tol *6.941.872*) e, igualmente, la Sentencia del Tribunal Superior de Justicia de Cataluña, Sala de lo Civil y Penal, Sección 1ª, de 25 de junio de 2012 (*Tol 2.633.967*).

4. *Separación de hecho prolongada anterior a la solicitud de la atribución del uso de la vivienda familiar*

Cuestión distinta es que, entre el abandono voluntario de la vivienda y la solicitud de la atribución de su uso, hubiere mediado una prolongada separación de hecho entre los cónyuges, ya que, en tales casos, tal abandono podría considerarse como una renuncia tácita a su atribución, conclusión que puede encontrar apoyo en la doctrina del Tribunal Supremo sobre el retraso desleal.

La STS, Sala 1ª, 227/2013, de 22 de marzo (*Tol 3.531.989*), señala que *"según la jurisprudencia, el retraso desleal, como contrario a la buena fe, es apreciable cuando el derecho se ejercita tan tardíamente que se torna inadmisible porque la otra parte pudo pensar razonablemente que ya no se iba a ejercitar (SSTS 5-10-07, 4-7-97, 2-2-96 y 21-5-82 entre otras), exigiéndose para poder apreciar tal retraso que la conducta de la parte a quien se reprocha puede ser valorada como permisiva de la actuación de la otra parte, o clara e inequívoca de la renuncia del derecho, pues el mero transcurso del tiempo, vigente la acción, no es suficiente para deducir una conformidad que entrañe una renuncia, nunca presumible (STS 7-6-10 y 22-10-02)".*

Incluso, cabría pensar que la vivienda había perdido el carácter de familiar.

La SAP de Las Palmas, Sección 4ª, de 22 de septiembre de 2004 (*Tol 7.850.997*) señala que *"la atribución de uso que autoriza el artículo 96 del Código Civil lo es respecto a la "vivienda familiar" y tiene como fundamento, habiendo hijos menores, proteger el derecho de habitación de los mismos. Ciertamente en el supuesto enjuiciado existen hijos menores de edad que debieran ser los beneficiarios de tal atribución; sin embargo no puede afirmarse que la vivienda en la que a fecha de interposición de la demanda habitaba el demandado y cuya atribución a favor de la actora e hijos efectúa la sentencia apelada sea "familiar" y es que tal carácter se perdió por el transcurso del tiempo al no haber servido de morada familiar desde los seis años inmediatamente anteriores a la presentación de la demanda, tiempo en el que tales menores convivieron en compañía materna en otro inmueble en distinta población".*

En el mismo sentido se pronuncian, entre otras, las SSAAPP de Asturias, Sección 4ª, de 7 de marzo de 2006 (*Tol 893.039*); Barcelona, Sección 12ª, de 7 de septiembre de 2006 (*Tol 1.053.439*); Córdoba, Sección 2ª, de 15 de febrero de 2011 (*Tol 2.261.716*); Granada, Sección 5ª, de 26 de febrero de 2021 (*Tol 8.466.198*); Madrid, Sección 24ª, de 16 de febrero de 2004 (*Tol 7.802.141*); Guipúzcoa, Sección 2ª, de 2 de noviembre de 2007 (*Tol 7.489.814*) y Las Palmas, Sección 5ª, de 14 de enero de 2008 (*Tol 7.033.563*).

5. *Atribución del uso de la vivienda familiar independientemente de la titularidad de la misma*

La atribución del uso de la vivienda que constituyó el domicilio familiar es independiente del título en cuya virtud la misma es ocupada por los miembros de la familia.

El art. 96.1 CC establece en su primer inciso que *"en defecto de acuerdo de los cónyuges aprobado por la autoridad judicial, el uso de la vivienda familiar y de los objetos de uso ordinario de ella corresponderá a los hijos comunes menores de edad y al cónyuge en cuya compañía queden (…)"*, sin distinguir, por tanto, si la vivienda pertenece en *pro indiviso* a los cónyuges, es privativa de uno de ellos o es propiedad de terceros.

Asimismo, el art. 96.2 CC permite expresamente que la vivienda pueda atribuirse al cónyuge no titular, al señalar que *"no habiendo hijos, podrá acordarse que el uso de tales bienes corresponda al cónyuge no titular por el tiempo que prudencialmente se fije siempre que, atendidas las circunstancias, lo hicieran aconsejable y su interés fuera el más necesitado de protección"*, siendo doctrina reiterada del Tribunal Supremo que el art. 96.2 CC permite, en ausencia de hijos que dependan de los padres, la atribución del uso de la vivienda al cónyuge no titular, pero solo cuando su interés fuera el más necesitado de protección.

Al respecto, la STS, Sala 1ª, 603/2015, de 28 de octubre (*Tol 5.544.522*), establece que *"esta Sala debe declarar que el art. 96.3 del C. Civil*[2] *permite en ausencia de hijos que dependan de los padres, la atribución de la vivienda al cónyuge no titular, pero sólo cuando su interés fuera el más necesitado de protección (Sentencia de 12 de febrero de 2014, rec. 383 de 2012 y sentencia de 17 de junio de 2015, rec. 1162 de 2014)"*.

6. Influencia de la atribución del uso de la vivienda familiar al cuantificar el importe de la pensión alimenticia

A) Valor económico de la atribución del uso

Al fijar la cantidad que debe abonarse en concepto de pensión alimenticia debe tomarse en consideración la atribución o no del uso de la vivienda familiar, teniendo en cuenta no solamente que

---

2 En la actualidad, tras la modificación por la Ley 8/2021, de 2 de junio, por la que se reforma la legislación civil y procesal para el apoyo a las personas con discapacidad en el ejercicio de su capacidad jurídica, art. 96.2 CC.

dicha atribución tiene un importante valor económico, sino también que la *habitación* del alimentista es una de las partidas que integra el contenido de los alimentos (art. 142.1 CC).

En este sentido, la STS, Sala 1ª, 191/2011, de 29 de marzo (*Tol 2.078.863*) —cuya doctrina recoge la STS, Sala 1ª, 777/2013, de 3 de diciembre (*Tol 4.035.486*)—, señala que *"el art. 96.1 CC atribuye el derecho al uso al hijo menor, incluido en el de alimentos que forma el contenido de la patria potestad, según dispone el art. 154, 2. 1º CC"*, y añade que *"la atribución del uso del que fue hasta el momento de la separación el domicilio familiar constituye una forma de contribuir al deber de alimentos de los hijos, aspecto que en el presente caso, se encuentra perfectamente cubierto por la aportación de la madre*[3] *que no debe olvidarse, tiene también el deber de prestarlos a su hijo menor"*.

En esta misma línea vienen manifestándose las Audiencias Provinciales que, en el momento de fijar la pensión alimenticia, tienen en cuenta la atribución del uso y disfrute de la vivienda familiar, máxime cuando, como se ha dicho, la habitación del alimentista se incluye dentro del contenido de los alimentos a que alude el art. 142 CC. Pueden citarse al respecto, entre otras, las SSAAPP de Pontevedra, Sección 6ª, de 15 de febrero de 2019 (*Tol 7.111.606*); Tarragona, Sección 1ª, de 14 de febrero de 2019 (*Tol 7.086.231*) y Valencia, Sección 10ª, de 28 de octubre de 2019 (*Tol 7.660.149*).

En el País Vasco expresamente lo señala el art. 10.3 de la Ley 7/2015, de 30 de junio, de relaciones familiares en supuestos de separación o ruptura de los progenitores, cuando afirma que *"para el cálculo de la prestación de alimentos por gastos ordinarios se tendrán en cuenta las necesidades de los hijos e hijas, los recursos económicos de cada miembro de la pareja, el tiempo de permanencia de los hijos e hijas con cada uno, la atribución que se haya realizado del uso de la vivienda familiar, el lugar en que se haya fijado la residencia de los hijos e hijas y la contribución a las cargas familiares, en su caso"*.

---

[3] La madre había adquirido una nueva vivienda que ostentaba en copropiedad con la nueva pareja con la que convivía.

Igualmente, la ley 72 CDCFN dispone en su párrafo cuarto que *"la decisión judicial sobre el uso y destino de la vivienda familiar deberá ser valorada en el establecimiento de la contribución de uno y otro progenitor al sostenimiento de los hijos"*.

Por su parte, el art. 233-20.7 CCCat establece que *"la atribución del uso de la vivienda, si esta pertenece en todo o en parte al cónyuge que no es beneficiario, debe ponderarse como contribución en especie para la fijación de los alimentos de los hijos y de la prestación compensatoria que eventualmente devengue el otro cónyuge"*.

B) Atribución del uso de la vivienda como único contenido de la pensión alimenticia

Surge la cuestión de si podría establecerse como pensión alimenticia exclusivamente el uso de la vivienda familiar, sin fijar, además, cantidad alguna, cuestión que puede plantearse especialmente en aquellos supuestos en los que el progenitor obligado al pago de la pensión carezca de ingresos o estos sean insuficientes —de modo que el abono de la misma impida atender a sus propias necesidades—.

A favor de la respuesta afirmativa podría argumentarse no solamente que la atribución del uso y disfrute de la vivienda supone un importante valor económico, sino también que la habitación del alimentista es uno de los conceptos que integra el contenido de los alimentos (art. 142.1 CC) y que, en determinados casos, estos pueden ser satisfechos en especie (art. 149 CC). Asimismo, que imponer el pago de una pensión a alguien que no puede satisfacerla generaría situaciones de incumplimiento no deseadas, con las consecuencias penales que de ello podrían derivarse.

En cambio, en contra podría aducirse que los alimentos comprenden no solo la habitación del alimentista, sino también su sustento, vestido y asistencia médica, así como su educación e instrucción. Igualmente, que los arts. 90 (relativo al contenido del convenio regulador) y 103 CC (relativo a las medidas que debe adoptar el Juez al admitir la demanda) distinguen claramente entre la atribución del uso de la vivienda familiar y la contribución a las cargas del matrimonio y alimentos. Y, finalmente, que los arts. 93 y 96 CC regulan separadamente ambas medidas.

En definitiva, como ocurre en la mayoría de los problemas que se plantean en el Derecho de Familia, deberá atenderse a las circunstancias del caso concreto —y, entre ellas, los derechos dominicales que sobre la vivienda ostente el progenitor no custodio, pues no es lo mismo que le pertenezca con carácter privativo que pertenezca a ambos progenitores en *pro indiviso*—, aunque, en principio, establecer únicamente como pensión alimenticia la cesión del uso de la vivienda, sin abono de cantidad alguna, resulta insuficiente a la vista de la normativa contenida en el Código Civil, ya que con ello no se satisfacen todas las partidas que integran el contenido de los alimentos. No existiría obstáculo en fijar una cantidad mínima, siquiera sea en concepto de lo que se denomina *mínimo vital* o, incluso, dejar en suspenso la obligación de pago hasta que se produzca una mejora económica del obligado, atendidas las circunstancias concurrentes. Todo ello sin perjuicio de que, dado el importante valor económico de la atribución del uso de la vivienda, el mismo sea tenido en cuenta —como en los demás supuestos— al fijar la cuantía de la pensión, como se ha analizado en el apartado anterior.

Tratándose de hijos mayores de edad, no puede obviarse la actual redacción del art. 96.1 CC tras la Ley 8/2021, de 2 de junio, por la que se reforma la legislación civil y procesal para el apoyo a las personas con discapacidad en el ejercicio de su capacidad jurídica, que, en sus tres primeros párrafos, dispone que *"en defecto de acuerdo de los cónyuges aprobado por la autoridad judicial, el uso de la vivienda familiar y de los objetos de uso ordinario de ella corresponderá a los hijos comunes menores de edad y al cónyuge en cuya compañía queden, hasta que todos aquellos alcancen la mayoría de edad. Si entre los hijos menores hubiera alguno en una situación de discapacidad que hiciera conveniente la continuación en el uso de la vivienda familiar después de su mayoría de edad, la autoridad judicial determinará el plazo de duración de ese derecho, en función de las circunstancias concurrentes.*

A los efectos del párrafo anterior, los hijos comunes mayores de edad que al tiempo de la nulidad, separación o divorcio estuvieran en una situación de discapacidad que hiciera conveniente la continuación en el uso de la vivienda familiar, se equiparan a los hijos menores que se hallen en similar situación.

Extinguido el uso previsto en el párrafo primero, las necesidades de vivienda de los que carezcan de independencia económica se atenderán según lo previsto en el Título VI de este Libro, relativo a los alimentos entre parientes".

La STS, Sala 1ª, Pleno, 624/2011, de 5 de septiembre (*Tol 2.251.711*) —y reiteran las SSTS, Sala 1ª, 183/2012, de 30 de marzo (*Tol 2.509.172*), y 741/2016, de 21 de diciembre (*Tol 5.930.854*)—, señala que *"la prestación alimenticia y de habitación a favor del hijo mayor aparezca desvinculada del derecho a usar la vivienda familiar mientras sea menor de edad, se traduce en que, una vez alcanzada la mayoría de edad, la subsistencia de la necesidad de habitación del hijo no resulte factor determinante para adjudicarle el uso de aquella, puesto que dicha necesidad del mayor de edad habrá de ser satisfecha a la luz de los artículos 142 y siguientes del CC, en el entendimiento de que la decisión del hijo mayor sobre con cual de los padres quiere convivir, no puede considerarse como si el hijo mayor de edad ostentase algún derecho de uso sobre la vivienda familiar, de manera que dicha elección conllevara la exclusión del otro progenitor del derecho a la utilización de la vivienda que le pudiera corresponder. En definitiva, ningún alimentista mayor de edad, cuyo derecho se regule conforme a lo dispuesto en los artículos 142 y siguientes del Código Civil, tiene derecho a obtener parte de los alimentos que precise mediante la atribución del uso de la vivienda familiar con exclusión del progenitor con el que no haya elegido convivir. En dicha tesitura, la atribución del uso de la vivienda familiar ha de hacerse al margen de lo dicho sobre los alimentos que reciba el hijo o los hijos mayores, y por tanto, única y exclusivamente a tenor, no del párrafo 1º sino del párrafo 3º del artículo 96 CC*[4]*, según el cual «No habiendo hijos, podrá acordarse que el uso de tales bienes, por el tiempo que prudencialmente se fije, corres-*

---

4 Actual art. 96.2 tras la Ley 8/2021, de 2 de junio.

ponde al cónyuge no titular, siempre que, atendidas las circunstancias, lo hicieran aconsejable y su interés fuera el más necesitado de protección»".

II. NATURALEZA DEL DERECHO DE USO DE LA VIVIENDA FAMILIAR ATRIBUIDO JUDICIALMENTE

El derecho de uso de la vivienda familiar atribuido en una resolución que pone fin a un procedimiento de carácter matrimonial o de guarda y custodia de hijos menores es un derecho de carácter familiar y no un derecho real.

La STS, Sala 1ª, Pleno, 859/2009, de 14 de enero de 2010 (*Tol 1.840.576*) estudia detenidamente la naturaleza y los efectos del derecho al uso de la vivienda familiar atribuido judicialmente y señala que *"el derecho de uso a la vivienda familiar concedido mediante sentencia no es un derecho real, sino un derecho de carácter familiar, cuya titularidad corresponde en todo caso al cónyuge a quien se atribuye la custodia o a aquel que se estima, no habiendo hijos, que ostenta un interés más necesitado de protección (así se ha estimado en la RDGRN de 14 de mayo de 2009). Desde el punto de vista patrimonial, el derecho al uso de la vivienda concedido mediante sentencia judicial a un cónyuge no titular no impone más restricciones que la limitación de disponer impuesta al otro cónyuge, la cual se cifra en la necesidad de obtener el consentimiento del cónyuge titular del derecho de uso (o, en su defecto, autorización judicial) para cualesquiera actos que puedan ser calificados como actos de disposición de la vivienda. Esta limitación es oponible a terceros y por ello es inscribible en el Registro de la Propiedad (RDGRN de 10 de octubre de 2008)".*

Por su parte, la STS, Sala 1ª, Pleno, 861/2009, de 18 de enero de 2010 (*Tol 1.793.037*) establece, a propósito de la naturaleza del derecho de uso, que *"el Código civil no ha querido conferir a la atribución de la vivienda familiar la naturaleza de derecho real, a diferencia de lo que ha ocurrido en el Derecho catalán, en el que el Art. 83.3 CF y el Art. 233-22 del proyecto de Libro II del Código Civil Catalán se han decantado claramente por configurar el derecho de uso del cónyuge no propietario y de los hijos como un derecho de esta naturaleza, al declararlo inscribible en el Registro de la propiedad.*

El artículo 96 CC se limita a resolver a quién se atribuye el uso de la vivienda familiar, estableciendo la preferencia de los hijos comunes y del progenitor a quien se atribuya la guarda y custodia, o a aquel de los cónyuges cuyo interés resulte más digno de protección, sin pronunciarse sobre la naturaleza de dicho derecho. Se trata de una situación en la que uno de los cohabitantes en el mismo domicilio es preferido al otro por razones que el ordenamiento jurídico considera protegibles y ello con independencia del título que ostente el titular de la vivienda, ya sea arrendamiento, exclusiva del titular o copropiedad con el cónyuge usuario.

La falta de calificación jurídica del derecho de uso establecido en el artículo 96 CC empezó a generar problemas interpretativos cuando el titular del arrendamiento era el cónyuge que había perdido la posesión, por lo que después de algunas sentencias del Tribunal Constitucional (SSTC 135/1986, 159/1989 y 126/1989), el artículo 15.2 LAU (Ley 29/1994, de 24 noviembre) estableció que en el caso de atribución del uso al cónyuge en virtud de lo dispuesto en el artículo 96 CC, éste debe notificarlo al arrendador, a los efectos de la subrogación".

En el mismo sentido se ha manifestado la Dirección General de los Registros y del Notariado, actualmente Dirección General de Seguridad Jurídica y Fe Pública.

La RDGRN de 10 de octubre de 2008 (*Tol 1.390.798*) dispone que *"el derecho de uso de la vivienda familiar no es un derecho real, pues la clasificación de los derechos en reales y de crédito se refiere a los derechos de tipo patrimonial, y el derecho expresado no es de carácter patrimonial, sino de carácter familiar".*

Y la RDGSJFP de 17 de mayo de 2021 (*Tol 8.450.924*) establece que *"según la reiterada doctrina de este Centro Directivo, al abordar la naturaleza jurídica del derecho de uso sobre la vivienda familiar lo procedente es considerarlo como un derecho de carácter familiar y, por tanto, ajeno a la distinción entre derechos reales y de crédito, ya que ésta es una clasificación de los derechos de carácter patrimonial, y el expresado derecho de uso no tiene tal carácter patrimonial, sino de orden puramente familiar para cuya eficacia se establecen ciertas limitaciones a la disposición de tal vivienda (cfr. artículo 96, último párrafo, del Código Civil).*

Tal carácter impone consecuencias especiales, como la disociación entre la titularidad del derecho y el interés protegido por el mismo, pues una cosa es el interés protegido por el derecho atribuido (en este caso el interés familiar y la facilitación de la convivencia entre los hijos y el cónyuge a quien se atribuye su custodia) y otra la titularidad de tal derecho, la cual es exclusivamente del cónyuge a cuyo favor se atribuye el mismo, pues es a tal cónyuge a quien se atribuye exclusivamente la situación de poder en que el derecho consiste, ya que la limitación a la disposición de la vivienda se remueve con su solo consentimiento.

Además, el derecho de uso sobre la vivienda familiar integra, por un lado, un derecho ocupacional, y por otro, una limitación de disponer que implica que el titular dominical de la vivienda no podrá disponer de ella sin el consentimiento del titular del derecho de uso o, en su caso, autorización judicial (cfr. artículo 96, último párrafo, del Código Civil).

En general se entiende que la posición jurídica de los hijos en relación con el uso de la vivienda familiar atribuido a uno de los cónyuges en casos de crisis matrimoniales no se desenvuelve en el ámbito de los derechos patrimoniales, sino en el de los familiares, siendo correlato de las obligaciones o deberes-función que para los progenitores titulares de la patria potestad resultan de la misma (cfr. artículo 154 del Código Civil), que no decaen en las situaciones de ruptura matrimonial (cfr. Resolución de 9 de julio de 2013)".

III. AJUAR DOMÉSTICO

La atribución del uso de la vivienda familiar conlleva el del ajuar doméstico que quede en ella, entendiéndose por ajuar, según el Diccionario de la Real Academia de la Lengua, el *"conjunto de muebles, enseres y ropas de uso común en la casa"*. No obstante, señala el art. 1.321.2 CC, *"no se entenderán comprendidos en el ajuar las alhajas, objetos artísticos, históricos y otros de extraordinario valor"*.

Así, el art. 90.1 CC recoge entre el contenido mínimo del convenio regulador *"la atribución del uso de la vivienda y ajuar familiar"* (apartado c). Igualmente, de acuerdo con el art. 103.2ª CC, el Juez, admitida la demanda y a falta de acuerdo de ambos cónyuges aprobado judicialmente, adoptará, con audiencia de estos, entre otras medidas, la de *"determinar, teniendo en cuenta el interés familiar más necesitado de protección, cuál de los cónyuges ha de continuar en el uso de la vivienda familiar y asimismo, previo inventario, los bienes y objetos del ajuar que continúan en ésta y los que se ha de llevar el otro cónyuge, así como también las medidas cautelares convenientes para conservar el derecho de cada uno"*.

La misma conclusión resulta de la lectura de los preceptos que regulan la materia en los Derechos Forales de Cataluña (arts. 233-2.5[5] y 233-20 CCCat[6]) y País Vasco (art. 12.1 de la Ley 7/2015, de 30 de junio, de relaciones familiares en supuestos de separación o ruptura de los progenitores[7]). En Aragón, el art. 81.5 CDFA dispone que *"el ajuar familiar permanecerá en el domicilio familiar salvo que se solicite en el plan de relaciones familiares la retirada de bienes privativos. En el caso de que ninguno de los padres continúe en el domicilio familiar se decidirá la entrega de los bienes entre los mismos según las relaciones jurídicas que les sean aplicables"*.

Por tanto, la atribución del uso de la vivienda que constituyó la sede de la vida familiar lleva consigo la del ajuar doméstico

---

5 Art. 233-2.5 CCCat: *"(...) el convenio regulador también debe contener, si procede: (...) b) La atribución o distribución del uso de la vivienda familiar con su ajuar (...)"*.

6 Art. 233-20.1 CCCat: *"Los cónyuges pueden acordar la atribución del uso de la vivienda familiar con su ajuar (...)"*.

7 El art. 12 señala en su número 1 que *"en defecto de acuerdo o de su aprobación judicial, el juez atribuirá el uso de la vivienda familiar, y de los enseres y el ajuar existente en ella, en atención a lo que sea más conveniente para el interés superior de los hijos e hijas, a criterios de necesidad de los miembros de la pareja y a la titularidad de la vivienda"* y añade en su número 10 que *"la parte que haya de abandonar la vivienda familiar podrá retirar sus ropas, efectos y enseres de uso personal y profesional, en el plazo que prudencialmente se señale, procediendo a realizarse un inventario del resto de los bienes y enseres comunes que permanezcan en la vivienda"*.

existente en ella, siendo pacífica la jurisprudencia sobre el particular.

La SAP de Murcia, Sección 5ª, de 21 de marzo de 2005 (*Tol 634.273*) establece que *"los muebles y enseres forman parte de lo que se conoce por ajuar doméstico (objetos de uso ordinario), y, si con el domicilio se ha tenido en cuenta las necesidades de los hijos y del cónyuge que los tiene en su poder, con el ajuar doméstico debe hacerse lo mismo, porque el uso de la vivienda conlleva también el del ajuar que quede en ella, pues ambos elementos aparecen unidos en el artículo 96 del Código Civil"*.

Y en el mismo sentido se manifiestan, entre otras muchas, las SSAAPP de Barcelona, Sección 12ª, de 14 de mayo de 2014 (*Tol 4.389.242*); Girona, Sección 2ª, de 16 de mayo de 2018 (*Tol 6.626.576*); Las Palmas, Sección 4ª, de 13 de septiembre de 2005 (*Tol 750.550*); Málaga, Sección 6ª, de 5 de marzo de 2014 (*Tol 4.553.359*) y 13 de mayo de 2022 (*Tol 9.487.553*); Murcia, Sección 5ª, de 22 de julio de 2008 (*Tol 1.634.125*) y Valencia, Sección 10ª, de 15 de abril de 2003 (*Tol 325.469*).

IV. ANEJOS DE LA VIVIENDA FAMILIAR

Según el Diccionario de la Real Academia de la Lengua, anejo es aquello que está *"unido o agregado a alguien o algo; con dependencia, proximidad y estrecha relación respecto a él o a ella"*.

A diferencia de lo que ocurre en la legislación de Cataluña —cuyo art. 562-7 CCCat prevé que *"el uso de una vivienda se extiende a la totalidad de esta y comprende el de las dependencias y los derechos anexos"*—, no contiene el Código Civil una norma que, de modo expreso, regule si la atribución del uso de la vivienda familiar lleva consigo la de los anejos de la misma, tales como garaje, buhardilla, trastero o sótano.

Por ello, con objeto de precisar si la atribución del uso de la vivienda familiar lleva consigo la de los anejos de la misma, tales como garaje, buhardilla, trastero o sótano, debe distinguirse entre viviendas unifamiliares y aquellas sujetas al régimen de propiedad horizontal.

1. Viviendas unifamiliares

No ofrece duda que, tratándose de una vivienda unifamiliar, la atribución del uso de la misma debe extenderse a los anejos que, formando parte de ella, no sean susceptibles de aprovechamiento independiente.

La SAP de Madrid, Sección 22ª, de 8 de abril de 2003 establece que *"el derecho consagrado en el artículo 96 del Código Civil tiene por finalidad la de dar cobertura a las necesidades de alojamiento del grupo familiar más necesitado de protección tras la ruptura de la convivencia conyugal; por lo cual dicho derecho no se extiende, en todo caso y cualesquiera que fueren las circunstancias, a aquellos anejos del inmueble no destinados específicamente a cubrir tales atenciones, como acaece con las plazas de garaje, salvo que formen una unidad física inseparable de aquél, como sucede normalmente con las llamadas viviendas unifamiliares, en las que el local destinado a aparcamiento de vehículos forma un todo indivisible con la vivienda. Sin embargo no acaece lo mismo cuando el domicilio se integra en un bloque de pisos, en el que además existe un local destinado a garaje, pues el uso de uno y otro bien no se ofrece necesariamente como entremezclado e indisoluble"*.

Por su parte, la SAP de Cáceres, Sección 1ª, de 14 de octubre de 2020 (*Tol 8.209.527*) dispone que *"el problema surge, ciertamente, cuando el domicilio familiar está constituido además de por la vivienda en sí misma, por otros elementos anexos, tales como almacenes o garajes, o cuando la vivienda se encuentra incluida en el interior de una finca rodeada de huertos, terrenos o zonas de recreo exteriores. En estos supuestos, los tribunales, mayoritariamente, vienen otorgando el uso de estos elementos (huertos, terrenos, almacenes o garajes) al mismo cónyuge al que se le atribuye el uso y disfrute de la vivienda conyugal, cuando tales anexos no sean susceptibles de aprovechamiento independiente o formen parte de la misma vivienda, o bien cuando se hallan integrados en el conjunto de la finca en la que se encuentra sita la vivienda familiar"*.

En parecidos términos pronuncian las SSAAPP de Barcelona, Sección 18ª, de 15 de septiembre de 2014 (*Tol 4.538.290*); La Rioja, Sección 1ª, de 15 de febrero de 2005 (*Tol 604.040*); Murcia,

Sección 5ª, de 22 de octubre de 2004 (*Tol 538.500*) y Valencia, Sección 10ª, de 28 de octubre de 2004 (*Tol 1.611.678*).

Incluso, no faltan resoluciones que, en los supuestos de viviendas unifamiliares distribuidas en diversos espacios, mantienen la atribución conjunta de todos ellos, aun cuando algunos sean susceptibles de aprovechamiento independiente, por considerar que forman un todo unitario.

La SAP de Teruel, Sección 1ª, de 30 de mayo de 2006 (*Tol 1.015.207*) señala que *"no cabe de duda de que un inmueble unifamiliar debe de ser considerado como un todo unitario, y aunque la vivienda propiamente dicha se ubique en una sola de sus plantas, los anexos a la misma, aún cuando no constituyan zonas habitables, se integran en el concepto de vivienda, formando con ella un todo unitario, que no debe de ser desmembrado, salvo que concurran circunstancias excepcionales, que en el presente caso no aparecen acreditadas"*.

Y en el mismo sentido se manifiestan, entre otras, las SSAA-PP de León, Sección 2ª, de 16 de enero de 2008 (*Tol 1.285.123*); Lugo, Sección 1ª, de 22 de febrero de 2012 (*Tol 2.469.285*) y Murcia, Sección 4ª, de 26 de abril de 2018 (*Tol 6.642.905*).

No obstante, como admite la citada SAP de Teruel, Sección 1ª, de 30 de mayo de 2006 (*Tol 1.015.207*), cabría, en circunstancias excepcionales, y pese a que el uso de la vivienda unifamiliar se atribuya a uno de los cónyuges, atribuir el uso de alguna de sus dependencias al otro, siempre y cuando, teniendo la misma un acceso independiente, concurra un interés que así lo aconseje —SAP de Cuenca, Sección 1ª, de 28 de noviembre de 2006 (*Tol 6.261.149*)— y tal atribución no sea fuente de conflictos personales entre ellos —SSAAPP de Pontevedra, Sección 3ª, de 10 de marzo de 2022 (*Tol 8.894.587*) y Valencia, Sección 10ª, de 17 de septiembre de 2007 (*Tol 1.218.657*)—.

2. *Inmuebles sujetos al régimen de propiedad horizontal*

La Ley de Propiedad Horizontal no da un concepto de lo que deba entenderse por *"anejos"*, si bien cita como tales, a modo de ejemplo, el garaje, la buhardilla y el sótano (art. 5 LPH), y señala que en el régimen de propiedad establecido en el art. 396 CC corresponde a cada piso o local *"el derecho singular y exclusivo de propiedad sobre un espacio suficientemente delimitado y susceptible de aprovechamiento independiente, con los elementos arquitectónicos e instalaciones de todas clases, aparentes o no, que estén comprendidos dentro de sus límites y sirvan exclusivamente al propietario, así como el de los anejos que expresamente hayan sido señalados en el título, aunque se hallen situados fuera del espacio delimitado (...)"* (art. 3.1, apartado a, LPH).

Pueden citarse como características de los anejos, entre otras, la de ser espacios delimitados susceptibles de aprovechamiento independiente, estar situados fuera del espacio delimitado del piso o local, ser accesorios de este, a cuyo fin sirven, tener acceso propio e independiente desde algún elemento común o la vía pública y carecer de cuota especial de participación en los elementos comunes.

Con tales precisiones conceptuales, en el supuesto de inmuebles sometidos al régimen de propiedad horizontal, la solución al interrogante planteado de si la atribución del uso de la vivienda familiar lleva consigo la de los anejos de la misma no puede ser, al menos de una forma segura y sin lugar a dudas, tan concluyente, sino que dependerá de las circunstancias concurrentes.

La SAP de Las Palmas, Sección 4ª, de 13 de septiembre de 2005 (*Tol 750.550*) estudia detenidamente la cuestión y señala que *"la atribución del uso de la vivienda familiar no debe abarcar un espacio que vaya más allá del utilizado a tal fin (...). No se ha de olvidar que la atribución de tal uso también se extiende a los objetos de uso ordinario en ese espacio existentes, es decir, se incluye también el denominado ajuar doméstico o familiar.*

Por tanto, el ámbito objetivo de este derecho abarca la totalidad de las dependencias que son utilizadas a tal fin, así como los elementos afectos al uso común allí existentes, siempre y cuando sean necesarios y útiles para el desarrollo normal y habitual de la vida familiar. En relación a este extremo se han planteado problemas concretos en cuanto a la inclusión de ciertas dependencias, (trastero, plaza de aparcamiento, garaje e incluso terraza y terrenos adyacentes como lo son los utilizados para jardín o recreo), pero sobre ello sólo cabe resaltar que lo normal es que tales instalaciones y terrenos estén afectas al fin indicado y por ende formen parte integrante del citado concepto. No obstante, ello no es óbice para que en ocasiones queden fuera del mismo, bien porque así lo hayan acordado las partes en el convenio regulador, (ver sentencia de la Sección 1ª de la Audiencia Provincial de Lleida de 27 de Enero de 2005, sobre la no inclusión de un trastero y una plaza de parking por así haberse pactado en convenio), bien por quedar acreditada la independencia y autonomía de tales instalaciones respecto a ese fin, (ver entre otras, la Sentencia de esta sección de 17 de Enero de 2005, en virtud de la cual no se atribuye a la esposa el uso del garaje por no quedar incluido dentro del ámbito donde se desarrolla la vida familiar, destacando que fue escriturado como local)".

A la vista de las características de los anejos, a favor de su inclusión en la atribución del uso de la vivienda familiar podrían citarse su accesoriedad respecto de esta o el carecer de coeficiente individual. En contra, sin embargo, puede argumentarse tanto la susceptibilidad de aprovechamiento independiente como el acceso propio e independiente.

Por ello, y como se ha expuesto, deberá atenderse al caso concreto y a las circunstancias que en él concurran para determinar cuando el uso de los anejos debe entenderse implícito o incluido en la atribución del uso de la vivienda familiar y cuando puede ser objeto de atribución separada, bien por falta de uso o necesidad de los titulares de tal atribución, bien por otras circunstancias.

No obstante, no es pacífica ni uniforme la denominada jurisprudencia menor al respecto.

Así, no faltan resoluciones que declaran que la atribución del uso de la vivienda familiar lleva consigo la de los anejos:

a) bien por su simple conceptuación como tales —SSAAPP de Asturias, Sección 6ª, de 8 de febrero de 2021 (*Tol 8.393.505*); Barcelona, Sección 18ª, de 30 de julio de 2015 (*Tol 5.567.026*); Cáceres, Sección 1ª, de 8 de enero de 2013

(*Tol 3.015.050*); Madrid, Sección 22ª, de 4 de marzo de 2005 (*Tol 608.031*) y 5 de abril de 2016 (*Tol 5.729.985*); Girona, Sección 2ª, de 16 de mayo de 2018 (*Tol 6.626.576*); León, Sección 1ª, de 19 de diciembre de 2014 (*Tol 4.710.075*); Murcia, Sección 4ª, de 16 de julio de 2015 (*Tol 5.524.438*); Valencia, Sección 10ª, de 4 de noviembre de 2005 (*Tol 877.716*), 21 de marzo de 2006 (*Tol 995.258*) y 24 de noviembre de 2015 (*Tol 5.744.450*); Tarragona, Sección 1ª, de 26 de julio de 2016 (*Tol 5.843.613*); Zaragoza, Sección 4ª, de 24 de noviembre de 2016 (*Tol 5.917.629*)—;

b) bien por satisfacerse con tales anejos las necesidades de sus ocupantes —SSAAPP de Burgos, Sección 3ª, de 9 de diciembre de 2003 y Valencia, Sección 10ª, de 27 de noviembre de 2003 (*Tol 436.142*)—;

c) bien por ambas circunstancias —SSAAPP de A Coruña, Sección 6ª, de 1 de abril de 2008 (*Tol 1.958.066*); Asturias, Sección 4ª, de 9 de abril de 2018 (*Tol 6.623.250*); Ciudad Real, Sección 2ª, de 28 de octubre de 2010 (*Tol 2.032.806*); Málaga, Sección 6ª, de 13 de enero de 2005 (*Tol 659.771*) y Vizcaya, Sección 4ª, de 2 de octubre de 2006 (*Tol 1.061.376*)—.

Asimismo, pueden encontrarse resoluciones que consideran que los anejos, por tener acceso independiente, pueden atribuirse al otro cónyuge:

a) ya por falta de necesidad de los ocupantes de la vivienda —SSAAPP de A Coruña, Sección 6ª, de 1 de abril de 2008 (*Tol 1.958.066*); Córdoba, Sección 1ª, de 21 de mayo de 2004 (*Tol 7.705.684*) y Zaragoza, Sección 2ª, de 9 de mayo de 2007 (*Tol 1.144.407*)—;

b) ya por ostentar la propiedad de los mismos —SAP de Barcelona, Sección 12ª, de 25 de noviembre de 2004 (*Tol 8.016.533*)—.

Finalmente, existen sentencias que declaran que, en este tipo de procedimientos, no debe hacerse pronunciamiento al respecto —SAP de Zamora, Sección 1ª, de 3 de septiembre de 2018 (*Tol 6.804.825*)— , y otras que, ante la falta de petición expresa de atribución de los anejos, no hacen pronunciamiento alguno sobre el particular —SSAAPP de Baleares, Sección 4ª, de 22 de abril de 2008 (*Tol 7.273.755*) y Tarragona, Sección 3ª, de 9 de junio de 2005 (*Tol 681.430*)—.

V. ATRIBUCIÓN DE OTROS INMUEBLES O VIVIENDAS DISTINTAS A LA FAMILIAR

Como se ha señalado anteriormente[8], la vivienda familiar es, únicamente, la que constituía el hogar conyugal, es decir, aquella donde, de manera permanente y estable, y como centro de su convivencia íntima, han venido habitando los esposos e hijos hasta el momento de producirse la situación de crisis matrimonial, sin que figuren en este concepto cualesquiera otras viviendas no utilizadas como último domicilio de los esposos.

Por tanto, no existe base legal que permita atribuir una vivienda de los cónyuges distinta a aquella que ha constituido el hogar familiar. Los arts. 90, 96 y concordantes del Código Civil tan solo aluden a esta y no a otra que no constituya, de manera permanente y estable, el centro de la convivencia de la familia. A salvo siempre que exista acuerdo entre los cónyuges sobre dicho particular.

Y tampoco en Cataluña, pese a la dicción del art. 233-20.6 CCCat, en cuya virtud *"la autoridad judicial puede sustituir la atribución del uso de la vivienda familiar por la de otras residencias si son idóneas para satisfacer la necesidad de vivienda del cónyuge y los hijos"*.

La STS, Sala 1ª, 284/2012, de 9 de mayo (*Tol 2.538.556*), establece como doctrina jurisprudencial, unificando la de las Audiencias Provinciales, que en los procedimientos matrimoniales contenciosos no pueden atribuirse viviendas o locales distintos de aquel que constituye la vivienda familiar. Sí será posible, por tan-

---

8 *Vid. supra* (Capítulo 1. I. 1).

to, en aquellos procesos en los que de mutuo acuerdo se decida por ambas partes.

Dispone la citada STS, Sala 1ª, 284/2012, de 9 de mayo, que *"desde la entrada en vigor de la Ley 30/1981, de 7 julio, que introdujo el divorcio como forma de disolución del matrimonio y sus efectos, se ha discutido acerca de la posibilidad de atribuir las denominadas segundas residencias en el curso del procedimiento matrimonial. El art. 91 CC solo permite al Juez, en defecto de acuerdo, o de no aprobación del acuerdo presentado, atribuir el uso de la vivienda familiar, siguiendo los criterios que establece el art. 96 CC. El art 774.4 LEC repite la misma regla. De donde debemos deducir que el uso de los segundos domicilios u otro tipo de locales que no constituyan vivienda familiar, no puede ser efectuado por el juez en el procedimiento matrimonial seguido con oposición de las partes o, lo que es lo mismo, sin acuerdo. Tampoco el art. 233-20.6 del Código civil de Cataluña permite esta atribución, sino que solo prevé esta posibilidad en el caso que la segunda vivienda sea más apta para satisfacer la necesidad de los hijos y del progenitor custodio.*

Existen varias razones para llegar a esta conclusión, dejando aparte la interpretación literal del Código civil y de la Ley de Enjuiciamiento, a la que se ha aludido:

1ª La atribución de otras residencias de la familia o de otros locales debe efectuarse de acuerdo con las reglas del régimen económico matrimonial que rija las relaciones entre cónyuges.

2ª La sentencia que decreta el divorcio o la separación, declara la disolución del régimen. Puede declarar también su liquidación, pero para ello debe seguirse el procedimiento del art. 806 y ss LEC, en defecto de acuerdo previo.

3ª Cuando los cónyuges se rijan por un régimen de separación de bienes, como ocurre en este caso, no se producen problemas de atribución de bienes, porque los patrimonios están claramente fijados. Por ello, el juez de familia no tiene competencia para atribuir el uso de bienes distintos de aquellos que constituyen la vivienda familiar. Un argumento a favor de esta conclusión la proporciona el art. 103, 4ª CC, que permite en medidas provisionales que pueden

> *convertirse en definitivas, señalar qué bienes gananciales hayan de entregarse a cada cónyuge para su administración y disposición, previo inventario y con la obligación de rendir cuentas. Esta regla no es aplicable al régimen de separación de bienes.*

Por otra parte, esta sentencia no contradice la 78/2012, de 27 febrero que atribuyó al marido el uso del domicilio familiar, debido a que ejercía allí su profesión de abogado, porque en el presente caso se trata de la decisión sobre el uso de un local que no es vivienda familiar y que, por esta condición, no puede ser atribuido en el procedimiento matrimonial.

En consecuencia, debe formularse la siguiente doctrina, a los efectos de unificar la de las Audiencias provinciales en esta materia: en los procedimientos matrimoniales seguidos sin consenso de los cónyuges, no pueden atribuirse viviendas o locales distintos de aquel que constituye la vivienda familiar".

Reiteran esta doctrina, entre otras, las SSTS, Sala 1ª, 726/2013, de 19 de noviembre (*Tol 4.024.641*); 596/2015, de 30 de octubre (*Tol 5.550.283*); 129/2016, de 3 de marzo (*Tol 5.662.135*); 598/2019, de 7 de noviembre (*Tol 7.586.557*), 654/2019, de 11 de diciembre (*Tol 7.648.519*).

Esta misma solución se aplica a las parejas de hecho, de modo que, salvo acuerdo entre los convivientes, en un procedimiento de guarda y custodia de hijos menores no pueden atribuirse viviendas distintas de aquella que constituye el domicilio familiar.

La STS, Sala 1ª, 340/2012, de 31 de mayo (*Tol 2.558.081*), tras recoger la doctrina sentada en la citada STS, Sala 1ª, 284/2012, de 9 de mayo, señala que *"la aplicación del Art. 96 CC a las rupturas de convivencias de hecho con hijos exige que se cumplan los mismos requisitos exigidos en la propia disposición, es decir, que constituyan la residencia habitual de la unidad familiar, en el sentido de que debe formar el lugar en que la familia haya convivido como tal, con una voluntad de permanencia. Es en este sentido que se ha venido interpretando la noción de vivienda familiar, que es un concepto no definido en el Código civil, pero que debe integrarse con lo establecido en el Art. 70 CC, en relación al domicilio de los cónyuges. Cuando se trata de una pareja que convive sin haber contraído matrimonio, la atribución del domicilio familiar se rige por las mismas reglas que en la ruptura matrimonial. Por ello, el juez no puede atribuir a los hijos o a un cónyuge o conviviente un inmueble al que los convivientes no hayan reconocido como domicilio familiar".*

VI. PAREJAS DE HECHO

A) Derecho Común

El art. 96 CC es aplicable a las parejas de hecho, tanto sin existen descendientes comunes como si no existen.

1°. Cuando existe descendencia común

Cuando existen descendientes comunes, la aplicación del art. 96 CC resulta no solamente el principio del *favor filii,* sino también que son los hijos los beneficiarios del derecho de uso, que se extiende al progenitor en cuya compañía quedan —o, en otras palabras, al padre o a la madre en tanto se les confiere la custodia de sus hijos—, y, asimismo, de los arts. 108.2 CC —a cuyo tenor *"la filiación matrimonial y la no matrimonial, así como la adoptiva, surten los mismos efectos, conforme a las disposiciones de este Código"*— y 142 CC —que, dentro del contenido del derecho de alimentos, incluye la cobertura de las necesidades de habitación del alimentista—.

La jurisprudencia es pacífica al respecto.

La STS, Sala 1ª, 701/2004, de 7 de julio (*Tol 483.443*), establece que *"en relación con la atribución del uso de la vivienda familiar tras la ruptura de la convivencia "more uxorio" y ante la falta de una regulación legal de estas uniones, dice la sentencia de esta Sala de 10 de marzo de 1998 que "es preciso acudir a los principios generales del derecho, última fuente formal del sistema de fuentes en el ordenamiento jurídico, como dispone el art. 1.1 del Código Civil y matiza el apartado cuarto del mismo artículo" y añade "y el principio general ha sido ya apuntado y no es otro que el de protección al conviviente perjudicado por la situación de hecho". Si esto es así con relación al conviviente, con mayor razón ha de aplicarse este principio general cuando se trata de la protección de los intereses de los hijos menores de edad".*

Por su parte, la STS, Sala 1ª, 221/2011, de 1 de abril (*Tol 2.093.031*), señala que *"el recurso se plantea en una separación de dos personas que no han contraído matrimonio, pero lo que se discute no son los efectos económicos o de otro tipo que la finalización de la convivencia plantea a los convivientes, sino que se refiere a la atribución del uso de la vivienda al menor, hijo de ambos. Se trata, por tanto, de una cuestión que debe ser resuelta fundamentalmente teniendo en cuenta el interés del niño.*

1º El primer problema previo a resolver consiste en la respuesta a la pregunta de si puede aplicarse por analogía la norma del art. 96 CC, ya que ésta se refiere a la disolución del matrimonio por divorcio y el divorcio/separación solo tiene lugar cuando se trata de matrimonios. Es cierto que en la regulación de la convivencia del hijo con sus padres cuando estén separados no existe una atribución del uso de la vivienda (art. 159 CC), pero las reglas de los arts. 156.5 y 159 CC no contradicen, sino que confirman lo que se establece en el art. 92 CC, por lo que la relación de analogía entre ambas situaciones existe, de acuerdo con lo establecido en el art. 4 CC.

2º Lo anterior responde la segunda objeción, relativa a que no puede existir aquí interés casacional, porque los casos resueltos en las sentencias que se aportan para justificar dicho interés tratan de situaciones distintas a la que se ha producido en este litigio, porque la convivencia no equivale a matrimonio. En realidad, el criterio de semejanza no se produce en relación a la situación de los padres, sino que de lo que se trata es de la protección del interés del menor, protección que es la misma con independencia de que sus padres estén o no casados, en aplicación de lo que disponen los arts. 14 y 39 CE".

Finalmente, la STS, Sala 1ª, 65/2018, de 6 de febrero (*Tol 6.509.285*), recogiendo la doctrina jurisprudencial sobre este particular, establece que *"la sala, y es lo que destaca en este supuesto, tiene declarada la aplicación analógica del art. 96 C.C, aunque se trate de proteger el interés de los menores, con independencia de que sus padres estén casados o no, y, de ahí (STS 221/2011, de 1 de abril) que unifique doctrina en el sentido de que «la atribución de la vivienda familiar a los hijos menores de edad es una manifestación del principio del interés del menor que no puede ser limitada por el Juez, salvo lo establecido en el art. 96 C.C.»*

Cuando se trata de pareja que convive sin haber contraído matrimonio, la atribución del domicilio familiar se rige (convivencia de hecho con hijos) por las mismas reglas que en la ruptura matrimonial (STS 340/2012, de 13 de mayo).

Por tanto, como dispone el art. 96 C.C. en su párrafo primero, el uso de la vivienda familiar corresponde a los hijos en cuyo interés se establece, si bien ello tendrá lugar, como recuerda la sentencia 277/2016, de 25 de abril, «en defecto de acuerdo de los cónyuges aprobado por el Juez»".

2°. Cuando no existen descendientes comunes

Igualmente, es aplicable el art. 96 CC a las parejas de hecho aunque no existan descendientes comunes, tal y como viene reconociendo la jurisprudencia del Tribunal Supremo.

La STS, Sala 1ª, 1085/1996, de 16 de diciembre (*Tol 5.152.812*), señala que *"la vivienda familiar es el reducto donde se asienta y desarrolla la persona física, como refugio elemental que sirve a la satisfacción de sus necesidades primarias (descanso, aseo, alimentación, vestido, etc.) y protección de su intimidad (privaticidad), al tiempo que cuando existen hijos es también auxilio indispensable para el amparo y educación de estos. De aquí, que las normas que sobre el uso de la vivienda familiar, contiene el Código civil en relación con el matrimonio y sus crisis, entre ellas, la ruptura del vínculo, se proyectan más allá de su estricto ámbito a situaciones como la convivencia prolongada de un hombre y una mujer como pareja ya que las razones que abonan y justifican aquellas valen también en este último caso"*.

Por su parte, la STS, Sala 1ª, 212/1998, de 10 de marzo (*Tol 2.451.479*), admitiendo el recurso de casación, casa y anula la Sentencia de la Audiencia Provincial de Barcelona, Sección 1ª, de 2 de marzo de 1993 que declaró no haber lugar *"a la atribución del uso de la vivienda y muebles que en la misma se encuentran ni de la plaza de aparcamiento por no estar legalmente previsto y sin perjuicio del pacto de los condóminos"*, atribuyendo, por un plazo determinado, *"a la recurrente en casación el uso y disfrute de la vivienda, sus muebles y enseres anejos y la plaza de aparcamiento asignada a la misma"*; y ello al considerar que *"la sentencia de instancia ha inaplicado incorrectamente el artículo 96 del Código civil y la doctrina jurisprudencial pero no por-*

que sea aplicable directamente, ni por analogía, sino porque es aplicable el principio general que se deduce de ésta y de las demás normas citadas, principio general consistente en la protección al conviviente perjudicado, en este caso protección referida a la atribución del uso de la vivienda familia, muebles y plaza de aparcamiento asignada a la vivienda".

No obstante, la SAP de Segovia, Sección 1ª, de 15 de febrero de 2022 (*Tol 8.942.604*), rechaza la atribución del uso de la vivienda familiar a uno de los miembros de una pareja de hecho que la había solicitado al amparo del art. 96 CC y del principio general del derecho de protección al conviviente perjudicado por la situación de hecho señalando que *"desconoce la Sala en qué consiste ese principio general invocado en la demanda que ahora se concreta en el recurso para solicitar el uso con sostén en el art. 96. del Código Civil. El art. citado al tiempo de dictarse la sentencia tenía tres apartados. Es obvio que no le son aplicables ni los apartados 1 y 2 pues se refieren a la existencia de hijos y la pareja no tenía hijos. Solo sería encajable la petición en el apartado 3 que se mantiene en la nueva redacción del art. 96 dada por la Ley 8/2021 de 2 de junio que resuelve el supuesto de matrimonio sin hijos pudiendo adjudicarse el uso de la vivienda de la titularidad de uno solo de los cónyuges al cónyuge no titular por el tiempo que prudencialmente se fije teniendo en cuenta el interés más necesitado de protección. Pero la premisa para la aplicación de tal solución es que exista un matrimonio en que uno de los cónyuges sea titular exclusivo de la vivienda familiar. En el caso presente no existía relación conyugal entre el apelante y su pareja fallecida por lo que falta la base para la aplicación del precepto, pero es que además regula una relación, respecto al uso de la vivienda familiar, entre cónyuges y esa relación no existe entre el apelante y la demandada. Además el precepto exige que en el caso de una relación conyugal el cónyuge no titular solo tendrá derecho al uso por tiempo determinado (el que prudencialmente se fije por el Juez) y ni siquiera el apelante pretende un uso limitado en el tiempo acorde con el precepto".*

B) Derecho Foral

En Cataluña, el art. 234-8 CCCat se ocupa de la *"atribución o distribución del uso de la vivienda familiar"* en los supuestos de convivencia estable en pareja en los siguientes términos:

"1. Los convivientes en pareja estable pueden acordar la atribución a uno de ellos del uso de la vivienda familiar, con su ajuar, para satisfacer en la parte que sea pertinente los alimentos de los hijos comunes que convivan con el beneficiario del uso o la eventual prestación alimentaria de este.

2. Si no existe acuerdo o si este no es aprobado, en el caso de que los convivientes tengan hijos comunes, la autoridad judicial puede atribuir el uso de la vivienda familiar, teniendo en cuenta las circunstancias del caso y aplicando las siguientes reglas:

a) Preferentemente, al miembro de la pareja a quien corresponda la guarda de los hijos mientras dure esta.

b) Si la guarda de los hijos es compartida o distribuida entre ambos miembros de la pareja, al que tenga más necesidad.

3. La atribución o distribución del uso de la vivienda, si esta pertenece en todo o en parte al miembro de la pareja que no es beneficiario, debe ser tenida en cuenta para la fijación de los alimentos a los hijos y la prestación alimentaria que eventualmente devengue el otro miembro de la pareja.

4. Se aplica a la atribución o distribución del uso de la vivienda lo establecido por el artículo 233-20.6 y 7 y los artículos 233-21 a 233-25" [relativos a la atribución del uso de la vivienda familiar en los supuestos de nulidad del matrimonio, divorcio y separación legal].

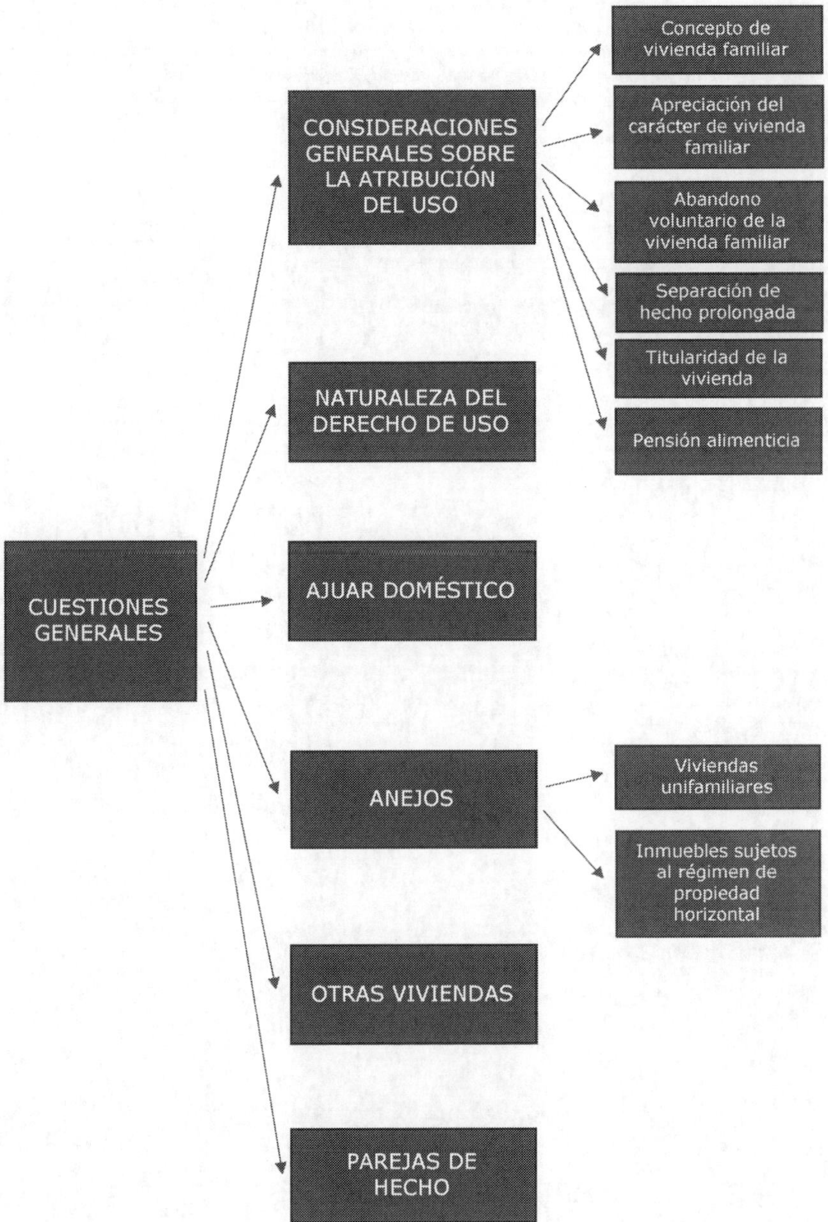
CUESTIONES GENERALES
CONSIDERACIONES GENERALES SOBRE LA ATRIBUCIÓN DEL USO
Concepto de vivienda familiar
Apreciación del carácter de vivienda familiar
Abandono voluntario de la vivienda familiar
Separación de hecho prolongada
Titularidad de la vivienda
Pensión alimenticia
NATURALEZA DEL DERECHO DE USO
AJUAR DOMÉSTICO
ANEJOS
Viviendas unifamiliares
Inmuebles sujetos al régimen de propiedad horizontal
OTRAS VIVIENDAS
PAREJAS DE HECHO

Capítulo 2
Criterios de atribución

SUMARIO: I. ACUERDO DE LOS CÓNYUGES. II. GUARDA Y CUSTODIA INDIVIDUAL. 1. Adopción de oficio por la autoridad judicial. 2. Atribución obligatoria del uso de la vivienda familiar a los hijos menores de edad y al cónyuge en cuya compañía queden. A) Derecho Común. B) Derecho Foral. 3. Excepciones. A) Derecho Común. B) Derecho Foral. 4. Supuestos especiales. A) Hijos en situación de discapacidad. B) Nasciturus. C) Uso compartido por ambos progenitores de la vivienda familiar existiendo hijos menores de edad. D) Guarda y custodia partida. E) Hijos de relaciones diferentes. III. GUARDA Y CUSTODIA COMPARTIDA. 1. Necesidad de pronunciamiento sobre la atribución del uso de la vivienda familiar. 2. Criterios de atribución del uso de la vivienda familiar. A) Derecho Común. B) Derecho Foral. 3. Alternancias en el uso de la vivienda familiar (casa nido*)*. IV. SIN HIJOS O CON HIJOS MAYORES DE EDAD. 1. Atribución del uso de la vivienda familiar cuando no existen hijos. a) Uso alternativo de la vivienda familiar. b) Uso compartido de la vivienda familiar. 2. Atribución del uso de la vivienda familiar cuando los hijos son mayores de edad. 3. Atribución del uso de la vivienda familiar cuando los hijos mayores de edad se encuentran en una situación de discapacidad. 4. Circunstancias a tener en cuenta para atribuir el uso de la vivienda a uno de los cónyuges cuando no existan hijos o los mismos sean mayores de edad. 5. Actos de disposición sobre la vivienda familiar. a) Necesidad del consentimiento de ambos cónyuges. b) Negocio dispositivo realizado sin cumplir las exigencias del art. 96.3 CC. c) Especialidades forales.

I. ACUERDO DE LOS CÓNYUGES

El primer criterio que debe presidir la atribución del uso de la vivienda familiar es el acuerdo de los cónyuges, reflejado en convenio regulador, que deberá contener referencia expresa a tal atribución, tal y como resulta de los arts. 90.1, apartado c), y 96.1 CC e, igualmente, en los Derechos Forales de Cataluña y País Vasco, de los arts. 233-20.1 CCCat[9] y 12.1 de la Ley 7/2015, de 30 de

---

9 Art. 233-20.1 CCCat: *"Los cónyuges pueden acordar la atribución del uso de la vivienda familiar con su ajuar a uno de ellos, a fin de satisfacer, en la parte*

junio, de relaciones familiares en supuestos de separación o ruptura de los progenitores, respectivamente.

Dicho acuerdo, sin embargo, no es vinculante para el Juez si existen hijos menores de edad. El art. 90.2 CC dispone en su párrafo primero que *"los acuerdos de los cónyuges adoptados para regular las consecuencias de la nulidad, separación y divorcio presentados ante el órgano judicial serán aprobados por el juez salvo si son dañosos para los hijos o gravemente perjudiciales para uno de los cónyuges"*, y el art. 96.1 CC supedita tal acuerdo a la aprobación judicial que, por tanto, puede faltar. En Cataluña, el art. 233-21.3 CCCat declara que *"no son eficaces los pactos que perjudiquen el interés de los hijos"*.

La STS, Sala 1ª, 315/2022, de 20 de abril (*Tol 8.917.144*), señala que *"conforme a lo dispuesto por el art. 96 CC (tanto en su redacción anterior a la Ley 8/2021, de 2 de junio, como en la posterior a ella), para decidir a quien corresponde el uso de la vivienda familiar y de los objetos de uso ordinario de ella procede estar, en primer lugar ("en defecto de" dice la norma), al acuerdo de los cónyuges, que será aprobado por la autoridad judicial salvo que sea dañoso para los hijos o gravemente perjudicial para uno de los cónyuges (art. 90 CC)"*.

Por tanto, el acuerdo de los cónyuges no vincula a la autoridad judicial, que deberá examinarlo con objeto de evitar que puedan verse perjudicados los intereses de los hijos menores.

En este sentido, la STS, Sala 1ª, 221/2011, de 1 de abril (Tol 2.093.031), establece que *"el art. 96 CC establece que en defecto de acuerdo, el uso de la vivienda familiar corresponde a los hijos y al cónyuge en cuya compañía queden. Esta es una regla taxativa, que no permite interpretaciones limitadoras e incluso el pacto de los progenitores deberá ser examinado por el juez para evitar que se pueda producir ningún perjuicio"*.

---

que proceda, los alimentos de los hijos comunes que convivan con el beneficiario del uso o la prestación compensatoria de este. También pueden acordar la distribución del uso de la vivienda por períodos determinados".

Asimismo, la STS, Sala 1ª, 236/2011, de 14 de abril (*Tol 2.124.703*), dispone que el art. 96.1 CC *"no permite establecer ninguna limitación a la atribución del uso de la vivienda a los menores mientras sigan siéndolo, porque el interés que se protege en ella no es la propiedad de los bienes, sino los derechos que tiene el menor en una situación de crisis de la pareja, salvo pacto de los progenitores, que deberá a su vez ser controlado por el juez"*.

Reiteran esta doctrina, entre otras, las SSTS, Sala 1ª, 181/2014, de 3 de abril (*Tol 4.218.412*); 282/2015, de 18 de mayo (*Tol 5.000.600*); 168/2017, de 8 de marzo (*Tol 5.990.945*); 332/2020, de 22 de junio (*Tol 8.000.094*), y 861/2021, de 13 de diciembre (*Tol 8.704.870*).

II. GUARDA Y CUSTODIA INDIVIDUAL

1. Adopción de oficio por la autoridad judicial

A diferencia de lo que ocurre si los hijos son mayores de edad, supuesto en el que la atribución del uso de la vivienda familiar se encuentra sometida al principio dispositivo o de justicia rogada, cuando existan hijos menores de edad puede el Juez, aunque nada se hubiere solicitado al respecto, pronunciarse de oficio sobre tal atribución, toda vez que, en estos casos, la misma se rige por normas de *ius cogens*.

Así resulta del art. 91 CC, en cuya virtud *"en las sentencias de nulidad, separación o divorcio, o en ejecución de las mismas, la autoridad judicial, en defecto de acuerdo de los cónyuges o en caso de no aprobación del mismo, determinará conforme a lo establecido en los artículos siguientes las medidas que hayan de sustituir a las ya adoptadas con anterioridad en relación con los hijos, la vivienda familiar (...)"*.

La STS, Sala 1ª, 701/2004, de 7 de julio (*Tol 483.443*), establece que *"se denuncia incongruencia de la sentencia al no haber solicitado ninguna de las partes tal atribución del que había sido hogar familiar, vivienda de propiedad exclusiva del padre (...). Ahora bien, en la adopción de las medidas a tomar respecto de los hijos menores de edad, sean matrimoniales o no matrimoniales, es preponderante el interés de los hijos, cuya protección se encomienda al juzgador y así se establece en el art. 158 del Código Civil, al facultar al Juez para que, de oficio, adopte las medidas en él contempladas, e, igualmente, en el art. 91 se impone al Juez la obligación de adoptar las medidas pertinentes, a falta de acuerdo entre los cónyuges, principio que es aplicable fuera de los procesos matrimoniales. Por ello al proveer el Juzgador a la necesidad de vivienda del menor y de la madre a cuya guarda y custodia se le confía en la forma que se ha transcrito no ha incurrido en incongruencia puesto que, en estos casos, el Juzgador no está vinculado a la concreta forma de satisfacer estas necesidades del hijo a lo peticionado por los padres litigantes".*

Igualmente, la STS, Sala 1ª, 304/2012, de 21 de mayo (*Tol 2.538.700*), tras plantearse la cuestión de *"si en un procedimiento matrimonial, en el que las partes no han pedido la atribución de la vivienda familiar, se aplica, como afirma la sentencia recurrida, el principio de congruencia"*, dispone que *"el Art. 91 CC establece que "en las sentencias de nulidad, separación o divorcio, [...], el Juez, en defecto de acuerdo de los cónyuges [...] determinará conforme a lo establecido en los artículos siguientes las medidas que hayan de sustituir a las ya adoptadas con anterioridad en relación con los hijos, la vivienda familiar [...] (...)". En aplicación de esta norma, el Art. 774.4 LEC repite que el juez determinará en su propia sentencia, en defecto de acuerdo de los cónyuges, las medidas relativas a la vivienda familiar.*

Lo anterior determina que el principio de rogación se aplica de forma relativa en estos procedimientos y ello solo cuando existan menores de edad, cuyo interés es el más digno de protección. La facultad prevista en el Art. 91 CC la tiene el juez cuando no se haya pedido ni adoptado ninguna medida, de modo que el Art. 752.2 y 3 LEC establece que la conformidad de las partes sobre los hechos no vinculará al tribunal, ni éste podrá decidir la cuestión litigiosa basándose en la conformidad de las partes o en el silencio o respuestas evasivas sobre los hechos alegados por la parte contraria. Esto se aplicará también en la segunda instancia. En consecuencia, no puede alegarse la incongruencia cuando las partes no hayan formulado una petición que afecta al interés del menor, que deberá ser decidida por el juez, en virtud de la naturaleza de ius cogens que tiene una parte de las normas sobre procedimientos matrimoniales, tal como puso de relieve en su día la STC 120/1984".

Y la STS, Sala 1ª, 1039/2024, de 22 de julio (*Tol 10.124.446*), declara que la cuestión relativa a la atribución del uso de la vivienda familiar *"no queda sometida al principio de rogación, ya que debe dilucidarse, con petición o sin ella, en beneficio e interés de las menores".*

2. *Atribución obligatoria del uso de la vivienda familiar a los hijos menores de edad y al cónyuge en cuya compañía queden*

A) Derecho Común

El art. 96.1 CC establece en su párrafo primero que *"en defecto de acuerdo de los cónyuges aprobado por la autoridad judicial, el uso de la vivienda familiar y de los objetos de uso ordinario de ella corresponderá a los hijos comunes menores de edad y al cónyuge en cuya compañía queden, hasta que todos aquellos alcancen la mayoría de edad. Si entre los hijos menores hubiera alguno en una situación de discapacidad que hiciera conveniente la continuación en el uso de la vivienda familiar después de su mayoría de edad, la autoridad judicial determinará el plazo de duración de ese derecho, en función de las circunstancias concurrentes".*

Por tanto, con carácter general, a falta de acuerdo de los cónyuges o en caso de no aprobación del mismo y existiendo hijos menores, es obligatorio para la autoridad judicial atribuir el uso de la vivienda familiar a los hijos comunes menores de edad y al cónyuge en cuya compañía queden, dados los términos categóricos y tajantes del precepto.

Ya la STS, Sala 1ª, 191/2011, de 29 de marzo (*Tol 2.078.863*), señalaba que el art. 96 CC *"tiene como finalidad la protección del interés del menor, que, debe recordarse, establece que a falta de acuerdo entre los progenitores, el uso "corresponde a los hijos*[10] *y al cónyuge en cuya compañía que-*

[10] En la actualidad, tras la modificación del art. 96 CC por la Ley 8/2021, de 2 de junio, hijos comunes menores de edad.

den". Esta norma está en relación con la condición de menores de los hijos a los que se atribuye el uso de la vivienda y requieren la actuación protectora de la patria potestad. Por lo tanto, el art. 96.1 CC atribuye el derecho al uso al hijo menor, incluido en el de alimentos que forma el contenido de la patria potestad, según dispone el art. 154, 2. 1º CC. El art. 96.1 CC presupone que este específico contenido de la potestad puede ser de difícil ejecución cuando se produce la separación de los progenitores y por ello y para evitar controversias entre ellos, normalmente propietarios de la vivienda familiar, la atribuye a los hijos y a quien ostenta su guarda y custodia precisamente como titular de la obligación que le impone el art. 154,2.1 CC".

Por su parte, la STS, Sala 1ª, 221/2011, de 1 de abril (*Tol 2.093.031*), dispone que *"el art. 96 CC establece que en defecto de acuerdo, el uso de la vivienda familiar corresponde a los hijos y al cónyuge en cuya compañía queden. Esta es una regla taxativa, que no permite interpretaciones limitadoras e incluso el pacto de los progenitores deberá ser examinado por el juez para evitar que se pueda producir ningún perjuicio.*

El principio que aparece protegido en esta disposición es el del interés del menor, que requiere alimentos que deben prestarse por el titular de la patria potestad, y entre los alimentos se encuentra la habitación (art. 142 CC); por ello los ordenamientos jurídicos españoles que han regulado la atribución del uso en los casos de crisis matrimonial o de crisis de convivencia, han adoptado esta regla (así, expresamente, el art. 234-8 CCCat). La atribución del uso de la vivienda familiar, es una forma de protección, que se aplica con independencia del régimen del bien acordado entre quienes son sus propietarios, por lo que no puede limitarse el derecho de uso al tiempo en que los progenitores ostenten la titularidad sobre dicho bien".

Consecuentemente, la STS, Sala 1ª, 221/2011, de 1 de abril (*Tol 2.093.031*), formula la siguiente doctrina: *"la atribución del uso de la vivienda familiar a los hijos menores de edad es una manifestación del principio del interés del menor, que no puede ser limitada por el Juez, salvo lo establecido en el Art. 96 CC".*

Reiteran esta doctrina, entre otras muchas, las SSTS, Sala 1ª, 304/2012, de 21 de mayo (*Tol 2.538.700*); 301/2014, de 29 de mayo (*Tol 4.469.050*); 117/2017, de 22 de febrero (*Tol 5.978.002*);

332/2020, de 22 de junio (*Tol 8.000.094*); 351/2020, de 24 de junio (*Tol 7.995.830*); 861/2021, de 13 de diciembre (*Tol 8.704.870*), y 1153/2023, de 17 de julio (*Tol 9.657.583*).

Finalmente, la STS, Sala 1ª, 426/2013, de 17 de junio (*Tol 3.794.745*) —y en el mismo sentido, STS, Sala 1ª, 641/2018, Pleno, de 20 de noviembre (*Tol 6.919.974*)—, señala que *"lo que pretende, por tanto, el artículo 96 del CC al atribuir la vivienda al progenitor con quien los hijos conviven es evitar que a la separación de los padres que amenaza su bienestar se sume la perdida de la vivienda en la que han convivido hasta el momento de la ruptura de sus padres con evidente repercusión en su crecimiento, desarrollo y nivel de relaciones"*.

En definitiva, puede afirmarse que cuando existan hijos menores de edad, la regla general, a falta de acuerdo, es la atribución del uso de la vivienda familiar a los mismos y al progenitor que conviva con ellos, pues es el de aquellos el que representa el in terés más necesitado de protección. Como señala la STS, Sala 1ª, 757/2024, de 29 de mayo (*Tol 10.052.569*) —y reitera la STS, Sala 1ª,1039/2024, de 22 de julio (*Tol 10.124.446*)—, *"la atribución de la vivienda familiar a los hijos comunes en los supuestos de guarda y custodia monoparental constituye una manifestación del principio favor filii"*.

B) Derecho Foral

Las especialidades forales se recogen en las legislaciones de Aragón, Cataluña, Navarra y País Vasco, en las que la atribución del uso de la vivienda familiar no se realiza, de una manera automática, en favor de los hijos menores de edad, sino atendiendo, fundamentalmente, al interés de los hijos o, en general, de las relaciones familiares.

1º. Aragón

El art. 81.2 CDFA dispone que *"cuando corresponda a uno de los progenitores de forma individual la custodia de los hijos, se le atribuirá el uso de la vivienda familiar, salvo que el mejor interés para las relaciones familiares aconseje su atribución al otro progenitor"*.

2°. Cataluña

El art. 233-20, n° 2, 3 y 4, CCCat señala: "2. *Si no existe acuerdo o si este no es aprobado, la autoridad judicial debe atribuir el uso de la vivienda familiar, preferentemente, al progenitor a quien corresponda la guarda de los hijos comunes mientras dure esta.*

3. No obstante lo establecido por el apartado 2, la autoridad judicial debe atribuir el uso de la vivienda familiar al cónyuge más necesitado en los siguientes casos:

a) Si la guarda de los hijos queda compartida o distribuida entre los progenitores.

b) Si los cónyuges no tienen hijos o estos son mayores de edad.

c) Si pese a corresponderle el uso de la vivienda por razón de la guarda de los hijos es previsible que la necesidad del cónyuge se prolongue después de alcanzar los hijos la mayoría de edad.

4. Excepcionalmente, aunque existan hijos menores, la autoridad judicial puede atribuir el uso de la vivienda familiar al cónyuge que no tiene su guarda si es el más necesitado y el cónyuge a quien corresponde la guarda tiene medios suficientes para cubrir su necesidad de vivienda y la de los hijos".

Por tanto, la atribución del uso de la vivienda familiar no se produce automáticamente a favor de los hijos, sino que se concede al Juez cierta libertad, de modo que, valorando las circunstancias concurrentes, no existe ningún obstáculo para atribuir el uso al progenitor no custodio si su interés así lo aconsejare.

La SAP de Barcelona, Sección 12ª, de 18 de julio de 2017 (*Tol 6.439.733*) dispone que *"la atribución del uso de la vivienda familiar al cónyuge al que le corresponda la guarda de los hijos menores, en el actual Código Civil de Cataluña (art. 233-20) al igual que sucedía en el antiguo artículo 83,2 a) del C.F., y a diferencia de lo que sucede en el C. Civil estatal, no se produce de forma automática, sino que se permite al Juzgador la atribución del uso al no custodio si las circunstancias así lo aconsejaren, así, el adverbio "preferentemente" indica que no es obligatorio atribuir el uso a quien ostenta la guarda del menor ante determinadas circunstancias. Por otro lado, y también a diferencia del C. Civil estatal en su artículo 96, 1, la atribución del uso es favor del cónyuge y no de los hijos".*

Igualmente, la SAP de Tarragona, Sección 1ª, de 16 de diciembre de 2020 (*Tol 8.274.034*) señala que *"el art. 233-20.2 del Codi civil dispone que, a falta de acuerdo de los cónyuges, la autoridad judicial debe atribuir el uso de la vivienda familiar, preferentemente, al progenitor a quien corresponda la guarda de los hijos comunes mientras dure esta. Esto quiere decir que el criterio de atribución no es absoluto, como se desprende del adverbio "preferentemente", y de lo que se dispone en los apartados siguientes del art. 230-20, en los que no se quebranta la regla general de atribución al cónyuge que tenga la guarda de los hijos"*, añadiendo que *"por contra, se rompe esa regla general con lo previsto en el art. 223-20.4 Codi, que es el precepto y la pretensión invocada en el recurso, pues excepcionalmente, aunque existan hijos menores, la autoridad judicial puede atribuir el uso de la vivienda familiar al cónyuge que no tenga su guarda si es el más necesitado y el cónyuge a quien corresponde la guarda tiene medios suficientes para cubrir su necesidad de vivienda y la de los hijos. Serán casos excepcionales, y la norma debe aplicarse a supuestos de extrema desigualdad económica entre los progenitores, o que el guardador disponga de una vivienda equiparable a la conyugal, y requerirá en cualquier caso que ello no sea contrario al interés de los hijos".*

3º. Navarra

La ley 72 CDCFN dispone en sus dos primeros párrafos que *"el juez decidirá sobre el uso y destino de la vivienda familiar con la finalidad prioritaria de garantizar la necesidad de habitación y estabilidad de los menores y su convivencia, contactos y estancias con uno y otro progenitor.*

Establecida la guarda individual, el juez atribuirá el uso de la vivienda a los menores y al progenitor en cuya compañía permanezcan durante el tiempo en que se mantenga dicha situación de guarda, salvo que dicho progenitor pueda garantizar suficiente y adecuadamente sus necesidades de habitación por otros medios, en cuyo supuesto resolverá lo procedente sobre su atribución y, en su caso, duración de la misma, en atención a los intereses más necesitados de protección".

4º. País Vasco

El art. 12 de la Ley 7/2015, de 30 de junio, de relaciones familiares en supuestos de separación o ruptura de los progenitores, establece en sus números 1, 2 3 y 7 que:

> *"1. En defecto de acuerdo o de su aprobación judicial, el juez atribuirá el uso de la vivienda familiar, y de los enseres y el ajuar existente en ella, en atención a lo que sea más conveniente para el interés superior de los hijos e hijas, a criterios de necesidad de los miembros de la pareja y a la titularidad de la vivienda.*
>
> *2. El juez otorgará el uso de la vivienda familiar preferentemente al progenitor a quien corresponda la guarda y custodia de los hijos e hijas comunes si es lo más conveniente para el interés de estos.*
>
> *3. El juez podrá atribuir el uso de la vivienda familiar a aquel miembro de la pareja que, aunque no tuviera la guarda y custodia de sus hijos e hijas, objetivamente tuviera mayores dificultades de acceso a otra vivienda, si el otro progenitor tuviera medios suficientes para cubrir la necesidad de vivienda de los y las menores y fuera compatible con el interés superior de estos.*
>
> *(...)*
>
> *7. En el caso de atribuirse la vivienda a uno de los progenitores, si ésta es privativa del otro o común de ambos, se fijará una compensación por la pérdida del uso a favor del progenitor titular o cotitular no adjudicatario, teniendo en cuenta las rentas pagadas por alquiler de viviendas similares y la capacidad económica de los miembros de la pareja".*

3. Excepciones

A) Derecho Común

No obstante lo dispuesto en el apartado anterior, el rigor de la atribución del uso de la vivienda familiar realizada al amparo del art. 96 CC ha sido matizado por el Tribunal Supremo, que admite excepciones a la medida de uso cuando no existe acuerdo previo entre los cónyuges y siempre que quede garantizado el interés de los hijos menores.

En este sentido, la STS, Sala 1ª, 671/2012, de 5 de noviembre (*Tol 2.675.572*), establece que *"hay dos factores que eliminan el rigor de la norma cuando no existe acuerdo previo entre los cónyuges: uno, el carácter no familiar de la vivienda sobre la que se establece la medida, entendiendo que una cosa es el uso que se hace de la misma vigente la relación matrimonial y otra distinta que ese uso permita calificarla de familiar si no sirve a los fines del matrimonio porque los cónyuges no cumplen con el derecho y deber propio de la relación. Otro, que el hijo no precise de la vivienda por encontrarse satisfechas las necesidades de habitación a través de otros medios; solución que requiere que la vivienda alternativa sea idónea para satisfacer el interés prevalente del menor, como así aparece recogido en el artículo. 233-20 CCCat, que establece que en el caso en que las otras residencias sean idóneas para las necesidades del progenitor custodio y los hijos, el juez puede sustituir la atribución de la vivienda familiar por la de otra residencia más adecuada (en cierta forma, en el art. 81.1 CDF aragonés) (STS 10 de octubre 2011)".*

Reiteran esta doctrina, entre otras muchas, las SSTS, Sala 1ª, 193/2013, de 15 de marzo (*Tol 3.266.069*); 426/2013, de 17 de junio (*Tol 3.794.745*); 461/2015, de 22 de julio (*Tol 5.438.703*); 646/2017, de 27 de noviembre (*Tol 6.441.507*); 351/2020, de 24 de junio (*Tol 7.995.830*); 861/2021, de 13 de diciembre (*Tol 8.704.870*); 1153/2023, de 17 de julio (*Tol 9.657.583*), 1039/2024, de 22 de julio (*Tol 10.124.446*).

Por tanto, al margen de aquellos supuestos en los que exista acuerdo entre los progenitores, pueden señalarse como excepciones a la atribución del uso de la vivienda familiar a los hijos comunes menores de edad y al cónyuge en cuya compañía queden —es decir, a la realizada al amparo del art. 96.1 CC—, siempre que quede debidamente protegido y garantizado el interés de los menores, las siguientes, recogidas por la jurisprudencia del Tribunal Supremo:

1ª. *Vivienda familiar no perteneciente a los cónyuges o convivientes.*

Perteneciendo la vivienda familiar a terceros, la atribución del uso de la misma, como señala la STS, Sala 1ª, 695/2011, de 10 de octubre (*Tol 2.261.892*), *"corre el riesgo de resultar inútil, puesto que sus propietarios pueden recuperarla mediante el ejercicio de la acción de desahucio por precario, a la que están legitimados por la inexistencia de contrato con la ocupante de la misma"*, circunstancia que *"perjudicaría a la menor, cuyo interés es el que debe presidir la atribución de la vivienda"*.

Por ello, la citada STS, Sala 1ª, 695/2011, de 10 de octubre, formula como doctrina jurisprudencial que *"el juez puede atribuir el uso de una vivienda que no sea la que se está ocupando en concepto de vivienda familiar cuando el inmueble que se está utilizando pertenezca a terceras personas en orden a proteger el interés de los menores y ello siempre que la residencia que se atribuya sea adecuada para satisfacer las necesidades de los hijos"*.

Recogen esta doctrina las SSTS, Sala 1ª, 448/2015, de 15 de julio (*Tol 5.212.102*); 596/2015, de 30 de octubre (*Tol 5.550.283*), y 563/2017, de 17 de octubre (*Tol 6.401.637*).

2ª. *Adquisición (o arrendamiento) por el progenitor custodio de una vivienda.*

La STS, Sala 1ª, 191/2011, de 29 de marzo (*Tol 2.078.863*), dispone que *"cuando el hijo no precisa de la vivienda familiar, por encontrarse satisfechas sus necesidades de habitación a través de otros medios, como ocurre en el caso presente, en que la madre ha adquirido una nueva vivienda que ostenta en copropiedad con la nueva pareja con la que convive, no puede pretenderse una especie de reserva de la que fue vivienda familiar durante el matrimonio para poder usarla en el hipotético caso en que no fuese posible el uso de la vivienda en la que ahora el hijo convive con la titular de su guarda y custodia. Como se ha dicho antes, la atribución del uso del que fue hasta el momento de la separación el domicilio familiar constituye una forma de contribuir al deber de alimentos de los hijos, aspecto que en el presente caso, se encuentra perfectamente cubierto por la aportación de la madre que no debe olvidarse, tiene también el deber de prestarlos a su hijo menor. La atribución del uso al menor y al progenitor se produce para salvaguardar los derechos de éste, pero no es una expropiación del propietario y decidir en el sentido propuesto por la recurrente sería tanto como consagrar un auténtico abuso del derecho, que no queda amparado ni en el art. 96, ni en el art. 7 CC"*.

Igualmente, la STS, Sala 1ª, 671/2012, de 5 de noviembre (*Tol 2.675.572)*, tras recoger los dos factores que eliminan el rigor de la norma contenida en el art. 96.1 CC cuando no existe acuerdo previo entre los cónyuges, señala que *"ocurre así en el caso presente en que la madre ha adquirido una nueva vivienda en la que puede habitar la hija menor, sin que esta quede desprotegida de sus derechos pues, de acuerdo con lo que resulta probado en el procedimiento, "cubre sus necesidades de alojamiento en condiciones de dignidad y decoro en el inmueble de la madre", y no solo cubre estas necesidades sino que como consecuencia del cambio, además de que el padre recupera la vivienda y le permite disfrutar de un status similar al de su hija y su ex esposa, mejora con ello su situación económica permitiéndole hacer frente a una superior prestación alimenticia a favor de su hija al desaparecer la carga que representaba el pago de la renta de alquiler".*

Y la STS, Sala 1ª, 777/2013, de 3 de diciembre (*Tol 4.035.486*), recogiendo las dos sentencias citadas, establece que *"de esta doctrina se extrae que cuando el cónyuge custodio posea otra vivienda en propiedad en la que pueda dar alojamiento digno a los menores, la que fue vivienda familiar podrá ser adjudicada al cónyuge no custodio".*

3ª. *Vivienda familiar propiedad del progenitor no custodio y disponibilidad por el custodio de otra vivienda, bien propiedad de ambos, bien privativa suya.*

La STS, Sala 1ª, 5/2015, de 16 de enero (*Tol 4.708.880*), tras exponer la cuestión debatida —*"en la sentencia que puso fin a las medidas sobre el hijo menor se atribuyó a éste y a su madre, por acuerdo entre las partes, el uso de la vivienda familiar. Pasado un tiempo, el padre reclama, como modificación de medidas, que se sustituya el uso de la vivienda que ocupan, que es de su propiedad, por otra situada en lugar cercano que pertenece proindiviso a ambos y que en este momento ha quedado libre del arrendatario que la ocupaba"*— y frente al recurso de casación formulado por la madre, dirigido a combatir la resolución dictada por la Audiencia Provincial que acordaba la modificación de la medida relativa al cambio de domicilio en que en este momento residían ella y el hijo menor, señala que *"recogiendo las ideas básicas de la jurisprudencia de esta Sala, aplicándola al caso que ahora se plantea, aparece que el interés del menor, siempre prevalente, no queda mermado por el cambio de domicilio. Precisando, además, que la vivienda que ahora ocupa es la vivienda que fue familiar en el momento de la separación, pero la que la Audiencia Provincial ha fijado a partir de ahora fue también la vivienda familiar en su momento. En ambas, ha sido algo indiscutido que el interés de menor quedó cubierto. Por tanto, como dice la sentencia de 5 noviembre 2012, antes transcrita en lo necesario, las necesidades de habitación del hijo menor quedan satisfechas a través de la vivienda alternativa que ha señalado la sentencia recurrida.*

Lo anterior, sobre la vivienda alternativa, lo ratifica la sentencia de 16 junio 2014, también transcrita. Y la anterior, de 29 marzo 2011 advierte que pueden modificarse las medidas por cambio de circunstancias. En el caso presente, la circunstancia de quedar disponible el piso propiedad de ambos, pro indiviso, es circunstancia de hecho que, como entiende la Audiencia Provincial es bastante para cambiar el régimen sobre la vivienda, tanto más cuanto las situaciones de crisis en la convivencia no pueden dar lugar a una verdadera, en la práctica, expropiación del propietario, como han dicho las sentencias citadas anteriormente, de 29 marzo 2011 y de 5 noviembre 2012".

Por su parte, la STS, Sala 1ª, 461/2015, de 22 de julio (*Tol 5.438.703*), establece que *"no se viola en la sentencia recurrida la doctrina jurisprudencial, dado que la atribución de la vivienda familiar a los menores y a su madre custodia, por tiempo determinado, tiene como causa la próxima disponibilidad de la vivienda que la madre tiene en propiedad y actualmente arrendada pero con contrato próximo a expirar. La doctrina jurisprudencial referida permite la no atribución de la vivienda familiar cuando los menores tienen solventadas sus necesidades de habitación por otros medios, lo que concurre en este caso. Con la presente solución D.ª María Ángeles residirá en el piso de su propiedad (que no era la residencia familiar) con los dos hijos de la pareja y D. Gustavo residirá desde 2016 en el piso que es de su propiedad con Onésimo, hijo habido de una anterior relación".*

4ª. *Imposibilidad de disponer del patrimonio común de los cónyuges.*

La STS, Sala 1ª, 426/2013, de 17 de junio (*Tol 3.794.745*), estudiando un supuesto en el que *"marido y mujer son propietarios de una vivienda en la que se aloja el esposo y titulares de un patrimonio importante en el que se ubica la vivienda familiar"*, señala que *"mantener durante tres años al hijo y a su madre en esta vivienda para pasar luego a la otra en modo alguno vulnera ni el interés del menor (próximo a cumplir la mayoría de edad cuando concluya el periodo), ni mucho menos la jurisprudencia que se dice infringida y que está amparada en una situación distinta en la que la limitación del uso puede dejar al hijo menor en un escenario de absoluta incertidumbre sobre su alojamiento, lo que no ocurre en este caso en que esta limitación temporal se complementa con la atribución de otro domicilio a partir del tercer año en que se dicta la sentencia. No puede soslayarse que el domicilio familiar conlleva el uso de una finca de siete hectáreas e impide la disposición un patrimonio común importante que afectará necesariamente a la liquidación del haber conyugal y a su reparto entre ambos cónyuges, sin merma del interés legítimo de un hijo que conoce la nueva casa, por ser la de su padre, cuya habitabilidad no se ha cuestionado, y que transcurridos los tres años de uso se enfrentará a una situación escolar y de relaciones distinta de la que ahora disfruta".*

5ª. *Renuncia o abandono de la vivienda familiar por el progenitor custodio: atribución al otro cónyuge.*

a) Supuestos

Pese al carácter automático que prevé el art. 96.1 CC a favor de los hijos comunes menores de edad y del cónyuge en cuya compañía queden, cabría la posibilidad de atribuir el uso de la vivienda familiar al progenitor no custodio cuando quede perfectamente acreditado que el titular de la guarda y custodia y los hijos no tienen intención de residir en ella, bien por haber renunciado a la misma, bien cuando, pese a ser beneficiarios de su atribución en un primer momento, la hubieren abandonado voluntariamente.

La SAP de Cádiz, Sección 5ª, de 15 de octubre de 2020 (*Tol 8.283.009*) establece que *"la atribución de la vivienda familiar a los menores si bien en principio es absoluta, no obstante se reconocen una serie de casos de excepción, como es el supuesto de que las menores y el progenitor con el que conviven cambien de domicilio trasladándose a otro, pues en ese caso cesa la necesidad de utilización de esa vivienda, pudiendo hacerse entonces la atribución a la otra parte de la utilización de la vivienda que fuera familiar, al estar el interés de los menores protegido".*

Igualmente, la SAP de Valencia, Sección 10ª, de 20 de febrero de 2013 (*Tol 3.762.906*) señala que *"aunque el párrafo primero del citado precepto previene que el uso del domicilio, a falta de acuerdo de los cónyuges, corresponde a los hijos y al cónyuge en cuya compañía queden, ello no ha de conllevar, en cualquier caso, una decisión judicial que, eludiendo la valoración de las circunstancias concurrentes, se aferre ciegamente a la dicción literal del precepto; por el contrario, y en el supuesto de acreditarse que el inmueble no es destinado a la cobertura de tales necesidades básicas por tenerlas estas ya cubiertas con otra vivienda, o marchar a otro lugar, el derecho en principio preferente de los hijos puede decaer, y determinar la asignación del uso al procreador con el que no conviven de modo habitual".*

En el mismo sentido pueden citarse, entre otras muchas, las SSAAPP de Asturias, Sección 6ª, de 7 de marzo de 2016 (*Tol 5.676.544*); Lugo, Sección 1ª, de 11 de enero de 2017 (*Tol 5.949.495*); Madrid, Sección 22ª, de 5 de noviembre de 2015 (*Tol 5.596.301*); Toledo, Sección 2ª, de 11 de junio de 2015 (*Tol 5.204.633*); Valencia, Sección 10ª, de 5 de septiembre de 2007 (*Tol 1.218.639*) y Vizcaya, Sección 4ª, de 20 de abril de 2018 (*Tol 6.671.080*).

b) Necesidad de acreditar un interés merecedor de protección

Dicha atribución del uso de la vivienda al progenitor no custodio, sin embargo, no tiene carácter automático, siendo necesario que demuestre un interés merecedor de protección.

La STS, Sala 1ª, 545/2019, de 16 de octubre (*Tol 7.548.334*), relativa a un matrimonio sin hijos, dispone que *"cuando aquél a quien se atribuyó el uso deja de representar un interés necesitado de protección, es lógico que se extinga el derecho de uso en exclusiva, sin que ello comporte la atribución automática de dicho uso al otro cónyuge cuando, a su vez, tampoco acredite un interés protegible para disfrutar de una posesión exclusiva".*

En esta línea, la SAP de Asturias, Sección 6ª, de 6 de julio de 2020 (Tol 8.047.422) señala que *"esa extinción del uso en exclusiva de la vivienda familiar de naturaleza ganancial, no comporta sin más y en forma automática, su atribución al otro ex cónyuge, si éste a su vez, tampoco acredita un interés protegible para disfrutar de una posesión exclusiva, dado que la vivienda ganancial, —hasta la liquidación de la sociedad de gananciales— puede ser utilizada de otro modo, como podría ser su alquiler a tercero".*

c) Temporalidad

La atribución del uso de la vivienda, teniendo en cuenta lo dispuesto en el art. 96.2 CC —al hacerse a favor del progenitor bajo cuya custodia no quedan los hijos—, deberá ser temporal, con objeto de no perjudicar los intereses dominicales que pudiere ostentar el otro cónyuge.

La SAP de Madrid, Sección 22ª, de 22 de octubre de 2002 (*Tol 225.053*) señala que el párrafo tercero del art. 96 CC, contempla *"las hipótesis en que no existan hijos, a las que son plenamente asimilables aquellas otras en que los descendientes se encuentren emancipados, personal o económicamente, al igual que los supuestos en que el uso se atribuye al progenitor con el que no viven los hijos. En los mismos puede otorgarse el derecho a uno de los cónyuges, pero no de modo indefinido o vitalicio, sino "por el tiempo que prudencialmente se fije". Es cierto de tal precepto se refiere de modo específico al supuesto en que el cónyuge beneficiario del derecho no sea el titular del inmueble, pero, como viene sosteniendo esta Sala, las referidas prescripciones deben extenderse lógicamente a aquellos otros casos de titularidad ganancial o compartida, que no tienen una regulación concreta en el artículo examinado".*

Fijan, asimismo, un límite temporal las citadas SSAAPP de Madrid, Sección 22ª, de 5 de noviembre de 2015 (*Tol 5.596.301*) y Toledo, Sección 2ª, de 11 de junio de 2015 (*Tol 5.204.633*), hasta la liquidación de la sociedad de gananciales o el ejercicio de la *actio conmuni dividundo*, respectivamente.

No obstante, en el supuesto de cambio de domicilio, deberá atenderse a las circunstancias concurrentes, pues dicho cambio puede ser meramente temporal o provisional, en cuyo caso no tendría que conllevar necesariamente la extinción o modificación de la atribución.

Así se manifiestan, entre otras, las SSAAPP de Cádiz, Sección 5ª, de 10 de abril de 2007 (*Tol 7.518.191*); Madrid, Sección 22ª, de 9 de octubre de 2015 (*Tol 5.545.059*); Murcia, Sección 4ª, de 20 de junio de 2013 (*Tol 3.847.345*) y Zaragoza, Sección 4ª, de 8 de noviembre de 2002 (*Tol 424.685*).

Resulta aconsejable, en tales casos, fijar un límite para el retorno a la vivienda. En caso contrario, podría atribuirse al otro progenitor. Así lo hacen las SSAP de Valencia, Sección 10ª, de 17 de abril de 2002 (*Tol 231.567*) y 5 de septiembre de 2007 (*Tol 1.218.639*).

d) Prueba de la falta de ocupación

Como señalan, entre otras muchas, las SSAAPP de Barcelona, Sección 4ª, de 21 de mayo de 2024 (*Tol 10.113.171*); Córdoba, Sección 1ª, de 18 de julio de 2024 (*Tol 10.245.944*); Cádiz, Sección 2ª, de 24 de mayo de 2024 (*Tol 10.148.192*) y Madrid, Sección 8ª, de 19 de enero de 2021 (*Tol 8.406.027*), la desocupación no ha de interpretarse en sentido literal y absoluto, sino como la falta de uso normal y adecuado al destino de la vivienda conforme a su naturaleza propia, que es el de servir de hogar familiar, de morada o domicilio de los ocupantes, habitándola personal y materialmente durante la mayor parte del día y realizando en ella los actos propios que, de modo principal, integran la vida doméstica y hacen que la vivienda pueda estimarse el lugar de su residencia habitual.

La falta de ocupación de una vivienda, al constituir un hecho negativo, resulta de prueba compleja, por lo que no puede imponerse un criterio rigorista en orden a su exhaustiva probanza, siendo extendida la doctrina jurisprudencial que, en materia arrendaticia, enseña que si bien corresponde al actor la demostración de la efectiva desocupación, tal imposición no puede ir más allá de lo razonable y posible, motivo por el cual si en autos aparecen datos bastantes que justifiquen inicialmente la realidad del desuso, corresponde entonces al demandado demostrar el hecho positivo de la ocupación, aplicando el principio de facilidad probatoria, pues este debe tener un mejor acceso y disponibilidad de los medios de prueba, por su propia posición y por la naturaleza del hecho que debe acreditar.

Todo ello determina que, en la mayoría de las ocasiones, habrá que acudir a vías indirectas o indiciarias, en definitiva, a la prueba de presunciones del art. 386 LEC, indicios que, en cualquier caso, han de ser claros y precisos, aportando datos objetivos cuya interpretación más razonable los convierta, en función del contexto en que aparecen, en signos inequívocos de la desocupación, al ser incompatibles, dentro de un normal orden de cosas, con el disfrute de la vivienda. En este sentido, es práctica constante de los Tribunales, en los supuestos en los que la cuestión queda en el aire de la duda, acudir a la lectura de los consumos de la vivienda, especialmente aquellos que son indispensables para las personas, pudiendo cuestionarse el gasto telefónico, el gas e, incluso, la luz, al existir energías alternativas que permiten el alumbrado, calefacción o proporcionan remedio para cocinar, pero si todo ello pudiera admitirse como poco significativo de la real habitación, aunque la cultura moderna imponga su utilización, aquello que queda fuera de toda duda es que el consumo de agua es imprescindible para la higiene personal, lavado de ropa y limpieza del espacio utilizado.

En esta línea, la SAP de Murcia, Sección 4ª, de 5 de febrero de 2015 (*Tol 4.764.070*) señala que *"la prueba documental aportada, relativa a las facturaciones de los suministros de energía eléctrica y de agua que se sitúan en valores mínimos de consumo, así como el testimonio vertido al respecto, acreditan de modo claro y preciso, que dicha vivienda no es objeto de un uso habitual, estable y determinado que permita fundamentar esa cualidad de vivienda familiar que se discute. Además el cierre permanente de sus persianas y ventanas y el estado de deterioro de la puerta de entrada, sujeta con cadena y candado, vendrían a ratificar la realidad de su abandono voluntario por quién tenía atribuido su uso por decisión judicial. Obsérvese finalmente, que la demanda objeto de estos autos fue notificada a la demandada, Sra. Marisol, en el domicilio sito en la*

(…) de Alcantarilla, y no en el correspondiente a la cuestionada vivienda familiar. Por tanto, y entendiendo, conforme a lo expuesto, que el citado inmueble ha perdido por su abandono voluntario por la demandada, su cualidad de vivienda familiar, procede confirmar la declaración de extinción de la misma, conforme a lo declarado en la sentencia de instancia".

B) Derecho Foral

En Cataluña, el art. 233-20.6 CCCat prevé que *"la autoridad judicial puede sustituir la atribución del uso de la vivienda familiar por la de otras residencias si son idóneas para satisfacer la necesidad de vivienda del cónyuge y los hijos".*

Asimismo, el art. 233-21 regula la exclusión y límites de la atribución del uso de la vivienda en los siguientes términos:

> *"1. La autoridad judicial, a instancia de uno de los cónyuges, puede excluir la atribución del uso de la vivienda familiar en cualquiera de los siguientes casos:*
>
> *a) Si el cónyuge que sería beneficiario del uso por razón de la guarda de los hijos tiene medios suficientes para cubrir su necesidad de vivienda y la de los hijos.*
>
> *b) Si el cónyuge que debería ceder el uso puede asumir y garantizar suficientemente el pago de las pensiones de alimentos de los hijos y, si procede, de la prestación compensatoria del otro cónyuge en una cuantía que cubra suficientemente las necesidades de vivienda de estos.*
>
> *2. Si los cónyuges poseen la vivienda en virtud de un título diferente al de propiedad, los efectos de la atribución judicial de su uso quedan limitados por lo dispuesto por el título, de acuerdo con la ley. Si los cónyuges detentan la vivienda familiar por tolerancia de un tercero, los efectos de la atribución judicial de su uso acaban cuando este reclama su restitución. Para este caso, de acuerdo con lo establecido por el artículo 233-7.2, la sentencia puede ordenar la adecuación de las pertinentes prestaciones alimentarias o compensatorias.*
>
> *3. En previsión de ruptura matrimonial, puede pactarse sobre la atribución o distribución del uso de la vivienda y sobre las modalidades de este uso. No son eficaces los pactos que perjudiquen el interés de los hijos, ni tampoco, si no se han incorporado a un con-*

venio regulador, los que comprometan las posibilidades de atender a las necesidades básicas del cónyuge beneficiario del uso".

Por su parte, en el País Vasco, el art. 12.6 de la Ley 7/2015, de 30 de junio, de relaciones familiares en supuestos de separación o ruptura de los progenitores, dispone que *"el juez podrá sustituir la atribución del uso de la vivienda familiar por el de otra vivienda propiedad de uno o ambos miembros de la pareja si es idónea para satisfacer la necesidad de vivienda de los hijos e hijas menores y, en su caso, del progenitor más necesitado".*

4. Supuestos especiales

A) Hijos en situación de discapacidad

La STS, Sala 1ª, 325/2012, de 30 de mayo (*Tol 2.558.108*), señala que *"el art. 96.1 CC establece que el uso de la vivienda se atribuye a los hijos y al cónyuge en cuya compañía queden. Esta Sala ha interpretado esta disposición en el sentido que protege el interés de los menores, que resulta ser el más necesitado de protección en el procedimiento matrimonial (SSTS 659/2011, de 10 octubre; 451/2011, de 21 junio; 236/2011, de 14 abril y 861/2011, de 18 enero, entre otras). Los hijos incapacitados deben ser equiparados a los menores en este aspecto, porque su interés también resulta el más necesitado de protección, por lo que están incluidos en el art. 96.1 CC, que no distingue entre menores e incapacitados. A favor de esta interpretación se encuentra la necesidad de protección acordada en la Convención Internacional de los Derechos de las personas con discapacidad, de 13 de diciembre 2006, ratificada por Instrumento de 23 de noviembre 2007, y en la Ley 26/2011, de 1 de agosto, de adaptación normativa a la Convención Internacional sobre los Derechos de las Personas con Discapacidad".*

En la actualidad, tras la Ley 8/2021, de 2 de junio, por la que se reforma la legislación civil y procesal para el apoyo a las personas con discapacidad en el ejercicio de su capacidad jurídica, el art. 96.1 CC establece en su párrafo primero que *"en defecto de acuerdo de los cónyuges aprobado por la autoridad judicial, el uso de la vivienda familiar y de los objetos de uso ordinario de ella corresponderá a los hijos comunes menores de edad y al cónyuge en cuya compañía queden, hasta que todos aquellos alcancen la mayoría de edad. Si entre los hijos menores hubiera alguno en una situación de discapacidad que hiciera conveniente la continuación en el uso de la vivienda familiar después de su mayoría de edad, la autoridad judicial determinará el plazo de duración de ese derecho, en función de las circunstancias concurrentes".*

B) Nasciturus

Se aplica la misma solución que en el caso de los hijos menores al amparo del art. 29 CC, en cuya virtud *"el nacimiento determina la personalidad; pero el concebido se tiene por nacido para todos los efectos que le sean favorables, siempre que nazca con las condiciones que expresa el artículo siguiente"*, que señala que *"la personalidad se adquiere en el momento del nacimiento con vida, una vez producido el entero desprendimiento del seno materno"*.

No obstante, en el Derecho Foral de Cataluña, y dado que el criterio de atribución del uso de la vivienda familiar cuando existan hijos no es el mismo que en el Derecho Común, la SAP de Barcelona, Sección 12ª, de 30 de marzo de 2006 (*Tol 1.000.955*), en un supuesto de convivencia *more uxorio*, señala que *"aún dichas previsiones legales en cuanto al concebido y no nacido, que lo que contemplan son los efectos que puedan resultar o ser favorables para el nasciturus si llega a nacer con los requisitos legalmente previstos, entre esos efectos no figura la atribución a su favor de la vivienda común de sus progenitores mientras duró la convivencia, por cuanto debe tenerse en cuenta que el artículo 83.2.a) del Código de Familia*[11] *respecto a la atribución del uso de la vivienda si hay hijos sujetos a la patria potestad, contempla su atribución, preferentemente, no necesariamente, al progenitor que tenga atribuida su guarda por lo que carece de transcendencia, a los efectos de la resolución de lo que es objeto de la apelación, que por el hecho de que la ahora apelante quedara embarazada durante la convivencia (que se rompió durante la gestación y no tuvo la duración mínima legalmente prevista) pueda ser o*

---

11 Actualmente, art. 233-20.2 CCCat.

no de aplicación la normativa relativa a las Uniones Estables de Pareja que, por otra parte no prevé nada sobre la atribución de la vivienda común, sin que el hecho de quedar embarazada la mujer durante la convivencia, rota durante la gestación, se erija en motivo suficiente para privar del derecho de uso al propietario de la vivienda".

Por su parte, la SAP de Barcelona, Sección 12ª, de 21 de junio de 2016 (*Tol 5.836.741*), atribuida a ambos progenitores la guarda y custodia del hijo común ya nacido y frente a la petición de la madre de que se le atribuyese *"el uso de la vivienda para dar protección al hijo que va a nacer, bien de forma indefinida, bien mientras dura la lactancia"*, señala que *"en el fundamento de derecho séptimo se la sentencia recurrida se analizan los argumentos relativos a la atribución de uso de la vivienda y lo hace sobre la base del contenido del artículo 233-20 del Código civil de Cataluña. En base a la atribución de guarda compartida es de aplicación el número tercero debiendo examinarse si existe algún interés más necesitado de protección, en concreto de la Sra. Rocío que es quien solicita el uso (…). En esta tesitura, constando que la Sra. Rocío ingresa más de 800€ mensuales con tres pagas extraordinarias, que los ingresos son iguales o incluso superiores a los declarados por el Sr. Primitivo quien es el titular único de la vivienda que constituye el domicilio familiar, abonando además íntegramente la hipoteca, no se considera que concurra un interés más necesitado de protección en la persona de la Sra. Rocío y ello incluso contando con su embarazo y sin perjuicio de lo que se pudiera acordar en procedimiento de modificación de medidas".*

C) Uso compartido por ambos progenitores de la vivienda familiar existiendo hijos menores de edad

La STS, Sala 1ª, 262/2012, de 30 de abril (*Tol 2.538.858*), se ocupa del supuesto en el que el inmueble en el que se ubica la vivienda familiar es susceptible de división y formula doctrina jurisprudencial al respecto.

La citada sentencia, tras plantear la cuestión —que *"se centra en el debate acerca de la división de un inmueble de tres plantas, con el fin de destinar una parte del mismo a la habitación de su propietario exclusivo, el marido, y la otra parte, al mantenimiento del domicilio familiar"*—, señala que *"esta Sala ha reiterado que la disposición del Art. 96 CC en relación a la atribución del uso del domicilio a los hijos comunes y al cónyuge que ostente su guarda y custodia, está establecida para proteger el interés de los menores, no en interés de ninguno de los cónyuges mientras los niños sean menores de edad (SSTS 451/2011, de 21 junio; 236/2011, de 14 abril y 861/2009, de 18 enero, entre otras). De este modo, la división de un inmueble a los efectos que se pretenden en el presente litigio, tiene como único límite esta protección.*

Sin embargo, el Art. 96 CC no resulta suficiente, en el plano objetivo, para resolver el conflicto planteado, sino que a través de la interpretación adecuada de las normas de acuerdo con la realidad del tiempo en que deben ser aplicadas, debe decidirse si existen intereses contrapuestos. Señala el Ministerio Fiscal con acierto que las sentencias de contraste citadas no acuerdan la división de la vivienda sin más, sino que tienen en cuenta las circunstancias a las que se ha aludido antes y que se dan en este caso, lo que no ha sido tenido en cuenta en la sentencia recurrida.

Un nuevo argumento lo proporciona el hecho de que el inmueble donde se halla ubicada la vivienda familiar es propiedad exclusiva del marido y que la propuesta división no es tal, sino una redistribución de espacios en el inmueble que no altera su régimen, pero permite obtener una funcionalidad adecuada para satisfacer los intereses presentes en este caso, ya que al ser posible esta nueva distribución, se protege el interés de los hijos menores y el del propio marido, ya que no puede privarse del uso y disfrute de la propiedad a quien es su titular, sin vulnerar sus derechos reconocidos tanto en el Art. 33 CE, que reconoce el derecho de propiedad privada a nivel constitucional, como en el art. 47 CE, que consagra el derecho de los españoles a disfrutar de una vivienda digna y adecuada".

Con tales antecedentes, concluye formulando la siguiente doctrina jurisprudencial, reiterada en la STS, Sala 1ª, 582/2015, de 27 de octubre (*Tol 5.544.833*): *"cabe la división material de un inmueble en el procedimiento matrimonial, cuando ello sea lo más adecuado para el cumplimiento del art. 96 CC, es decir, la protección del interés del menor y siempre que la división es posible y útil por reunir las viviendas resultantes las condiciones de habitabilidad".*

D) Guarda y custodia partida

El art. 96.1 CC establece en su párrafo cuarto que *"cuando algunos de los hijos queden en la compañía de uno de los cónyuges y los restantes en la del otro, la autoridad judicial resolverá lo procedente"*.

En tales supuestos, la atribución del uso de la vivienda familiar deberá atender al interés necesitado de mayor protección valorando las circunstancias concurrentes.

La SAP de Málaga, Sección 6ª, de 29 de septiembre de 2010 (*Tol 2.070.899*) dispone que *"el Código Civil, en su artículo 96, contiene previsiones sobre la atribución del uso del domicilio familiar, que, existiendo hijos menores de edad, como es el caso que nos ocupa, tienden a procurar la especial protección de éstos, y, concretamente, y para aquellos supuestos en que alguno de los hijos queden en la compañía de un progenitor y otros en la compañía del otro, dispone el precepto en cuestión que el juez resuelva lo procedente. Cuando el precepto examinado así lo dispone es porque obliga al juzgador a valorar todas las circunstancias que concurran, en atención a asegurar el derecho de habitación de los menores y a procurar que, no obstante la ruptura conyugal, los niños sufran los menores cambios posibles en su vida"*.

Por su parte, la SAP de Madrid, Sección 22ª, de 11 de febrero de 2021 (*Tol 8.408.627*) señala que *"ha de tenerse presente que la esposa decidió salir voluntariamente del domicilio conyugal en marzo de 2018 —acto propio—, instalándose en otra vivienda desde entonces —necesidad de alojamiento satisfecha—; que si bien la hija reside con la madre, el hijo lo hace con el padre; que este hijo precisa de atenciones especiales debido al trastorno que padece; que el señor Inocencio es evidente tiene su estudio personal —no de grabación— en el inmueble familiar; y que no ha quedado acreditado que conviva allí con su actual pareja; todo lo que permite, en virtud de lo dispuesto en el párrafo tercero del artículo 96 del CC (STS 624/2011, de 5 de septiembre), atribuir a éste el uso del domicilio por aconsejarlo las circunstancias expresadas y ser su interés el más necesitado de protección"*.

En Cataluña y en Navarra se aplica el mismo criterio que cuando la guarda y custodia se atribuye de forma compartida a los progenitores, de acuerdo con el art. 233-20.3 CCCat y la ley 72, párrafo tercero, CDCFN, como se analizará posteriormente[12].

E) Hijos de relaciones diferentes

Al igual que en el supuesto anterior, la atribución del uso de la vivienda familiar deberá atender al interés necesitado de mayor protección, valorando para ello las circunstancias concurrentes.

La STS, Sala 1ª, 79/2018, de 14 de febrero (*Tol 6.516.604*), analiza la atribución del uso de la vivienda familiar existiendo hijos de dos relaciones diferentes y, tras exponer la cuestión debatida —*"la cuestión que se plantea es a quien debe atribuirse el uso y disfrute del domicilio familiar cuando hay hijos menores de diferentes relaciones y la guarda y custodia de los hijos nacidos de una relación anterior se le atribuye al padre que es el titular de la vivienda mientras que la guarda y custodia del nuevo hijo se atribuye a la madre que se ve privada del uso de la vivienda como consecuencia de lo anterior"*—, señala que *"no cabe una aplicación automática del art. 96 del C. Civil, a favor de la recurrente, pues si bien es cierto que tiene un hijo en común con el Sr. Simón, también lo es que éste tiene otras dos hijas menores bajo su custodia, unido a que la vivienda cuestionada es propiedad exclusiva del Sr. Simón.*

En este sentido la sentencia 563/2017, de 17 de octubre, declaró:

> *«El artículo 96 del Código Civil no contempla la situación familiar que deriva del interés de dos hijas de madres diferentes por mantenerse en la misma casa, que es además propiedad de los padres de uno de ellos, lo que pone en evidencia una vez más la necesidad de un cambio legislativo que se adapte a estas nuevas realidades. La aplicación analógica que ha hecho la sentencia, incardinando la medida de uso en el párrafo 2.º*[13] *y no en el 1.º del artículo 96, es correcta: solo en caso de pluralidad de hijos y custodia dividida se concede normativamente al juez la decisión de atribuir el uso de la vivienda familiar a uno y otro progenitor en la que ha existido una convivencia estable»*.

---

12 *Vid. infra* (Capítulo 2. III. 2).

13 Actualmente, párrafo cuarto del art. 96.1 CC tras su redacción por la Ley 8/2021, de 2 de junio.

En base a esta doctrina en la sentencia recurrida se atribuye la vivienda familiar al padre (…).

Puesta en relación la doctrina de esta sala, en la sentencia transcrita con los razonamientos de la sentencia recurrida, se ha de constatar que se ha evaluado con ponderación y corrección cuál es el interés más necesitado de protección, habida cuenta del trabajo que cada progenitor desempeña y las cargas familiares y económicas que han de soportar, por lo que procede desestimar el recurso, conforme a lo dispuesto en el art. 96 del C. Civil".

III. GUARDA Y CUSTODIA COMPARTIDA

1. Necesidad de pronunciamiento sobre la atribución del uso de la vivienda familiar

Cuando se adopta el régimen de guarda y custodia compartida es necesario un pronunciamiento judicial sobre la atribución del uso de la vivienda familiar salvo que, expresamente, las partes no interesen nada al respecto.

La atribución del uso de la vivienda familiar, existiendo hijos menores de edad, se rige por normas de *ius cogens*, tal y como resulta del art. 91 CC, en cuya virtud *"en las sentencias de nulidad, separación o divorcio, o en ejecución de las mismas, la autoridad judicial, en defecto de acuerdo de los cónyuges o en caso de no aprobación del mismo, determinará conforme a lo establecido en los artículos siguientes las medidas que hayan de sustituir a las ya adoptadas con anterioridad en relación con (...) la vivienda familiar (...)".*

Igualmente, en sede de medidas provisionales, el art. 103.2ª CC dispone que *"admitida la demanda, el Juez, a falta de acuerdo de ambos cónyuges aprobado judicialmente, adoptará, con audiencia de éstos, las medidas siguientes: (...) Determinar, teniendo en cuenta el interés familiar más necesitado de protección, cuál de los cónyuges ha de continuar en el uso de la vivienda familiar y asimismo, previo inventario, los bienes y objetos del ajuar que continúan en ésta y los que se ha de llevar el otro cónyuge, así como también las medidas cautelares convenientes para conservar el derecho de cada uno".*

2. *Criterios de atribución del uso de la vivienda familiar*

A) Derecho Común

A falta de previsión sobre el particular, debe aplicarse el art. 96.1, párrafo cuarto, CC, que prevé que *"cuando algunos de los hijos queden en la compañía de uno de los cónyuges y los restantes en la del otro, la autoridad judicial resolverá lo procedente"*.

Para ello deberá atenderse al interés más necesitado de protección, teniendo en cuenta las circunstancias concurrentes, que pueden ser muy variadas, tanto profesionales como de tipo social: situación económica y patrimonial de cada uno de los progenitores, carencia de bienes, trabajo estable, estado de salud, edad, titularidad de otras viviendas que permitan cubrir las necesidades de alojamiento e, incluso, la pertenencia exclusiva de la vivienda a uno de los cónyuges.

La STS, Sala 1ª, 95/2018, de 20 de febrero (*Tol 6.526.202*) —cuya doctrina reitera la STS, Sala 1ª, 295/2020, de 12 de junio (*Tol 7.969.734*)—, partiendo de los arts. 2 de la Ley Orgánica 1/1996, de 15 de enero, de protección jurídica del menor, y 96 CC, señala que este último precepto *"no contempla el caso de que se haya acordado la custodia compartida. En ausencia de una previsión legal, esta sala ha declarado que no procede la aplicación del primer párrafo del art. 96 CC, dado que los hijos no quedan en compañía exclusiva de uno de los progenitores y ha venido entendiendo que debe aplicarse por analogía el párrafo segundo del art. 96 CC del que resulta que, en defecto de acuerdo de los cónyuges, «el Juez resolverá lo procedente».*

De acuerdo con la doctrina de esta sala, en casos de custodia compartida, es posible la atribución del uso de la vivienda a aquél de los progenitores que por razones objetivas tenga más dificultad de acceso a una vivienda (no ser titular o disponer del uso de ninguna otra, menores ingresos) para que de esta forma pueda llevarse a cabo la convivencia durante los períodos en los que le corresponda tener a los hijos en su compañía.

Pero cuando se valora que no existe riesgo de poner en peligro el régimen de custodia compartida, pues el progenitor está en condiciones, por su situación económica, de proporcionar una vivienda adecuada a sus necesidades, el criterio de la sala es el de que no procede hacer la atribución indefinida de uso de la que fue la vivienda familiar y deben armonizarse los intereses contrapuestos, el del titular (o cotitular) de la vivienda y el de los hijos a relacionarse con el otro en una vivienda (resume la doctrina la sentencia 517/2017, de 13 de septiembre, con cita de otras anteriores)".

Por su parte, la STS, Sala 1ª, 558/2020, de 26 de octubre (*Tol 8.197.535*), se ocupa detenidamente de la atribución del uso de la vivienda familiar en los supuestos de custodia compartida y de los factores que deben ponderarse y, recogiendo la doctrina de la Sala, establece que *"en la ponderación de las circunstancias concurrentes, se deberá de prestar especial atención a dos factores: "[...] en primer lugar, al interés más necesitado de protección, que no es otro que aquel que permite compaginar los períodos de estancia de los hijos con sus dos padres. En segundo lugar, a si la vivienda que constituye el domicilio familiar es privativa de uno de los cónyuges, de ambos, o pertenece a un tercero" (sentencias 513/2017, de 22 de septiembre y 396/2020, de 6 de julio entre otras)".*

Finalmente, la STS, Sala 1ª, 757/2024, de 29 de mayo (*Tol 10.052.569*), establece a propósito de la atribución del uso de la vivienda familiar en los supuestos de custodia compartida que *"este supuesto específico, no contemplado en el art. 96 CC, fue tratado, entre otras muchas, en las sentencias 558/2020, de 26 de octubre; 438/2021, de 22 de junio; 870/2021, de 20 de diciembre; 314/2022, de 20 de abril; 835/2022, de 25 de noviembre y 138/2023, de 31 de enero, entre otras muchas.*

En estos casos, no es de aplicación el párrafo primero del art. 96 del CC, que se refiere a la custodia exclusiva. Tampoco el párrafo segundo del art. 96 (matrimonio sin hijos). Con lo que se acude, por razón de analogía, al actual párrafo cuarto del apartado 1 del art. 96 (atribución de la custodia de los hijos entre los progenitores), en cuyo caso "la autoridad judicial resolverá lo procedente".

Para tomar la decisión oportuna se atenderá a estos factores: el interés más necesitado de protección (riesgo de poner en peligro el régimen de custodia compartida) y la titularidad de la vivienda (privativa o común), pero siempre con fijación de plazo".

No existiendo un interés merecedor de mayor protección y siendo la vivienda privativa de uno de los esposos parece adecuado que, en el supuesto de realizar atribución del uso de la misma, tal atribución se haga a favor del cónyuge propietario.

En este sentido, la SAP de Madrid, Sección 22ª, de 21 de noviembre de 2019 (*Tol 7.798.389*) establece, teniendo en cuenta las circunstancias concurrentes en el supuesto enjuiciado, que *"no podemos considerar que a la vista del artículo 96 párrafo tercero, exista un interés de cualquiera de ellos que sea más digno de protección. Lo cierto es que el Sr. Hernán es el propietario de la vivienda conyugal al 100% y con carácter privativo, puesto que la compró con anterioridad a la celebración del matrimonio, circunstancia suficiente para que mantengamos que el Sr. Hernán es quien tiene derecho a la atribución del uso de dicha vivienda".*

B) Derecho Foral

Las legislaciones de Aragón, Cataluña, Navarra y País Vasco regulan expresamente la atribución del uso de la vivienda familiar en los supuestos de guarda y custodia compartida.

1º. Aragón

El art. 81.1 CDFA señala que *"en los casos de custodia compartida, el uso de la vivienda familiar se atribuirá al progenitor que por razones objetivas tenga más dificultad de acceso a una vivienda y, en su defecto, se decidirá por el Juez el destino de la vivienda en función del mejor interés para las relaciones familiares".*

2º. Cataluña

En Cataluña, el art. 230-20.3 CCCat dispone en el apartado a) que *"la autoridad judicial debe atribuir el uso de la vivienda familiar al cónyuge más necesitado en los siguientes casos: a) Si la guarda de los hijos queda compartida o distribuida entre los progenitores".*

3º. Navarra

El párrafo 3 de la ley 72 CDCFN establece *que "cuando se establezca la guarda compartida o se distribuya entre los progenitores la de los distintos hijos, para acordar el uso a favor de uno o de ambos progenitores, por el tiempo que razonablemente se estime adecuado, el juez tendrá en cuenta las siguientes circunstancias:*

1. *El concreto sistema de reparto del tiempo en la guarda y contactos establecido.*
2. *El arraigo personal, social y educativo de cada uno de los menores en el entorno en el que se encuentre la vivienda.*
3. *Las posibilidades de uno y otro progenitor para satisfacer las necesidades de vivienda de los menores en los respectivos períodos en que les corresponda su cuidado.*
4. *La titularidad de la vivienda familiar y la naturaleza del título de ocupación.*
5. *La existencia de otras viviendas a disposición de cualquiera de los progenitores.*
6. *Las demás necesidades de los progenitores y medios personales y económicos de uno y otro para cubrirlas cuando afecten a la convivencia con los menores".*

4°. País Vasco

El art. 12.4 de la Ley 7/2015, de 30 de junio, de relaciones familiares en supuestos de separación o ruptura de los progenitores, señala que *"si la guarda y custodia fuera compartida entre los progenitores y el uso de la vivienda no fuera atribuido por periodos alternos a ambos, se atribuirá al progenitor que objetivamente tuviera mayores dificultades de acceso a una vivienda si ello fuera compatible con el interés superior de los hijos e hijas".*

3. Alternancias en el uso de la vivienda familiar (casa nido)

En teoría, sería posible atribuir el domicilio a los hijos y, alternativamente, a cada uno de los cónyuges en los períodos de tiempo que ostenten la custodia de aquellos pero, en la práctica, sería una fuente permanente de conflictos, ya que el uso alternativo de la vivienda requiere la existencia de un alto grado de acuerdo entre los progenitores que, en la mayoría de los casos, será difícil alcanzar, motivo por el que esta posibilidad es rechazada, con carácter general, por el Tribunal Supremo.

La STS, Sala 1ª, 870/2021, de 20 de diciembre (*Tol 8.764.945*) —cuya doctrina recoge la STS, Sala 1ª, 757/2024, de 29 de mayo (*Tol 10.052.569*)—, establece que el modelo de casa nido *"constituye una fórmula viable que, sin embargo, contiene importantes dificultades para su adopción, en tanto en cuanto requiere un intenso nivel de entendimiento y comunicación entre los progenitores para coordinar los requerimientos de intendencia y cuidado de la vivienda familiar, con la necesidad igualmente de las correlativas interferencias positivas, en su caso, con las respectivas parejas con las que los padres hayan podido reconstruir sus vidas, que deberán adoptarse también a este concreto modelo de convivencia.*

En definitiva, implica una fórmula de economía colaborativa, que deberá contar con la adhesión de los progenitores, que quieran y puedan atender a las exigencias que implica su puesta en marcha, lo que requiere la existencia de un buen "coparenting" —relaciones de los padres entre sí—. Todo ello, además, con el requisito de contar con una capacidad económica suficiente para sufragar los mayores gastos, que exige la adopción de este concreto patrón de decisión. El fracaso de una medida de tal clase lesionaría el interés y beneficio de los menores, en cuanto a su estabilidad y satisfacción de sus necesidades.

Es por ello que, dadas las dificultades expuestas, la jurisprudencia se muestra reticente a la adopción de una solución de tal clase, toda vez que implica contar con tres viviendas, la propia de cada padre y la común preservada para el uso rotatorio prefijado, solución que resulta antieconómica, y que requiere un intenso nivel de colaboración de los progenitores, que conlleva a que se descarte su adopción en los casos enjuiciados en las sentencias 343/2018, de 7 de junio; 215/2019, de 5 de abril; 15/2020, de 16 de enero y 396/2020, de 6 de julio, todas ellas citadas en la más reciente sentencia 438/2021, de 22 de junio".

Admiten, no obstante, esta posibilidad a la vista de las circunstancias concurrentes en los distintos supuestos enjuiciados, entre otras, las SSAAPP de Madrid, Sección 24ª, de 22 de enero de 2024

(*Tol 9.977.554*) —si bien con un límite temporal, hasta la liquidación de la sociedad de gananciales o la venta de la vivienda acordada de mutuo acuerdo por los cónyuges—; Málaga, Sección 6ª, de 15 de mayo de 2024 (*Tol 10.149.562*) —teniendo en cuenta el deseo de las hijas y la ausencia de impedimentos para el ejercicio de la custodia compartida por ambos progenitores en la modalidad de *casa nido*—; Murcia, Sección 4ª, de 18 de enero de 2024 (*Tol 9.991.512*) —por el interés del hijo menor de edad, con una discapacidad del 55%— y Pontevedra, Sección 3ª, de 19 de mayo de 2022 (*Tol 9.114.803*) —dada la especial situación de uno de los hijos, con una discapacidad del 80%, y aconsejar la medida el informe psicosocial en preservación de rutinas y evitación de cambios perjudiciales para el mismo—.

IV. SIN HIJOS O CON HIJOS MAYORES DE EDAD

1. *Atribución del uso de la vivienda familiar cuando no existen hijos*

No existiendo hijos, el criterio determinante en orden a la atribución del uso de la vivienda familiar será el del interés más necesitado de protección, para lo cual deberá valorarse la situación de cada uno de los cónyuges. Dicha atribución tendrá carácter temporal[14].

El art. 96.2 CC señala que *"no habiendo hijos, podrá acordarse que el uso de tales bienes corresponda al cónyuge no titular por el tiempo que prudencialmente se fije siempre que, atendidas las circunstancias, lo hicieran aconsejable y su interés fuera el más necesitado de protección"*.

En Cataluña, el art. 233-20.3 CCCat establece que *"no obstante lo establecido por el apartado 2, la autoridad judicial debe atribuir el uso de la vivienda familiar al cónyuge más necesitado en los siguientes casos: (...) b) Si los cónyuges no tienen hijos o estos son mayores de edad (...)"*.

Y en Navarra, la ley 104 CDCFN dispone en su apartado b), párrafo primero, que *"sin perjuicio de lo establecido en la ley 72 para los*

---

14 *Vid. infra* (Capítulo 4. III. 1).

supuestos de existencia de hijos menores de edad, cuando no los hubiera, o todos fueran ya mayores de edad, el juez podrá atribuir el derecho de uso de la vivienda familiar al cónyuge que más lo necesite, aun cuando no sea el titular de la vivienda, con carácter, en cualquier caso, temporal".

No apreciándose en ninguno de los cónyuges un interés merecedor de mayor protección que exija el establecimiento a su favor de un uso exclusivo de la vivienda familiar, cabría, bien un uso alternativo de ella vivienda, bien un uso compartido de la misma.

a) Uso alternativo de la vivienda familiar

Numerosas resoluciones optan por el establecimiento de un uso alternativo de la vivienda, por períodos temporales, cuando, no existiendo hijos, ambos cónyuges, titulares de la vivienda, pretenden la atribución de su uso y no se aprecia en ninguno de ellos un interés merecedor de mayor protección, solución que respeta el derecho de ambos sobre aquella.

La SAP de Madrid, Sección 22ª, de 9 de enero de 2024 (*Tol 9.882.822*) dispone que *"ha quedado constatado en las presentes actuaciones que las hijas son mayores de edad, que ambos cónyuges ostentan el mismo derecho sobre la vivienda familiar y que no concurre interés más necesitado de protección en ninguno de ellos, por lo que, de conformidad a doctrina jurisprudencial reiterada, el inmueble en cuestión no puede quedar afectado por uso exclusivo alguno, como pretende la apelante, sino sometido ya al proceso de liquidación que corresponda (por analogía, las SSTS 576/2014, de 22 de octubre, 658/2015, de 17 de noviembre, o 630/2018, de 13 de noviembre), siendo lógico y racional que mientras se produzca dicha liquidación se atribuya un uso alterno del mismo (por mor de lo dispuesto en el último párrafo del artículo 96.1 del CC, aplicable aquí analógicamente —por todas, la STS 183/2017, de 14 de marzo—, y asimismo en virtud de lo recogido en la STS 700/2012, de 14 de noviembre".*

Con ello, señala la SAP de Madrid, Sección 24ª, de 27 de septiembre de 2007 (*Tol 7.397.422*), se evita *"la elevada conflictividad de la medida de no asignación de vivienda, en cuanto ambos consideren su derecho a ocupación simultánea, incompatible con la situación de crisis, o de asignación uno u otro litigante en exclusiva, en cualquier caso se facilita una más pronta y fluida liquidación de la sociedad legal de gananciales, evitando comportamientos obstruccionistas que pudiera desplegar el consorte no conforme con la división, de manera que así no se perjudica derecho dominical del otro".*

En el mismo sentido, admitiendo el uso alternativo, se manifiestan, entre otras muchas, las SSAAPP de Alicante, Sección 4ª, de 11 de marzo de 2019 (*Tol 7.250.147*); Baleares, Sección 4ª, de 3 de marzo de 2010 (*Tol 1.836.914*); Cádiz, Sección 5ª, de 22 de enero de 2019 (*Tol 7.236.919*) y 30 de marzo de 2023 (*Tol 9.620.159*); Cantabria, Sección 2ª, de 4 de abril de 2023 (*Tol 9.588.079*); Madrid, Sección 22ª, de 30 de enero de 2018 (*Tol 6.542.885*), 1 de abril de 2019 (*Tol 7.264.265*) y 15 de marzo de 2021 (*Tol 8.453.941*); Orense, Sección 1ª, de 18 de abril de 2022 (*Tol 9.096.344*) y Salamanca, Sección 1ª, de 18 de noviembre de 2019 (*Tol 7.831.961*).

No obstante, suele establecerse en tales casos un límite temporal, la liquidación del régimen económico matrimonial o la venta de la vivienda, si tiene lugar con anterioridad (citadas SSAAPP de Alicante, Sección 4ª, de 11 de marzo de 2019; Cádiz, Sección 5ª, de 30 de marzo de 2023; Cantabria, Sección 2ª, de 4 de abril de 2023; Madrid, Sección 22ª, de 30 de enero de 2018 y 1 de abril de 2019; Orense, Sección 1ª, de 18 de abril de 2022 y Salamanca, Sección 1ª, de 18 de noviembre de 2019) o, incluso, con objeto de no prolongar la situación de indivisión, una fecha concreta si dicha liquidación se demora, tras la cual quedará extinguida la atribución del uso (citadas SSAAPP de Baleares, Sección 4ª, de 3 de marzo de 2010 y Cádiz, Sección 5ª, de 22 de enero de 2019).

La duración de los períodos temporales es variable según las circunstancias del caso, aunque lo normal es establecerlos de un año (citadas SSAAPP de Alicante, Sección 4ª, de 11 de marzo de 2019; Madrid, Sección 22ª, de 30 de enero de 2018, 1 de abril de 2019 y 15 de marzo de 2021; Orense, Sección 1ª, de 18 de abril de 2022 y Salamanca, Sección 1ª, de 18 de noviembre de 2019), aunque no faltan resoluciones que los fijan de seis meses (citada SAP de Cádiz, Sección 5ª, de 22 de enero de 2019) o dos años (citada SAP de Baleares, Sección 4ª, de 3 de marzo de 2010).

Sin embargo, no todas las Audiencias Provinciales admiten el uso alternativo de la vivienda familiar debido a los problemas y disputas que pueden derivarse de esta forma de compartir la vivienda.

La SAP de Valencia, Sección 10ª, de 29 de abril de 2004 (*Tol 445.952*) establece que la atribución del uso de la vivienda por períodos temporales o el uso alternativo de la misma *"debe rechazarse (…) porque ello sólo daría lugar a frecuentes disputas sobre el citado uso, por lo que esta Sala siempre ha evitado atribuir el uso alternativo de la vivienda conyugal"*, doctrina reiterada por la misma Sección en Sentencias de 30 de mayo de 2007 (*Tol 1.133.318*), 2 de octubre de 2017 (*Tol 6.454.179*) y 9 de septiembre de 2021 (*Tol 8.660.529*).

Por su parte, la SAP de Baleares, Sección 4ª, de 13 de febrero de 2018 (*Tol 6.566.474*) rechaza *"fijar un uso alternativo por años, dados los problemas que tal solución viene produciendo en los casos vistos por este Tribunal"*.

Asimismo, la STS, Sala 1ª, 808/2024, de 10 de junio (*Tol 10.052.678*), desestima *"la petición del uso alternativo anual habida cuenta de la falta de acuerdo de las partes al respecto, y las dificultades que implica gestionar un uso de tal naturaleza, en tanto en cuanto supone tener cubiertas alternativamente las necesidades de habitación que, en consecuencia, se reproducirían cada año en una antieconómica situación de intermitencia sin realización efectiva del valor económico del bien común"*.

b) Uso compartido de la vivienda familiar

Por el contrario, con carácter general[15], no resulta aconsejable establecer un uso compartido de la vivienda familiar pues abocaría, en la mayoría de los casos, no solamente a una cohabitación no deseada por ninguno de los cónyuges, sino también a una fuente constante de conflictos y tensiones entre ellos.

---

15 *Vid. supra* (Capítulo 2. II. 4. C).

En este sentido, la SAP de Madrid, Sección 22ª, de 11 de junio de 2004 (*Tol 533.172*) no admite el uso compartido de la vivienda *"por cuanto que tal pronunciamiento implica la prórroga o el mantenimiento de una cohabitación no deseada, habida cuenta de que el pronunciamiento relativo a la separación determina, por regla general, la adopción de medidas que propicie la independencia y la autonomía personal y familiar para cada uno de los cónyuges en todos los aspectos, sin que sea posible aceptar situaciones que puedan producir interferencias que impidan que dicho pronunciamiento principal produzca el efecto fundamental, cual es la separación personal entre los cónyuges"*.

En esta misma línea se pronuncian, entre otras, las SSAAPP de Cáceres, Sección 1ª, de 12 de julio de 2017 (*Tol 6.210.132*) y 5 de septiembre de 2019 (*Tol 7.510.909*); Pontevedra, Sección 3ª, de 24 de mayo de 2019 (*Tol 7.388.398*) y Valencia, Sección 10ª, de 13 de marzo de 2007 (*Tol 1.179.026*).

Igualmente, por los mismos motivos, suele rechazarse el uso compartido de la vivienda familiar aunque el inmueble en el que se ubique sea susceptible de división, máxime si una de las partes se opone o si las relaciones entre ellas son conflictivas. Así lo hacen, entre otras, las SSAAPP de Badajoz, Sección 3ª, de 2 de noviembre de 2016 (*Tol 5.869.779*); La Coruña, Sección 6ª, de 2 de septiembre de 2019 (*Tol 7.512.595*); Segovia, Sección 1ª, de 4 de marzo de 2005 (*Tol 627.417*) y Tarragona, Sección 1ª, de 9 de junio de 2016 (*Tol 5.854.712*).

No obstante, en circunstancias excepcionales, se admite el uso compartido siempre que exista acuerdo de los litigantes —SAP de Cáceres, Sección 1ª, de 5 de mayo de 2017 (*Tol 6.155.949*)— o, al menos, los mismos no excluyan terminantemente dicha posibilidad —SAP de Toledo, Sección 1ª, de 3 de junio de 2014 (*Tol 4.430.020*)- y en aquellos supuestos en los que sea viable la división del inmueble y exista buena relación entre las partes —SSAAPP de Burgos, Sección 2ª, de 30 de junio de 2006 (*Tol 6.316.643*) y Las Palmas, Sección 5ª, de 29 de julio de 2004 (*Tol 504.281*)—.

2. *Atribución del uso de la vivienda familiar cuando los hijos son mayores de edad*

A efectos de atribución del uso de la vivienda familiar, la jurisprudencia viene equiparando los supuestos de matrimonios sin hijos a aquellos en los que estos son mayores de edad.

El art. 96 CC, a diferencia de lo que ocurría en la redacción anterior a la Ley 8/2021, de 2 de junio —que no hacía referencia a si los hijos eran menores o mayores de edad[16]—, establece actualmente, en el párrafo primero de su número 1, que *"en defecto de acuerdo de los cónyuges aprobado por la autoridad judicial, el uso de la vivienda familiar y de los objetos de uso ordinario de ella corresponderá a los hijos comunes menores de edad y al cónyuge en cuya compañía queden, hasta que todos aquellos alcancen la mayoría de edad"* (inciso primero).

Nada dice el precepto, sin embargo, respecto de la atribución del uso de la vivienda familiar cuando los hijos sean mayores de edad.

La STS, Sala 1ª, Pleno, 624/2011, de 5 de septiembre (*Tol 2.251.711*), estudió detenidamente la cuestión relativa a la atribución del uso de la vivienda cuando no existían hijos menores sino mayores de edad y llegó a la conclusión de que, en tal caso, la atribución debía hacerse, no conforme al párrafo primero del art. 96 CC, sino con arreglo al párrafo tercero del mismo, que permitía —al igual que hace el actual art. 96.2 CC— adjudicarlo al cónyuge no titular por el tiempo que prudencialmente se fije, cuando las circunstancias lo hicieran aconsejable y su interés fuera el más necesitado de protección.

Por su parte, la STS, Sala 1ª, 138/2023, de 31 de enero (*Tol 9.482.301*), abordó esta cuestión antes de la reforma del art. 96

---

[16] El art. 96 CC, redactado por la Ley 430/1981, de 7 de julio, disponía en su párrafo primero que *"en defecto de acuerdo de los cónyuges aprobado por el Juez, el uso de la vivienda familiar y de los objetos de uso ordinario en ella corresponde a los hijos y al cónyuge en cuya compañía queden"*.

CC por la Ley 8/2021, de 2 de junio, señalando que *"la jurisprudencia de la sala también ha entendido, para cuando se supera la menor edad de los hijos, que la situación del uso de la vivienda familiar queda equiparada a la situación en la que no hay hijos a que se refería el del art. 96.III CC y la adjudicación al cónyuge que esté más necesitado de protección no puede hacerse por tiempo indefinido"*.

Igualmente, se ha expresado al respecto la STC, Sala 2ª, 12/2023, de 6 de marzo (*Tol 9.466.559*), declarando que *"la prestación alimenticia y de habitación a favor del hijo mayor, tenga la edad que tenga, está desvinculada del derecho a continuar usando la vivienda familiar, pues sus necesidades básicas se satisfacen mediante el derecho de alimentos entre parientes. Esta misma interpretación es la que ha venido realizando la Sala de lo Civil del Tribunal Supremo en todas aquellas ocasiones en las que se le ha planteado este supuesto, expresando que "ningún alimentista mayor de edad, cuyo derecho se regule conforme a lo dispuesto en los arts. 142 y siguientes del Código civil, tiene derecho a obtener parte de los alimentos que precise mediante la atribución del uso de la vivienda familiar con exclusión del progenitor con el que no haya elegido convivir. En dicha tesitura, la atribución del uso de la vivienda familiar ha de hacerse al margen de lo dicho sobre los alimentos que reciba el hijo o los hijos mayores, y por tanto, única y exclusivamente a tenor, no del párrafo 1 sino del párrafo 3 del artículo 96 CC*[17] *" (sentencia de 11 de noviembre de 2013)"*.

En la actualidad, el citado art. 96.2 CC, tras su redacción por la Ley 8/2021, de 2 de junio, establece que *"no habiendo hijos, podrá acordarse que el uso de tales bienes corresponda al cónyuge no titular por el tiempo que prudencialmente se fije siempre que, atendidas las circunstancias, lo hicieran aconsejable y su interés fuera el más necesitado de protección"*.

Consecuentemente, cuando no existen hijos menores sino mayores de edad, el uso de la vivienda familiar debe atribuirse al

---

17 En la actualidad, tras la modificación por la Ley 8/2021, de 2 de junio, art. 96.2 CC.

cónyuge cuyo interés sea el más necesitado de protección, tanto cuando la vivienda es privativa del otro cónyuge como cuando la misma tiene carácter ganancial, y siempre con carácter temporal.

La STS, Sala 1ª, 527/2017, de 27 de septiembre (*Tol 6.369.738*), señala que *"la adquisición de la mayoría de edad por los hijos da lugar a una nueva situación en la que debe estarse como interés superior de protección, cuando las circunstancias lo aconsejen, al del cónyuge más necesitado de protección, pero por el tiempo que prudencialmente se fije, de conformidad con lo dispuesto en el tercer párrafo del art. 96 CC (sentencias 624/2011, de 5 de septiembre, 707/2013, de 11 de noviembre y 390/2017, de 20 de junio).*

Superada la menor edad de los hijos, la situación del uso de la vivienda familiar queda equiparada a la situación en la que no hay hijos a que se refiere el tercer párrafo del art. 96 CC[18] *y la adjudicación al cónyuge que esté más necesitado de protección no puede hacerse por tiempo indefinido, pues según la doctrina de la sala ello «parece más una expropiación de la vivienda que una efectiva tutela de lo que la ley dispensa a cada una de las partes, fundada en un inexistente principio de solidaridad conyugal y consiguiente sacrificio del puro interés material de uno de los cónyuges en beneficio del otro, puesto que no contempla más uso en favor del cónyuge más necesitado de protección que el tasado por judicial ponderado en atención a las circunstancias concurrentes» (sentencia 315/2015, de 29 de mayo).*

Esta doctrina es aplicable tanto cuando se adjudica el uso de la vivienda al «cónyuge no titular» (al que literalmente se refiere el párrafo tercero del art. 96 CC) porque la vivienda es privativa del otro como cuando la vivienda tiene el carácter de bien ganancial, como es el caso del presente recurso. Ya la sentencia 1067/1998, de 23 de noviembre, consideró aplicable el art. 96 párrafo tercero cuando la vivienda es ganancial, mediante una interpretación lógica y extensiva del precepto, y otras sentencias de esta sala así lo han venido entendiendo con posterioridad (sentencias 624/2011, de 5 de septiembre, 707/2013, de 11 de noviembre y 390/2017, de 20 de junio)".

---

18 Actualmente, art. 96.2 CC, tras su redacción por la Ley 8/2021, de 2 de junio.

Reiteran el carácter temporal de la atribución del uso de la vivienda familiar en estos casos, entre otras muchas, las SSTS, Sala 1ª, 636/2016, de 25 de octubre (*Tol 5.859.683*), y 390/2017, de 20 de junio (*Tol 6.201.425*).

En Cataluña y en Navarra regulan la atribución del uso de la vivienda familiar cuando los hijos son mayores de edad el art. 233-20.3 CCCat y la ley 104, apartado b), CDCFN, respectivamente, aplicando el mismo criterio de atribución que cuando no existen hijos, como se ha analizado en el apartado anterior.

3. Atribución del uso de la vivienda familiar cuando los hijos mayores de edad se encuentran en una situación de discapacidad

El art. 96.1 CC, tras señalar en su párrafo primero que *"en defecto de acuerdo de los cónyuges aprobado por la autoridad judicial, el uso de la vivienda familiar y de los objetos de uso ordinario de ella corresponderá a los hijos comunes menores de edad y al cónyuge en cuya compañía queden, hasta que todos aquellos alcancen la mayoría de edad. Si entre los hijos menores hubiera alguno en una situación de discapacidad que hiciera conveniente la continuación en el uso de la vivienda familiar después de su mayoría de edad, la autoridad judicial determinará el plazo de duración de ese derecho, en función de las circunstancias concurrentes"*, añade en el segundo que *"a los efectos del párrafo anterior, los hijos comunes mayores de edad que al tiempo de la nulidad, separación o divorcio estuvieran en una situación de discapacidad que hiciera conveniente la continuación en el uso de la vivienda familiar, se equiparan a los hijos menores que se hallen en similar situación"*.

Debe, por tanto, fijarse un límite temporal para la duración de este derecho, solución que ya había sido recogida por la jurisprudencia del Tribunal Supremo con anterioridad a la modificación del precepto por la Ley 8/2021, de 2 de junio, por la que se reforma la legislación civil y procesal para el apoyo a las personas con discapacidad en el ejercicio de su capacidad jurídica.

La STS, Sala 1ª, Pleno, 31/2017, de 19 de enero (*Tol 5.944.342*), establece que *"el problema será determinar si entre los apoyos que el artículo*

12 de la Convención presta a una persona con discapacidad está el de mantenerle en el uso de la vivienda familiar al margen de la normativa propia de la separación y el divorcio, teniendo en cuenta que el artículo 96 del CC configura este derecho como una medida de protección de los menores, tras la ruptura matrimonial de sus progenitores, y en ningún caso con carácter indefinido y expropiatorio de la propiedad a uno de los cónyuges. La vinculación del cese del uso del domicilio familiar, una vez alcanzada la mayoría de edad de los hijos, proporciona la certidumbre precisa para hacer efectivo el principio de seguridad jurídica, desde el momento en que sujeta la medida a un plazo, que opera como límite temporal, cual es la mayoría de edad.

Cuando ello ocurre, estaremos en una situación de igualdad entre y marido y mujer, en la que resulta de aplicación lo dispuesto en el párrafo tercero del artículo 96, atribuyendo el uso al cónyuge cuyo interés sea el más necesitado de protección, por el tiempo que prudencialmente se fije, como hizo la sentencia recurrida. Prescindir de este límite temporal en el caso de hijos discapacitados o con la capacidad judicialmente modificada en razón a dicho gravamen o limitación sería contrario al artículo 96 CC, y con ello dejaría de estar justificada la limitación que este precepto prevé a otros derechos constitucionalmente protegidos, pues impondría al titular del inmueble una limitación durante toda su vida, que vaciaría de contenido económico el derecho de propiedad, o al menos lo reduciría considerablemente, en la medida en que su cese estaría condicionado a que el beneficiario mejore o recupere su capacidad, o desaparezca su situación de dependencia y vulnerabilidad.

No se ignora que la vivienda constituye uno de los derechos humanos fundamentales en cuanto garantiza a su titular el derecho al desarrollo de la personalidad y le asegura una existencia digna. Ocurre, sin embargo, que el interés superior del menor, que inspira la medida de uso de la vivienda familiar, no es en todo caso equiparable al del hijo mayor con discapacidad en orden a otorgar la especial protección que el ordenamiento jurídico dispensa al menor. El interés del menor tiende a su protección y asistencia de todo orden, mientras que el de la persona con discapacidad se dirige a la integración de su capacidad de obrar mediante un sistema de apoyos orientado a una protección especial, según el grado de discapacidad.

Esta equiparación la hizo esta sala en las reseñadas sentencias en supuestos muy concretos de prestación de alimentos y con un evidente interés de que puedan superar esta condición de precariedad mediante un apoyo económico complementario y siempre con la posibilidad de que los alimentos puedan ser atendidos por el alimentante en su casa. «Sin que ello suponga ninguna disminución (que trata de evitar la Convención), antes al contrario, lo que se pretende es complementar la situación personal por la que atraviesa en estos momentos para integrarle, si es posible, en el mundo laboral, social y económico mediante estas medidas de apoyo económico», dice la sentencia 372/2914 de 7 de julio.

El interés de las personas mayores con discapacidad depende de muchos factores: depende de su estado y grado, físico, mental, intelectual o sensorial; de una correcta evaluación de su estado; del acierto en la adopción de los apoyos en la toma de decisiones y de la elección de la persona o institución encargada de hacerlo, que proteja y promueva sus intereses como persona especialmente vulnerable en el ejercicio de los derechos fundamentales a la vida, salud e integridad, a partir de un modelo adecuado de supervisión para lo que es determinante un doble compromiso, social e individual por parte de quien asume su cuidado, y un respeto a su derecho a formar su voluntad y preferencias, que le dé la oportunidad de vivir de forma independiente y de tener control sobre su vida diaria, siempre que sea posible, lo que supone, como en este caso ocurre, que la toma de decisiones derivadas del divorcio de los padres sea asumida por la hija y no por su madre.

Una cosa es que se trate de proteger al más débil o vulnerable y otra distinta que en todo caso haya que imponer limitaciones al uso de la vivienda familiar en los supuestos de crisis matrimonial, cuando hay otras formas de protección en ningún caso discriminatorias. Los hijos, menores y mayores, con o sin discapacidad, son acreedores de la obligación alimentaria de sus progenitores. Con la mayoría de edad alcanzada por alguno de ellos el interés superior del menor como criterio determinante del uso de la vivienda decae automática y definitivamente, y los padres pasan a estar en posición de igualdad respecto a su obligación conjunta de prestar alimentos a los hijos comunes no independientes, incluido lo relativo a proporcionarles habitación (art 142 CC)".

Recoge esta doctrina la STS, Sala 1ª, 757/2024, de 29 de mayo (*Tol 10.052.569*), destacando de la nueva redacción del art. 96 CC por la Ley 8/2021, de 2 de junio, que *"se fija una regulación específica para el supuesto de que, entre los hijos comunes, ya sean éstos menores o mayores de edad, hubiera alguno que se hallase en situación de discapacidad. En tal caso, cabe fijar un uso adicional de la vivienda familiar, de manera tal que no operase la automaticidad de las consecuencias jurídicas de la mayoría de edad"* y que *"una vez extinguido el plazo atributivo del uso, las necesidades del hijo discapacitado, que carezca de independencia económica, deberán ser cubiertas mediante el régimen jurídico de la prestación alimenticia".*

En Navarra, la ley 104 CDCFN establece en su apartado b), párrafo tercero, que *"si entre los hijos hubiera alguno con una discapacidad que hiciera conveniente la continuación en el uso de la vivienda familiar, el juez podrá determinar el plazo de duración de este derecho, en función de las circunstancias concurrentes".*

4. *Circunstancias a tener en cuenta para atribuir el uso de la vivienda a uno de los cónyuges cuando no existan hijos o los mismos sean mayores de edad*

A tenor de lo prevenido en el art. 96.2 CC, no existiendo hijos comunes del matrimonio —o siendo los mismos mayores de edad—, la asignación temporal a uno u otro cónyuge del derecho de uso del inmueble que constituyó la sede de la vida familiar, sea el mismo de titularidad común o privativo de uno solo de los esposos, ha de asentarse en la concurrencia de circunstancias que determinen la prevalencia del interés del uno frente al otro.

Tales circunstancias pueden ser muy variadas, tanto profesionales como de tipo social: situación económica y patrimonial, carencia de bienes, trabajo estable, estado de salud, edad, titularidad de otras viviendas que permitan cubrir las necesidades de alojamiento, etc., e, incluso, la pertenencia exclusiva de la vivienda a uno de los cónyuges.

La STS, Sala 1ª, 73/2014, de 12 de febrero (*Tol 4.184.116*), dispone que el interés más necesitado de protección, como concepto jurídico indeterminado, deberá ser objeto de un juicio de ponderación en el que, al lado de las circunstancias del caso, *"se contrasten directamente (plano de igualdad) las circunstancias e intereses dignos de protección o consideración que presente la situación de cada cónyuge. Todo ello, dentro de una clara flexibilidad valorativa que permite dicho concepto en orden a valorar aspectos tanto de índole práctica como de orden social, particularmente el referido a las circunstancias económicas del cónyuge más desfavorecido, por un tiempo prudencialmente fijado por el Juez".*

Por su parte, la STS, Sala 1ª, 545/2019, de 16 de octubre (*Tol 7.548.334*), a propósito del interés más necesitado de protección establece que *"aunque se suele atender a la situación económica de cada uno de los cónyuges o a la disponibilidad de otra vivienda, también se tienen en cuenta circunstancias personales como son las referidas al estado de salud. Cuando aquél a quien se atribuyó el uso deja de representar un interés necesitado de protección, es lógico que se extinga el derecho de uso en exclusiva, sin que ello comporte la atribución automática de dicho uso al otro cónyuge cuando, a su vez, tampoco acredite un interés protegible para disfrutar de una posesión exclusiva. La vivienda ganancial puede —hasta la liquidación de la sociedad de gananciales— ser utilizada de otro modo, como es cederla a alguno de los hijos, arrendarla etc".*

Siendo uno de los cónyuges titular exclusivo de la vivienda, es doctrina reiterada de la Sección 10ª de la Audiencia Provincial de Valencia que, en los supuestos de inexistencia de hijos, la Ley se inclina por el respeto a los derechos derivados del título de ocupación de la vivienda, como regla general derivada de los arts. 348 y 446 CC, salvo que, excepcionalmente, atendidas las circunstancias, fuere aconsejable atribuir su uso al cónyuge que resulte más necesitado de protección. Así se pronuncian, entre otras muchas, las SSAP de Valencia, Sección 10ª, de 6 de abril de 2016 (*Tol 5.769.559*), 22 de mayo (*Tol 6.343.650*) y 28 de diciembre de 2017 (*Tol 6.649.790*) y 26 de junio de 2019 (*Tol 7.455.852*).

Y en el mismo sentido se manifiestan las SSAAPP de Baleares, Sección 3ª, de 30 de septiembre de 2004 (*Tol 513.256*); Cantabria, Sección 2ª, de 23 de febrero de 2021 (*Tol 8.414.259*) y Córdoba, Sección 1ª, de 7 de octubre de 2014 (*Tol 4.691.347*).

5. *Actos de disposición sobre la vivienda familiar*

a) Necesidad del consentimiento de ambos cónyuges

Atribuido el uso de la vivienda familiar al cónyuge no titular no puede el otro, por sí sólo, realizar actos de disposición de la misma[19].

El art. 96.3 CC establece que *"para disponer de todo o parte de la vivienda y bienes indicados cuyo uso haya sido atribuido conforme a los párrafos anteriores, se requerirá el consentimiento de ambos cónyuges o, en su defecto, autorización judicial. Esta restricción en la facultad dispositiva sobre la vivienda familiar se hará constar en el Registro de la Propiedad. La manifestación errónea o falsa del disponente sobre el uso de la vivienda no perjudicará al adquirente de buena fe"*.

La STS, Sala 1ª, Pleno, 859/2009, de 14 de enero de 2010 (*Tol 1.840.576*), con relación a la anterior redacción del precepto[20], establece que *"de la ubicación sistemática de este precepto y de la consideración de los intereses a los que atiende su contenido se desprende que el derecho de uso a la vivienda familiar concedido mediante sentencia no es un derecho real, sino un derecho de carácter familiar, cuya titularidad corresponde en todo caso al cónyuge a quien se atribuye la custodia o a aquel que se estima, no habiendo hijos, que ostenta un interés más necesitado de protección (así se ha estimado en la RDGRN de 14 de mayo de 2009). Desde el punto de vista patrimonial, el derecho al uso de la vivienda concedido*

---

19 Cuando el uso corresponde al mismo cónyuge que es titular exclusivo de la vivienda no es necesario el consentimiento del otro para que la enajenación de la vivienda tenga acceso al Registro. Así lo señalan, entre otras, las RRDGRN de 14 de mayo de 2009 (*Tol 1.526.481*), 9 de julio de 2013 (Tol *3.861.344*) y 24 de octubre de 2014 (Tol *4.555.695*) y las RRDGSJFP de 11 de octubre de 2022 (*Tol 9.282.654*) y 6 de julio de 2023 (*Tol 9.653.263*), ya que, en tales casos, carece de interés el reflejo registral del derecho de uso atribuido judicialmente, pues en ningún caso se podrá proceder a la enajenación sin su consentimiento.

20 El art. 96 CC, con anterioridad a la modificación por la Ley 8/2021, de 2 de junio, disponía en su párrafo último que *"para disponer de la vivienda y bienes indicados cuyo uso corresponda al cónyuge no titular se requerirá el consentimiento de ambas partes o, en su caso, autorización judicial"*.

mediante sentencia judicial a un cónyuge no titular no impone más restricciones que la limitación de disponer impuesta al otro cónyuge, la cual se cifra en la necesidad de obtener el consentimiento del cónyuge titular del derecho de uso (o, en su defecto, autorización judicial) para cualesquiera actos que puedan ser calificados como actos de disposición de la vivienda. Esta limitación es oponible a terceros y por ello es inscribible en el Registro de la Propiedad (RDGRN de 10 de octubre de 2008)".

Por su parte, la STS, Sala 1ª, Pleno, 861/2009, de 18 de enero de 2010 (*Tol 1.793.037*) —y reitera la STS, Sala 1ª, 78/2012, de 27 de febrero (*Tol 2.468.857*)— señala que *"el cónyuge titular del derecho de propiedad de la vivienda puede venderla o cederla a un tercero una vez dictada la sentencia en el procedimiento matrimonial. Puede ocurrir también que se trate de una vivienda en copropiedad de ambos cónyuges y que uno de ellos ejerza la acción de división. En estos casos, esta Sala ha venido sosteniendo que el derecho del cónyuge titular es oponible a los terceros, que hayan adquirido directamente del propietario único, o en la subasta consiguiente a la acción de división (ver SSTS de 27 diciembre 1999, 4 diciembre 2000, 28 marzo 2003 y 8 mayo 2006, entre otras). Las razones se encuentran en la protección de la familia y de la vivienda, y se basan en la buena fe en las relaciones entre cónyuges o ex cónyuges. Es por ello que la Dirección General de los Registros ha considerado que el derecho de los hijos no tiene naturaleza de derecho real, sino que son solo beneficiarios".*

De redacción similar al art. 96.3 CC, el art. 1.320 CC, ubicado dentro de las disposiciones generales que el Código Civil dedica al régimen económico matrimonial, establece que *"para disponer de los derechos sobre la vivienda habitual y los muebles de uso ordinario de la familia, aunque tales derechos pertenezcan a uno solo de los cónyuges, se requerirá el consentimiento de ambos o, en su caso, autorización judicial. La manifestación errónea o falsa del disponente sobre el carácter de la vivienda no perjudicará al adquirente de buena fe".*

A diferencia del art. 1.320 CC, que protege los derechos de ambos cónyuges, el art. 96.3 CC protege el derecho de ocupación que tiene el cónyuge no titular al que, judicialmente, se le ha atribuido el uso de la vivienda. Asimismo, mientras aquel se aplica desde que se contrae matrimonio hasta la extinción del régimen económico matrimonial, el art. 96.3 CC se aplica únicamente durante el tiempo en el que se prolongue la atribución del uso.

La STS, Sala 1ª, 526/2023, de 18 de abril (*Tol 9.514.775*), dispone que *"la diferencia entre ambos preceptos radica en que mientras que el art. 1320 CC está previsto para situaciones de normal convivencia familiar, el art. 96 CC opera, por el contrario, en los casos de la quiebra matrimonial por nulidad, separación o divorcio; sin embargo, coinciden en la finalidad de proteger la vivienda familiar como instrumento de satisfacción de las necesidades de habitación.*

Como señala la sentencia 584/2010, de 8 de octubre, cuya doctrina se reprodujo en la sentencia 118/2015, de 6 marzo, con respecto al art. 1320 del CC:

> *"La doctrina, a su vez, considera que con dicho artículo se pretende conseguir la protección de la vivienda, y por ello se protege a uno de los cónyuges contra las iniciativas unilaterales del otro; alguna parte de la doctrina señala que en el fondo de la norma se encuentra el principio de igualdad, que se proyecta en un doble sentido: en el consenso para la elección de la vivienda y en el control de ambos cónyuges para su conservación. El consentimiento se exige para aquellos casos en que el acto de disposición implica la eliminación directa del bien del patrimonio de su propietario, así como aquellos negocios jurídicos, como la hipoteca, que llevan consigo posibilidades de que el bien en cuestión desaparezca de dicho patrimonio, por la ejecución en caso de impago de la deuda garantizada con el derecho real.*
>
> *"El consentimiento constituye una medida de control, que se presenta como "declaración de voluntad de conformidad con el negocio jurídico ajeno —es decir, concluido por otro— por la que un cónyuge tolera o concede su aprobación a un acto en el que no es parte", siendo requisito de validez del acto de disposición, ya que su ausencia determina la anulabilidad del negocio jurídico en cuestión"".*

La SAP de Madrid, Sección 21ª, de 26 de junio de 2001 —cuya doctrina recoge la Sección 14ª de la misma Audiencia en Sentencia de 13 de noviembre de 2013 (*Tol 4.055.524*)— señala que *"para precisar el ámbito temporal de aplicación del párrafo cuarto*[21] *y úl-*

---

[21] Actualmente, art. 96.3 CC, tras su redacción por la Ley 8/2021, de 2 de junio.

timo del artículo 96 del Código Civil conviene recordar que se encuentra íntimamente relacionado con el artículo 1.320 del mismo Cuerpo Legal —ubicado dentro de las disposiciones generales del régimen económico matrimonial— (...). El ámbito de aplicación de ambos preceptos es distinto. Así, de no existir proceso matrimonial alguno o si en este no se ha adoptado la medida de atribución del uso de la vivienda familiar, el único precepto de aplicación sería, en su caso, el 1.320. Por el contrario, cuando ya no exista régimen económico matrimonial alguno (según el párrafo primero del artículo 95 del Código Civil las sentencias firmes de nulidad, divorcio y separación producen la disolución del régimen económico matrimonial) pero subsista la medida de atribución del uso de la vivienda familiar adoptada en un proceso matrimonial, sólo podrá aplicarse el párrafo cuarto y último del artículo 96 del Código Civil. Y ello sin perjuicio de que, en algunas ocasiones, serán ambos preceptos de aplicación conjunta (Así cuando se acuerda la atribución del uso de la vivienda familiar antes de la iniciación del proceso matrimonial, como medida provisionalísima —art. 104 del CC—, o durante su curso, como medida provisional —art. 103 del CC—, y mientras no es firme la sentencia de nulidad, divorcio o separación que desencadena la disolución del régimen económico matrimonial), y que, al responder a idéntica razón de ser y perseguir la misma finalidad, suelan los dos preceptos ser analizados conjuntamente por la doctrina, por la que no se duda en completar (por la vía de la analogía, art. 4 número 1 del CC) lo dispuesto en el párrafo cuarto y último del artículo 96 del Código Civil con lo preceptuado en el párrafo segundo del artículo 1.320 y en el 1.322 del Código Civil. En definitiva el párrafo cuarto y último del artículo 96 del Código Civil es de aplicación mientras subsista la medida judicial adoptada en proceso matrimonial de atribución del uso de la vivienda familiar. Y tan solo en el Juzgado que conoce del proceso matrimonial se puede declarar extinguida esa medida. Pero mientras no se declare extinguida y subsista la medida viene en aplicación el reseñado precepto".

b) Negocio dispositivo realizado sin cumplir las exigencias del art. 96.3 CC

Es pacífica la doctrina y la jurisprudencia que afirma que en estos supuestos resulta de aplicación el art. 1.322 CC, por lo que el negocio dispositivo será anulable, salvo que lo hubiere sido a título gratuito, en cuyo caso será nulo.

El art. 1.322 CC dispone que *"cuando la Ley requiera para un acto de administración o disposición que uno de los cónyuges actúe con el consentimiento del otro, los realizados sin él y que no hayan sido expresa o tácitamente confirmados podrán ser anulados a instancia del cónyuge cuyo consentimiento se haya omitido o de sus herederos. No obstante, serán nulos los actos a título gratuito sobre bienes comunes si falta, en tales casos, el consentimiento del otro cónyuge"*.

Excepcionalmente, sería admisible la enajenación si la misma fuere compatible con el derecho de uso.

La STS, Sala 1ª, 1191/1994, de 31 de diciembre (*Tol 1.666.524*), con relación a la redacción anterior del actual art. 96.3 CC, establece que el mismo[22] *"proporciona una protección de la vivienda familiar, atribuida a uno de los cónyuges en bien propiedad del otro, de carácter absoluto, ejercitable erga omnes pero limitada a que subsista la ocupación durante todo el tiempo que disponga el Juez de familia que aprobó el convenio, que no impide la enajenación compatible con el uso, una vez disuelto el matrimonio. Serán, en su caso, los adquirentes los que valoraran la incidencia del uso atribuido en el consentimiento, por ellos prestado, en el contrato de adquisición"*.

c) Especialidades forales

1°. Cataluña

El art. 233-25 CCCat, a propósito de los efectos de la nulidad del matrimonio, del divorcio y de la separación legal, regula los actos dispositivos sobre la vivienda sujeta a derecho de uso y señala que *"el propietario o titular de derechos reales sobre la vivienda familiar puede disponer de ella sin el consentimiento del cónyuge que tenga su uso y sin autorización judicial, sin perjuicio del derecho de uso"*.

---

[22] Actualmente, tras la Ley 8/2021, de 2 de junio, la disposición de la vivienda se regula en el art. 96.3 CC.

Y dentro de las disposiciones generales y efectos del matrimonio, el art. 231-9 CCCat —aplicable a las a las parejas de hecho (art. 234-3.2 CCCat)— se ocupa de la disposición de la vivienda familiar en los siguientes términos:

> *"1. Con independencia del régimen económico matrimonial aplicable, el cónyuge titular, sin el consentimiento del otro, no puede hacer acto alguno de enajenación, gravamen o, en general, disposición de su derecho sobre la vivienda familiar o sobre los muebles de uso ordinario que comprometa su uso, aunque se refiera a cuotas indivisas. Este consentimiento no puede excluirse por pacto ni otorgar con carácter general. Si falta el consentimiento, la autoridad judicial puede autorizar el acto, teniendo en cuenta el interés de la familia, así como si se da otra justa causa.*
>
> *2. El acto hecho sin el consentimiento o autorización que establece el apartado 1 es anulable, a instancia del otro cónyuge, si vive en la misma vivienda, en el plazo de cuatro años desde que tiene conocimiento de él o desde que se inscribe el acto en el Registro de la Propiedad.*
>
> *3. El acto mantiene la eficacia si el adquiriente actúa de buena fe y a título oneroso y, además, el titular ha manifestado que el inmueble no tiene la condición de vivienda familiar, aunque sea una manifestación inexacta. No existe buena fe si el adquiriente conocía o podía razonablemente conocer en el momento de la adquisición la condición de la vivienda. En cualquier caso, el cónyuge que ha dispuesto de ella responde de los perjuicios que haya causado, de acuerdo con la legislación aplicable".*

2º. Navarra

La ley 72 CDCFN, ubicada en las normas relativas a la responsabilidad parental, señala en su párrafo último que *"los actos de disposición que se realicen por el titular de la vivienda lo serán, en todo caso, sin perjuicio del uso atribuido. El derecho de uso podrá ser inscrito o anotado preventivamente en el Registro de la Propiedad".*

Asimismo, en la normativa aplicable al régimen de bienes en el matrimonio, dentro de los principios comunes, tanto durante su vigencia como al finalizar esta, las leyes 81 y 104 CDCFN, respectivamente, se ocupan de las limitaciones sobre la vivienda y ajuar y sobre las medidas judiciales.

La ley 81 CDCFN —aplicable a la pareja estable, salvo pacto en contrario entre los miembros de la pareja (ley 109, párrafo segundo, CDCFN)— establece que *"se necesitará el consentimiento de ambos cónyuges para disponer "inter vivos" o sustraer al uso común los derechos sobre la vivienda habitual o sobre el mobiliario ordinario de la misma.*

En el supuesto de que pertenezcan a uno solo con carácter privativo, será necesario el asentimiento del otro.

El juez podrá suplir el consentimiento o el asentimiento de conformidad con lo establecido en el apartado segundo de la ley 79.

A los actos realizados de forma unilateral por uno solo de los cónyuges les será de aplicación lo dispuesto en el último apartado de dicha ley.

Ello no obstante, la manifestación errónea o falsa del cónyuge titular, respecto a no ser vivienda habitual, no perjudicará a terceros de buena fe".

Y la ley 104 CDCFN dispone en su párrafo último que *"para disponer de todo o parte de la vivienda y bienes indicados cuyo uso haya sido atribuido conforme a los párrafos anteriores*[23]*, se requerirá el consentimiento de ambos cónyuges o, en su defecto, autorización judicial. Esa restricción en la facultad dispositiva sobre la vivienda familiar se hará constar en el Registro de la Propiedad. La manifestación errónea o falsa del disponente sobre el uso de la vivienda no perjudicará al adquirente de buena fe".*

3°. País Vasco

En parecidos términos a los recogidos en el art. 96.3 CC se pronuncia el art. 12.14 de la Ley 7/2015, de 30 de junio, de relaciones familiares en supuestos de separación o ruptura de los progenitores, al señalar que *"para disponer de la vivienda y ajuar familiar cuyo uso corresponda al beneficiario no titular se requerirá el consentimiento de ambas partes o, en ausencia del mismo, la autorización judicial".*

---

[23] Relativos a la atribución del derecho de uso de la vivienda familiar no existiendo hijos o siendo todos mayores de edad.

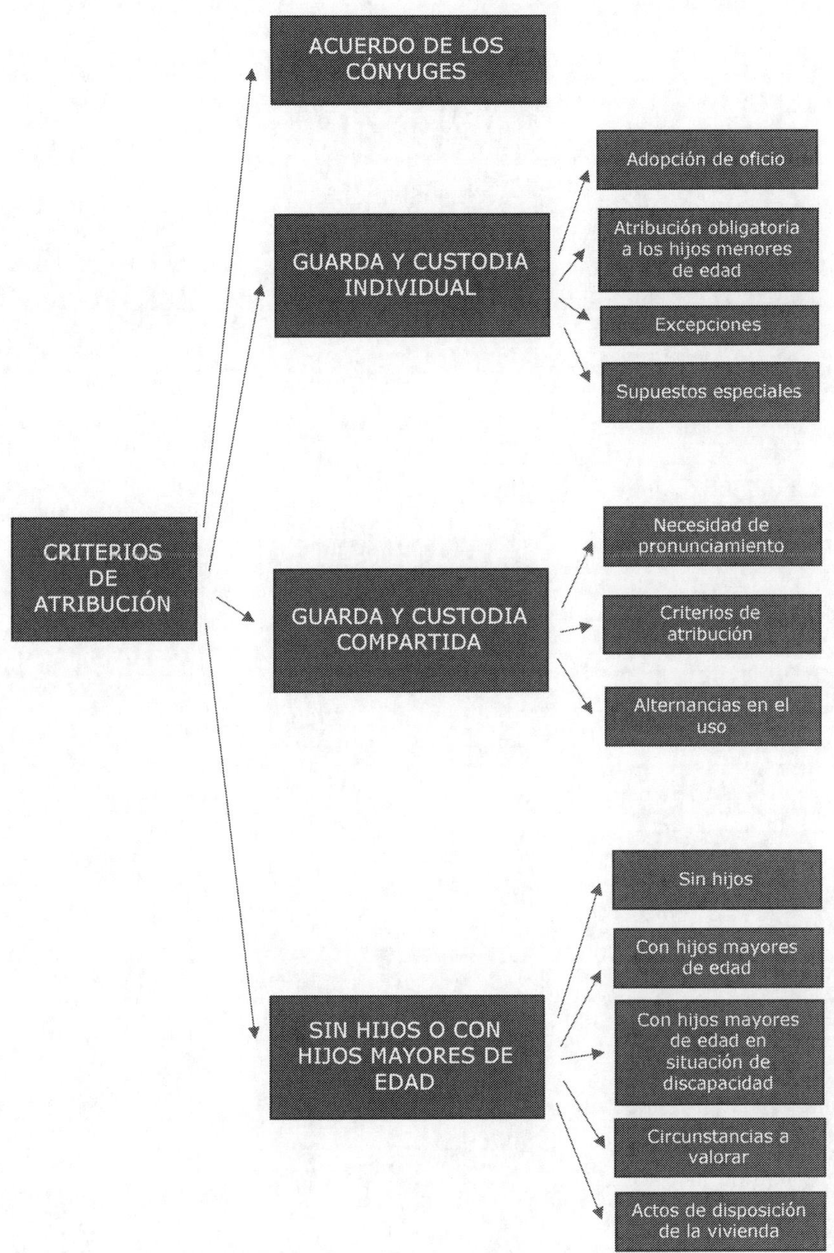
CRITERIOS DE ATRIBUCIÓN
ACUERDO DE LOS CÓNYUGES
GUARDA Y CUSTODIA INDIVIDUAL
Adopción de oficio
Atribución obligatoria a los hijos menores de edad
Excepciones
Supuestos especiales
GUARDA Y CUSTODIA COMPARTIDA
Necesidad de pronunciamiento
Criterios de atribución
Alternancias en el uso
SIN HIJOS O CON HIJOS MAYORES DE EDAD
Sin hijos
Con hijos mayores de edad
Con hijos mayores de edad en situación de discapacidad
Circunstancias a valorar
Actos de disposición de la vivienda

Capítulo 3

Vivienda familiar perteneciente a terceros

SUMARIO: I. ATRIBUCIÓN DEL USO DE LA VIVIENDA FAMILIAR CUANDO LA MISMA NO PERTENECE A LOS CÓNYUGES. II. VIVIENDA EN ARRENDAMIENTO. 1. Atribución al cónyuge no arrendatario: requisitos. 2. Forma de la comunicación al arrendador de la voluntad de continuar en el uso de la vivienda. 3. Consecuencias de la falta de comunicación al arrendador. 4. Aplicación del art. 15 LAU a las parejas de hecho. III. VIVIENDA EN PRECARIO. 1. Ejercicio de la acción de desahucio. 2. Procedimiento adecuado para ejercitar la acción de desahucio.

I. ATRIBUCIÓN DEL USO DE LA VIVIENDA FAMILIAR CUANDO LA MISMA NO PERTENECE A LOS CÓNYUGES

La atribución del uso de la vivienda familiar es independiente del título en virtud del cual la misma es disfrutada por los miembros de la familia que convivan en ella (propiedad, arrendamiento, comodato o precario), que no sufre modificación. Puede, consecuentemente, atribuirse su uso ya sea propiedad de uno solo de los cónyuges, de ambos o pertenezca a terceros.

Es decir, el concepto de vivienda familiar está en función del uso que, de ella, hacen los integrantes de la unidad familiar y no de la titularidad que se ostente sobre la misma.

En este sentido, la STS, Sala 1ª, 1191/1994, de 31 de diciembre (*Tol 1.666.524*), considera la vivienda familiar como un *"bien familiar, no patrimonial al servicio del grupo o ente pluripersonal que en ella se asienta, quien quiera que sea el propietario"*.

Igualmente, la STS, Sala 1ª, 351/2020, de 24 de junio (*Tol 7.995.830*), dispone que *"es indiferente, pues, que la vivienda sea del demandado o de terceros, pues en este último supuesto la atribución del uso de la vivienda no se ventila ni es oponible respecto de éstos, sin perjuicio de las acciones legales que les asistan y las consecuencias que desplieguen, sobre todo a efectos de alimentos, caso de prosperar"*.

Por tanto, la sentencia que atribuye el uso de la vivienda familiar a uno de los cónyuges no altera el concepto o la naturaleza de la relación que justifica su posesión.

La sentencia recaída en un proceso matrimonial únicamente resuelve las relaciones existentes entre los cónyuges y, en el caso de la vivienda familiar, no puede alterar la situación jurídica del bien frente a un tercero que ostente la titularidad dominical de ella. Y ello teniendo en cuenta que, con carácter general, el principio constitucional de protección jurisdiccional de los derechos e intereses legítimos (art. 24 CE) impide extender las consecuencias de un proceso a quienes no han sido parte en él ni han intervenido de manera alguna en el mismo. Por tanto, las decisiones que se adopten en un proceso matrimonial tan sólo afectarán a quienes hayan intervenido en él, pero no a terceros, que no estarán vinculados por ellas.

La misma conclusión deriva, en cuanto los acuerdos de los cónyuges, de lo dispuesto en el art. 1.257 CC, en cuya virtud *"los contratos sólo producen efecto entre las partes que los otorgan y sus herederos; salvo, en cuanto a éstos, el caso de que los derechos y obligaciones que proceden del contrato no sean transmisibles, o por su naturaleza, o por pacto, o por disposición de la ley"*.

La STS, Sala 1ª, 1191/1994, de 31 de diciembre (*Tol 1.666.524*), establece que *"la protección de la vivienda familiar se produce a través de la protección del derecho que la familia tiene al uso, y que la atribución de la vivienda a uno de los cónyuges no puede generar un derecho antes inexistente, y sí solo proteger el que la familia ya tenía. Así, quienes ocupan en precario la vivienda no pueden obtener una protección posesoria de vigor jurídico superior al que el hecho del precario proporciona a la familia, pues ello entrañaría subvenir necesidades familiares muy dignas de protección con cargo a extraños al vínculo matrimonial y titulares de un derecho que posibilita ceder el uso de la vivienda".*

Y la STS, Sala 1ª, 1022/2005, de 26 de diciembre, señala que *"la sentencia que homologue el convenio de separación o divorcio, no altera la titularidad en virtud de la cual los cónyuges ostentaban la posesión del inmueble destinado a vivienda habitual".*

En definitiva, la sentencia de separación, nulidad o divorcio no altera el título de ocupación de la vivienda familiar, de forma que si este era el de precario, comodato, arrendamiento, copropiedad o propiedad exclusiva, a igual título deberá estarse tras la sentencia recaída en el proceso.

Por otra parte, perteneciendo la vivienda familiar a terceros, el Tribunal Supremo ha admitido la posibilidad de atribuir el uso de una vivienda distinta cuando, existiendo hijos menores de edad, el uso de aquella no se encuentre plenamente garantizado[24].

II. VIVIENDA EN ARRENDAMIENTO

1. *Atribución al cónyuge no arrendatario: requisitos*

Siendo arrendada la vivienda que constituye el domicilio familiar y atribuyéndose la misma al cónyuge que no figura en el contrato como arrendatario, este puede permanecer en ella cumpliendo los requisitos establecidos en la Ley de Arrendamientos Urbanos, sin necesidad de autorización del arrendador.

El art. 15 LAU, tras establecer en su párrafo primero que *"en los casos de nulidad del matrimonio, separación judicial o divorcio del arrendatario, el cónyuge no arrendatario podrá continuar en el uso de la vivienda arrendada cuando le sea atribuida de acuerdo con lo dispuesto en la legislación civil que resulte de aplicación. El cónyuge a quien se haya*

---

24 *Vid. supra* (Capítulo 2. II. 3).

atribuido el uso de la vivienda arrendada de forma permanente o en un plazo superior al plazo que reste por cumplir del contrato de arrendamiento, pasará a ser el titular del contrato", añade en el segundo que *"la voluntad del cónyuge de continuar en el uso de la vivienda deberá ser comunicada al arrendador en el plazo de dos meses desde que fue notificada la resolución judicial correspondiente, acompañando copia de dicha resolución judicial o de la parte de la misma que afecte al uso de la vivienda"*.

La redacción del precepto por la Ley 4/2013, de 4 de junio, pone fin a la discusión relativa a si la atribución del uso de la vivienda familiar como consecuencia de la resolución judicial recaída en un procedimiento de nulidad, separación o divorcio suponía una subrogación *ex lege* en la titularidad arrendaticia o, por el contrario, se trataba de la concesión de un simple derecho de uso al cónyuge adjudicatario que no alteraba la situación jurídica preexistente. Dicha cuestión no era baladí, pues la opción por una u otra posibilidad determinaría consecuencias muy diversas en orden a quien de los cónyuges ostentaba la cualidad de arrendatario y, consecuentemente, estaría obligado al pago de renta y sería titular de los beneficios que concede la legislación arrendaticia a aquel, entre ellos, los derechos de adquisición preferente.

La STS, Sala 1ª, 587/2015, de 26 de octubre (*Tol 5.558.294*), analiza esta cuestión y, tras citar la STS, Sala 1ª, Pleno, 861/2009, de 18 de enero de 2010 (*Tol 1.793.037*)[25], señala que *"la Sala considera que el artículo 15 LAU prevé y permite que se produzca la subrogación, pero siempre que se cumplan los requisitos establecidos en el párrafo segundo"*, añadiendo que *"el legislador, consciente de la objeción doctrinal que se hacía a la subrogación por el carácter provisional y temporal de la atribución del uso de la vivienda familiar, exige, a raíz de la modificación del precepto por el artículo 1.9 de la Ley 4/2013, de 4 de junio, que para que el usuario pase a ser "titular del contrato", la atribución del uso de la vivienda arrendada se haga "de forma permanente o en un plazo superior al plazo que reste por cumplir del contrato de arrendamiento". Por supuesto, y por ello se mantiene, es necesario que la voluntad del cónyuge*

---

25 *Vid. supra* (Capítulo 1. II).

de continuar en el uso de la vivienda deberá ser comunicada al arrendador en el plazo de dos meses desde que fue notificada la resolución judicial correspondiente, acompañando copia de dicha resolución judicial o de la parte de la misma que afecte al uso de la vivienda".

En definitiva, tras la modificación del art. 15 LAU, es posible la subrogación del cónyuge no arrendatario cuando se le haya atribuido, en el procedimiento de nulidad, separación judicial o divorcio, el uso de la vivienda, de forma permanente o en un plazo superior al plazo que reste por cumplir del contrato de arrendamiento, siempre que se cumplan los requisitos establecidos en el apartado segundo del precepto.

2. *Forma de la comunicación al arrendador de la voluntad de continuar en el uso de la vivienda*

La comunicación al arrendador de la voluntad de continuar en el uso de la vivienda, la no exigir el art. 15.2 LAU una forma determinada, puede hacerse de cualquiera manera, incluso de forma verbal, sin perjuicio de que, a efectos de acreditación de la misma, sea conveniente la utilización de un medio que permita constatar que ha tenido lugar.

Así resulta, entre otras muchas, de las SSAAPP de Barcelona, Sección 4ª, de 16 de mayo de 2019 (*Tol 7.249.620*) —que alude a *"una mera comunicación al arrendador a efectos de constancia"*— y, Sección 13ª, 2 de febrero de 2022 (*Tol 8.917.039*) —que permite que la comunicación se haga "*por cualquier medio que pueda acreditar su recepción*—; Madrid, Sección 12ª, de 27 de marzo de 2001 —ya que la notificación no es *"constitutiva del derecho del nuevo titular arrendaticio"*— y Pontevedra, Sección 6ª, de 22 de mayo de 2017 (Tol *6.199.527)* —pues la comunicación de la voluntad de continuar en el uso de la vivienda "*no tiene otra finalidad que la de dar noticia de tal hecho al arrendador"*—.

En esta línea, la SAP de Málaga, Sección 7ª, de 6 de junio de 2022 establece que *"el cumplimiento de los requisitos exigidos en el artí-*

culo 15 de la LAU no pueden ser exigidos de manera inflexible sin atender en cada caso a las exigencias que imponga la buena fe.

Por razón de la buena fe, el efecto extintivo del contrato puede ser un resultado injusto cuando, a pesar de no haberse llevado a cabo una notificación formal por escrito, el arrendador tiene un conocimiento efectivo de que se ha producido el divorcio del arrendatario y de la voluntad de subrogación de su esposa en el contrato".

Por el contrario, la SAP de Madrid, Sección 11ª, de 28 de septiembre de 2020 (*Tol 8.249.984*) exige comunicación escrita al señalar que *"dada la importancia del acto de comunicación es lógico pensar que el mismo se hiciera de forma fehaciente precisamente para que quedase evidencia de su realización, más aun cuando la comunicación ha de ser necesariamente escrita al tener que acompañarse la sentencia de separación".*

3. Consecuencias de la falta de comunicación al arrendador

El art. 15 LAU no determina las consecuencias del incumplimiento por parte del cónyuge adjudicatario del uso de la vivienda familiar de la comunicación que debe efectuar al arrendador.

Con posterioridad a la redacción del precepto por la Ley 4/2013, de 4 de junio, y a la STS, Sala 1ª, 587/2015, de 26 de octubre (*Tol 5.558.294*), si bien no son muchas las resoluciones que abordan esta cuestión, no existe unanimidad en ellas sobre los efectos de la falta de comunicación al arrendador.

Así, pueden encontrarse resoluciones que consideran que su ausencia provoca que el beneficiario del uso de la vivienda familiar en el procedimiento matrimonial no pueda reputarse como arrendatario —es decir, continuar en el uso de la vivienda—, pero no la resolución del contrato.

En este sentido, la SAP de Madrid, Sección 9ª, de 6 de junio de 2019 (*Tol 7.379.218*) dispone que *"para que el cónyuge no arrendatario, en aplicación del artículo 15 de la LAU, adquiera la condición de arrendatario, como consecuencia de la atribución del uso de la vivienda familiar en virtud de la demanda de separación o divorcio, es necesario que se lleve a cabo al notificación que establece el artículo 15,2 de la LAU, y en el plazo que dicho precepto establece, en la medida que el artículo 15 de la ley lo que establece es una facultad de subrogación a favor del cónyuge no arrendatario, de la que puede o no hacer uso, pero no una subrogación ope legis por el mero hecho de que se le atribuya el uso de la vivienda en la sentencia de divorcio. No constando en los autos, ni siquiera alegarse que la arrendataria haya comunicado su voluntad de subrogación, ni tampoco que haya procedido al pago de rentas, no cabe entender que tenga la condición de arrendataria de la vivienda cuya posesión se reclama".*

En parecidos términos se pronuncian las SSAAPP de Barcelona, Sección 4ª, de 16 de mayo de 2019 (*Tol 7.249.620*); Granada, Sección 4ª, de 26 de enero de 2018 (*Tol 6.853.148*) y Vizcaya, Sección 5ª, de 6 de marzo de 2020 (*Tol 8.374.559*).

Por el contrario, otras resoluciones entienden que la falta de comunicación puede dar lugar a la resolución del contrato, bien por aplicación del art. 1.124 CC, bien al amparo del art. 27.2 c) LAU —que permite al arrendador resolver de pleno derecho el contrato por *"el subarriendo o la cesión inconsentidos"*—.

En esta línea pueden citarse las SSAAPP de Barcelona, Sección 13ª, de 2 de febrero de 2022 (*Tol 8.917.039*) y Madrid, Sección 11ª, de 28 de septiembre de 2020 (*Tol 8.249.984*).

Independientemente de dicha polémica, lo cierto es que ambos cónyuges están interesados en la comunicación al arrendador, si bien por diferentes motivos: el beneficiario de la atribución del uso para asumir la titularidad del contrato —con los beneficios inherentes a la misma— y el arrendatario originario para desligarse de dicha condición, evitando con ello que el arrendador se dirija contra él exigiéndole el pago de las rentas devengadas y no satisfechas —la citada STS, Sala 1ª, 587/2015, de 26 de octubre (*Tol 5.558.294*), en un desahucio por falta de pago y reclamación de rentas, determina que, ante la falta de notificación del art. 15 LAU, la responsabilidad en el pago de estas recae en el arrendatario firmante del contrato—.

4. *Aplicación del art. 15 LAU a las parejas de hecho*

El art. 15 LAU, a diferencia de otros preceptos de la misma —arts. 12.4 o 16.1 LAU—, solamente alude a los supuestos de separación, nulidad o divorcio, lo cual puede llevar a la conclusión de que el mismo no sería aplicable a las uniones de hecho.

Así se han manifestado, entre otras, las SSAAPP de Barcelona, Sección 4ª, de 27 de junio de 2022 (*Tol 9.166.790*) y Huelva, Sección 2ª, de 21 de abril de 2021 (*Tol 8.541.331*).

Sin embargo, en el supuesto de existir hijos, teniendo en cuenta los arts. 39 CE y 108 CC y que su interés es el más necesitado de protección, no existe ningún obstáculo para la aplicación analógica del precepto.

La SAP de Madrid, Sección 22ª, de 16 de abril de 2021 (*Tol 8.482.765*) señala que el precepto *"se aplica igualmente a la persona ligada por análoga relación de afectividad, a la del matrimonio y permite la atribución de la vivienda al menor, no nacido de una unión no matrimonial, en igual de condiciones con los menores nacidos de uniones matrimoniales"*, circunstancia por la que, concluye, *"no existe problema alguno para atribuir a la hija menor de las partes y a Dª. Sandra, el uso de la vivienda familiar, si bien esta deberá cumplir con la comunicación al arrendador, en la forma establecida en la Ley de Arrendamientos Urbanos"*.

Más discutido es que lo sea a las parejas de hecho sin hijos. En contra podría argumentarse lo antes apuntado; a favor, la doctrina del Tribunal Supremo relativa a la aplicación a las uniones *more uxorio* del art. 96 CC, contenida, entre otras, en las SSTS, Sala 1ª, 1085/1996, de 16 de diciembre (*Tol 5.152.812*) —que señala que *"las normas que sobre el uso de la vivienda familiar, contiene el Código civil en relación con el matrimonio y sus crisis, entre ellas, la ruptura del vínculo, se proyectan más allá de su estricto ámbito a situaciones como la convivencia prolongada de un hombre y una mujer como pareja ya que las razones que abonan y justifican aquellas valen también en este último caso"*—, y 212/1998, de 10 de marzo (*Tol 2.451.479*) —que, en atención al principio de protección al conviviente perjudicado, atribuye a uno de los miembros de la pareja el uso de la vivienda—[26].

III. VIVIENDA EN PRECARIO

1. Ejercicio de la acción de desahucio

La STS, Sala 1ª, 910/2008, de 2 de octubre (*Tol 1.378.500*), estudia detalladamente la cuestión relativa a si los titulares de la vivienda que la cedieron gratuitamente a su hijo o a su hija para que la utilizase como hogar familiar pueden reclamarla ejercitando la acción de desahucio cuando su uso es atribuido al otro cónyuge y, declarando la existencia de interés casacional, pone fin a la contradicción existente entre las Audiencias Provinciales —que discutían si nos encontrábamos ante un comodato o ante un precario—, fijando, en cumplimiento de lo dispuesto en el último inciso del párrafo tercero del art. 487 LEC, la siguiente doctrina jurisprudencial: *"la situación de quien ocupa una vivienda cedida sin contraprestación y sin fijación de plazo por su titular para ser utilizada por el cesionario y su familia como domicilio conyugal o familiar es la propia de un precarista, una vez rota la convivencia, con independencia de que le hubiera sido atribuido el derecho de uso y disfrute de la vivienda, como vivienda familiar, por resolución judicial"*.

Consecuentemente, cabe la posibilidad de ejercitar la acción de desahucio contra el precarista, carácter que ostenta el cónyuge al que se hubiere atribuido el uso.

Esta doctrina se recoge y reitera por las SSTS, Sala 1ª, 474/2009, de 30 de junio (*Tol 1.560.746*); 653/2009, de 22 de octubre (*Tol 1.641.343*); 859/2009, de 14 de enero de 2010 —Pleno— (*Tol 1.840.576*); 861/2009, de 18 de enero de 2010 —Pleno— (*Tol 1.793.037*); 178/2011, de 18 de marzo —que recoge la distinción jurisprudencial entre precario y comodato— (*Tol 2.089.131*);

---

26 *Vid. supra* (Capítulo 1. VI).

548/2014, de 14 de octubre (*Tol 4.525.358*), y 614/2020, de 17 de noviembre (*Tol 8.218.492*).

La citada STS, Sala 1ª, Pleno, 859/2009, de 14 de enero de 2010 (*Tol 1.840.576*), a propósito de aquellas situaciones *"en las cuales los cónyuges ocupan en precario una vivienda, en virtud de una posesión simplemente tolerada por la condescendencia o el beneplácito del propietario"*, señala que, *"en este caso, mediante la adjudicación del uso a uno de ellos en aplicación del artículo 96 CC no se puede obtener frente a un tercero una protección posesoria de vigor jurídico superior al que el hecho del precario proporcionaba a los cónyuges. De esto se sigue que el propietario puede recuperar la vivienda a su voluntad, aunque se haya atribuido judicialmente el uso a uno de los cónyuges, pues la decisión de poner fin a la situación de precario por parte del propietario de la vivienda no presupone acto alguno de disposición previo por parte del precarista. Esta misma situación se da cuando, existiendo originariamente un comodato (u otro tipo de contrato o derecho que atribuye el uso del inmueble), desaparecen los presupuestos determinantes de la titularidad por parte del cónyuge que la ostentaba y el propietario o titular de la cosa no la reclama, pues entonces la situación de quien la posee es la propia de un precarista"*.

Por su parte, la STS, Sala 1ª, Pleno, 861/2009, de 18 de enero de 2010 (*Tol 1.793.037*) analiza, al margen de otras cuestiones, tanto las distintas situaciones en la titularidad de la vivienda familiar como la posición de terceros adquirentes de la vivienda familiar.

Así, por lo que respecta a las *"distintas situaciones en la titularidad de la vivienda familiar"*, declara que *"en el tema de la atribución de la vivienda familiar a uno de los cónyuges, deben tenerse en cuenta dos tipos de situaciones que se pueden producir, al margen de las previstas en el párrafo primero del Art. 96 CC:*

1º Cuando un cónyuge es propietario único de la vivienda familiar o lo son ambos, ya sea porque exista una copropiedad ordinaria entre ellos, ya sea porque se trate de una vivienda que tenga naturaleza ganancial, no se produce el problema del precario, porque el título que legitima la transformación de la coposesión en posesión única es la sentencia de divorcio/

separación. Se debe mantener al cónyuge en la posesión única acordada bien en el convenio regulador, bien en la sentencia (...).

2º Cuando se trate de terceros propietarios que han cedido el inmueble por razón del matrimonio, salvo que exista un contrato que legitime el uso de la vivienda, la relación entre los cónyuges y el propietario es la de un precario. Debe enfocarse el tema desde el punto de vista del derecho de propiedad y no del derecho de familia, porque las consecuencias del divorcio/separación no tienen que ver con los terceros propietarios. Esta solución ha sido mantenida por la jurisprudencia desde la sentencia de 26 diciembre 2005".

Y, en cuanto a la *"posición de terceros adquirentes de la vivienda familiar"*, dispone que *"otra cuestión distinta es la relativa a los posibles supuestos en que puede encontrarse la vivienda frente a terceros que acrediten algún derecho sobre la misma. Ello obliga a distinguir distintas situaciones:*

1ª El cónyuge titular del derecho de propiedad de la vivienda puede venderla o cederla a un tercero una vez dictada la sentencia en el procedimiento matrimonial. Puede ocurrir también que se trate de una vivienda en copropiedad de ambos cónyuges y que uno de ellos ejerza la acción de división. En estos casos, esta Sala ha venido sosteniendo que el derecho del cónyuge titular es oponible a los terceros, que hayan adquirido directamente del propietario único, o en la subasta consiguiente a la acción de división (ver SSTS de 27 diciembre 1999, 4 diciembre 2000, 28 marzo 2003 y 8 mayo 2006, entre otras). Las razones se encuentran en la protección de la familia y de la vivienda, y se basan en la buena fe en las relaciones entre cónyuges o ex cónyuges. Es por ello que la Dirección General de los Registros ha considerado que el derecho de los hijos no tiene naturaleza de derecho real, sino que son solo beneficiarios.

2ª Puede ocurrir que el tercero sea el propietario y haya cedido el uso de la vivienda a uno de los cónyuges mediante un contrato, que puede ser anterior al matrimonio o durante el mismo. En este caso, atribuida la vivienda al cónyuge no contratante, éste no se subroga en la misma relación que ligaba al cónyuge contratante con el propietario, porque el juez no puede crear un título que altere las relaciones contractuales existentes entre las partes (art. 96 CC). La relación contractual no continúa con el cónyuge no contratante, con lo que se confirma de esta manera la doctrina sentada en nuestra sentencia de 3 de abril 2009 (recurso 1200/2004). Por ello matizando nuestra anterior jurisprudencia, (contenida en las sentencias de 2 diciembre 1992 y 17 de julio 1994 y 14 de abril 2009 entre otras), debe señalarse que aunque el título que permitió al cónyuge el uso de la vivienda perteneciente al tercero tenga naturaleza contractual, no se mantiene esta relación con el otro cónyuge, que sea atributario del uso por sentencia dictada en pleito matrimonial. El ejemplo del contrato de arrendamiento es significativo, puesto que el artículo 15 LAU permite que se produzca subrogación, pero siempre que se cumplan los requisitos establecidos en el párrafo segundo.

3ª Cuando el tercero propietario haya cedido el uso de forma totalmente gratuita y de favor al usuario de la vivienda, producida la crisis matrimonial y atribuido dicho uso al otro cónyuge, el propietario ostenta la acción de desahucio porque existe un precario. La posesión deja de ser tolerada y se pone en evidencia su característica de simple tenencia de la cosa sin título, por lo que puede ejercerse la acción de desahucio (SSTS de 26 diciembre 2005, 30 octubre y 13 y 14 noviembre 2008 y 30 junio 2009).

La regla será, por tanto, que los derechos del propietario a recuperar el local cedido como vivienda dependen de la existencia o no de un contrato con el consorte que la ocupa: si se prueba la existencia del contrato, se seguirán sus reglas, mientras que si la posesión constituye una mera tenencia tolerada por el propietario, se trata de un precario y el propietario puede recuperarla en cualquier momento.

4ª De acuerdo con el Artículo 445 CC, "la posesión como hecho no puede reconocerse en dos personalidades distintas, fuera de los casos de indivisión". Por ello, la copropietaria tiene derecho a usar la vivienda y puede ceder su derecho para una finalidad concreta, de modo que cuando dicha finalidad desaparece, como ocurre en el caso de crisis matrimonial, podrá recuperar la posesión para la comunidad (…). Del Art. 445 CC no debe deducirse que siempre que exista condominio, se produce una coposesión, sino que se trata de una excepción que justifica la posesión plural sobre una misma cosa. El de la copropiedad es el único supuesto permitido en el Código para el caso en que dos o más personas ostenten la posesión conjunta sobre una misma cosa, pero ello no excluye la existencia de precario cuando se haya cedido dicha posesión por parte de uno de los copropietarios sin contraprestación o a título gratuito y de favor".

En definitiva, señala la STS, Sala 1ª, 757/2024, de 29 de mayo (*Tol 10.052.569*), en los supuestos en los que la titularidad de la vivienda familiar corresponda a terceros *"no entra en juego el art. 96 del CC, y procede el ejercicio de las acciones de precario cuando no exista título que justifique la posesión cedida, con búsqueda de la solución de estos conflictos en el marco del Derecho de propiedad y no desde los parámetros del Derecho de familia (SSTS del pleno de 18 de enero de 2010 [RC n.º 1994/2005], 178/2011, de 18 marzo y 695/2011, de 10 de octubre)".*

Por lo demás, en caso de desalojo cabría la posibilidad de incrementar la pensión alimenticia de los hijos, pues no puede olvidarse que el art. 142 CC incluye dentro del contenido del derecho de alimentos la cobertura de las necesidades de habitación del alimentista.

En Cataluña, el art. 233-21.2 CCCat dispone en su segundo inciso que *"si los cónyuges detentan la vivienda familiar por tolerancia de un tercero, los efectos de la atribución judicial de su uso acaban cuando este reclama su restitución. Para este caso, de acuerdo con lo establecido por el artículo 233-7.2, la sentencia puede ordenar la adecuación de las pertinentes prestaciones alimentarias o compensatorias".*

Y en el País Vasco, el art. 12.8 de la Ley 7/2015, de 30 de junio, de relaciones familiares en supuestos de separación o ruptura de los progenitores señala que *"si los progenitores poseen la vivienda en virtud de un título diferente al de propiedad, los efectos de atribución judicial de su uso quedan limitados por lo dispuesto por el título, de acuerdo con la ley".*

2. *Procedimiento adecuado para ejercitar la acción de desahucio*

El procedimiento adecuado para ejercitar en tales casos la acción de desahucio es el juicio verbal, por aplicación del art. 250.1.2º LEC, en cuya virtud *"se decidirán en juicio verbal, cualquiera que sea su cuantía, las demandas siguientes: (...) Las que pretendan la recuperación de la plena posesión de una finca rústica o urbana, cedida en precario, por el dueño, usufructuario o cualquier otra persona con derecho a poseer dicha finca".*

Con ello se supera la antigua corriente jurisprudencial que consideraba que los procesos de precario tenían carácter sumario y, consecuentemente, no podían discutirse ni resolverse en ellos cuestiones complejas. Con la vigente Ley de Enjuiciamiento Civil el juicio verbal sobre precario es un proceso plenario.

La STS, Sala 1ª, 585/2010, de 13 de octubre (*Tol 1.989.049*), establece que *"el juicio de desahucio por precario es hábil para analizar la existencia o no de precario —lo que corresponde a la decisión de fondo— ya que no se configura ya en la nueva Ley de Enjuiciamiento Civil como un juicio especial y sumario, de "cognitio" limitada y prueba restringida sin o "como un procedimiento declarativo que, aunque por razón de la materia ha de tramitarse por la normas del juicio verbal, participa de todas sus garantías de defensa, sin restricción alguna en materia de alegación y prueba, y admite en su seno el debate de toda clase de cuestiones, incluso las que se refieren al título del demandado, que podrán resolverse en él con efectos de cosa juzgada material; es más, la propia Exposición de Motivos de la Ley de Enjuiciamiento Civil 1/2.000, de 7 de enero, corrobora con claridad esta conclusión, pues en su apartado XII, y después de relacionar los procesos de carácter sumario —cuya sentencia no produce los efectos de cosa juzgada—, añade que "La experiencia de ineficacia, inseguridad jurídica y vicisitudes procesales excesivas aconseja, en cambio, no configurar como sumarios los procesos en que se aduzca, como fundamento de la pretensión de desahucio, una situación de precariedad: parece muy preferible que el proceso se desenvuelva con apertura a plenas alegaciones y prueba y finalice con plena efectividad"".*

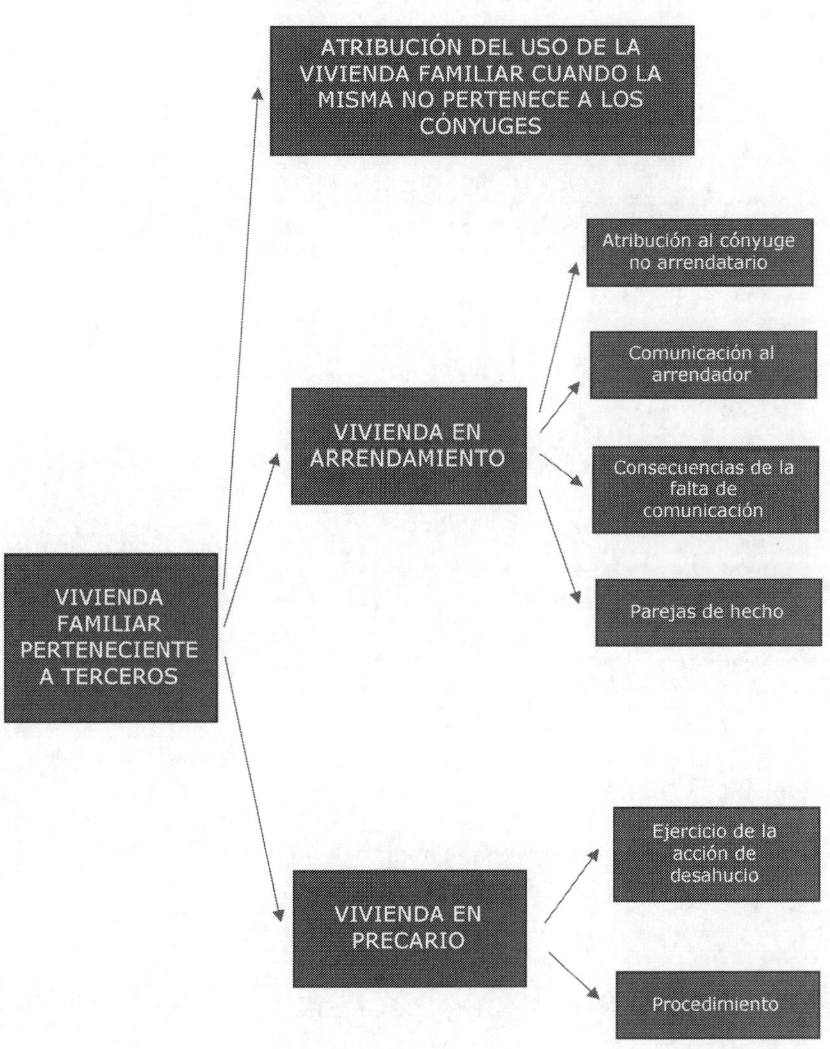
ATRIBUCIÓN DEL USO DE LA VIVIENDA FAMILIAR CUANDO LA MISMA NO PERTENECE A LOS CÓNYUGES
Atribución al cónyuge no arrendatario
Comunicación al arrendador
VIVIENDA EN ARRENDAMIENTO
Consecuencias de la falta de comunicación
VIVIENDA FAMILIAR PERTENECIENTE A TERCEROS
Parejas de hecho
Ejercicio de la acción de desahucio
VIVIENDA EN PRECARIO
Procedimiento

Capítulo 4

Duración de la atribución

SUMARIO: I. GUARDA Y CUSTODIA INDIVIDUAL. A) Derecho Común. B) Derecho Foral. II. GUARDA Y CUSTODIA COMPARTIDA. 1. Carácter temporal. a) Atribución indefinida. b) Atribución hasta la mayoría de edad de los hijos. 2. Plazos: casuística. III. SIN HIJOS O CON HIJOS MAYORES DE EDAD. 1. Carácter temporal. A) Derecho Común. B) Derecho Foral. 2. Atribución del uso con carácter vitalicio. a) Procesos contenciosos. b) Procesos de mutuo acuerdo. 3. Necesidad de determinar el plazo en la resolución. 4. Plazos: casuística. 5. Prórroga del plazo. A) Derecho Común. B) Derecho Foral. 6. Vivienda propiedad de terceros.

I. GUARDA Y CUSTODIA INDIVIDUAL

A) Derecho Común

El art. 96.1 CC establece en su párrafo primero, inciso primero, que *"en defecto de acuerdo de los cónyuges aprobado por la autoridad judicial, el uso de la vivienda familiar y de los objetos de uso ordinario de ella corresponderá a los hijos comunes menores de edad y al cónyuge en cuya compañía queden, hasta que todos aquellos alcancen la mayoría de edad"*.

Por tanto, con carácter general, el único límite temporal vendrá determinado por la mayoría de edad de todos los hijos, dados los términos categóricos y tajantes del precepto.

La STS, Sala 1ª, 221/2011, de 1 de abril (*Tol 2.093.031*), señala que nos encontramos ante "*una regla taxativa, que no permite interpretaciones limitadoras e incluso el pacto de los progenitores deberá ser examinado por el juez para evitar que se pueda producir ningún perjuicio*", y ello teniendo en cuenta que *"el principio que aparece protegido en esta disposición es el del interés del menor, que requiere alimentos que deben prestarse por el titular de la patria potestad, y entre los alimentos se encuentra la habitación (art. 142 CC); por ello los ordenamientos jurídicos españoles que han regulado la atribución del uso en los casos de crisis matrimonial o de crisis de convivencia, han adoptado esta regla (así, expresamente, el art. 234-8 CCCat). La atribución del uso de la vivienda familiar, es una forma de protección, que se aplica con independencia del régimen del bien acordado entre quienes son sus propietarios, por lo que no puede limitarse el derecho de uso al tiempo en que los progenitores ostenten la titularidad sobre dicho bien".*

Consecuentemente, la STS, Sala 1ª, 221/2011, de 1 de abril (*Tol 2.093.031*), formula la siguiente doctrina: *"la atribución del uso de la vivienda familiar a los hijos menores de edad es una manifestación del principio del interés del menor, que no puede ser limitada por el Juez, salvo lo establecido en el Art. 96 CC".*

Dicha doctrina se reitera, entre otras muchas, en las SSTS, Sala 1ª, 304/2012, de 21 de mayo (*Tol 2.538.700*); 301/2014, de 29 de mayo (*Tol 4.469.050*); 117/2017, de 22 de febrero (*Tol 5.978.002*); 332/2020, de 22 de junio (*Tol 8.000.094*); 351/2020, de 24 de junio (*Tol 7.995.830*); 861/2021, de 13 de diciembre (*Tol 8.704.870*), y 1153/2023, de 17 de julio (*Tol 9.657.583*).

Por su parte, la STS, Sala 1ª, 236/2011, de 14 de abril —cuya doctrina se recoge, entre otras, en las SSTS, Sala 1ª, 181/2014, de 3 de abril (*Tol 4.218.412*); 282/2015, de 18 de mayo (*Tol 5.000.600*); 168/2017, de 8 de marzo (*Tol 5.990.945*); 332/2020, de 22 de junio (*Tol 8.000.094*), y 861/2021, de 13 de diciembre (*Tol 8.704.870*)—, señala que el art. 96.1 CC *"no permite establecer ninguna limitación a la atribución del uso de la vivienda a los menores mientras sigan siéndolo, porque el interés que se protege en ella no es la propiedad de los bienes, sino los derechos que tiene el menor en una situación de crisis de la pareja, salvo pacto de los progenitores, que deberá a su vez ser controlado por el juez".*

No obstante, el rigor de la atribución del uso de la vivienda familiar realizada al amparo del art. 96 CC ha sido matizado por el Tribunal Supremo, que admite excepciones a la medida de uso cuando no existe acuerdo previo entre los cónyuges y siempre que quede garantizado el interés de los hijos menores[27].

B) Derecho Foral

El art. 81 CDFA dispone en su número 3 que *"la atribución del uso de la vivienda familiar a uno de los progenitores debe tener una limitación temporal que, a falta de acuerdo, fijará el Juez teniendo en cuenta las circunstancias concretas de cada familia"* y añade en el número 4 que *"cuando el uso de la vivienda sea a título de propiedad de los padres, el Juez acordará su venta, si es necesaria para unas adecuadas relaciones familiares"*.

La Sentencia del Tribunal Superior de Justicia de Aragón, Sala de lo Civil y Penal, de 4 de enero de 2013 (*Tol 3.660.096*) establece que la previsión de este precepto *"opera fundamentalmente en el caso de que se acuerde la custodia compartida. Y sólo en ese caso es posible acordar la venta de la vivienda inmediatamente o en fecha muy próxima a la sentencia (que es lo que pretende el aquí recurrente). Entenderlo de otro modo conduciría a la inaplicación del artículo 81.2, que ordena la atribución del uso (temporalmente, art. 81.3) al que tenga la custodia individual. En cualquier caso, lo que dispone la norma es que la venta se ordenará si el juez considera que es necesaria para unas adecuadas relaciones familiares"*.

No obstante, la SAP de Zaragoza, Sección 2ª, de 11 de octubre de 2016 (*Tol 5.868.612*) declara aplicable el art. 81.4 CDFA en los supuestos de custodia individual al señalar que *"la atribución del uso de la vivienda (...) tiene marcadamente en el derecho aragonés un carácter temporal, hasta el punto que el art 81.4 CDFA prevé que cuando el uso de la vivienda sea a título de propiedad de los padres, el Juez acordará su venta, si es necesaria para unas adecuadas relaciones familiares. Y ello pese a la previsión que también hace en el párrafo 2 de que cuando corresponda a uno de los progenitores de forma*

---

27 *Vid. supra* (Capítulo 2. II. 3).

individual la custodia de los hijos, se le atribuirá el uso de la vivienda familiar, salvo que el mejor interés para las relaciones familiares aconseje su atribución al otro progenitor". En el mismo sentido se pronuncia la SAP de Zaragoza, Sección 2ª, de 26 de septiembre de 2017 (*Tol 6.438.847*).

Por su parte, en el País Vasco, el art. 12.5 de Ley 7/2015, de 30 de junio, de relaciones familiares en supuestos de separación o ruptura de los progenitores, establece en su párrafo segundo que *"en el caso de atribuirse el uso de la vivienda familiar y el ajuar a uno de los progenitores por otorgársele la guarda y custodia de los hijos e hijas, ya fuera exclusiva o compartida, y si la vivienda fuera privativa del otro progenitor o común a ambos, dispondrá del uso solo mientras dure la obligación de prestarles alimentos"*, añadiendo en el tercero que *"en todo caso, la revisión judicial de este derecho de uso podrá solicitarse a instancia de parte, por cambio de circunstancias relevantes. El ejercicio abusivo o de mala fe del derecho a solicitar la revisión podrá dar lugar a responsabilidades civiles o de carácter patrimonial"*.

II. GUARDA Y CUSTODIA COMPARTIDA

1. Carácter temporal

Acordada la guarda y custodia compartida, en caso de atribuirse el uso de la vivienda familiar a uno de los progenitores, debe imponerse una limitación temporal a dicha atribución, similar a la que recoge el art. 96.2 CC cuando señala que *"no habiendo hijos, podrá acordarse que el uso de tales bienes corresponda al cónyuge no titular por el tiempo que prudencialmente se fije siempre que, atendidas las circunstancias, lo hicieran aconsejable y su interés fuera el más necesitado de protección"*.

Así lo ha establecido de forma reiterada el Tribunal Supremo, rechazando tanto una atribución indefinida de la que fue la vivienda familiar como una atribución hasta la mayoría de edad de los hijos.

a) Atribución indefinida

La STS, Sala 1ª, 517/2017, de 22 de septiembre (*Tol 6.355.981*), dispone que *"cuando se valora que no existe riesgo de poner en peligro el régimen de custodia compartida, pues el progenitor está en condiciones, por su situación económica, de proporcionar una vivienda adecuada a sus necesidades, el criterio de la sala es el de que no procede hacer la atribución indefinida de uso de la que fue la vivienda familiar y deben armonizarse los intereses contrapuestos, el del titular (o cotitular) de la vivienda y el de los hijos a relacionarse con el otro en una vivienda".*

Por su parte, la STS, Sala 1ª, 558/2020, de 26 de octubre (*Tol 8.197.535*), tras señalar que *"es posible la atribución del uso a aquél de los progenitores que por razones objetivas tenga más dificultad de acceso a una vivienda (no ser titular o no disponer del uso de otra, menores ingresos) para que, de esta forma, pueda llevarse a cabo la efectiva convivencia con sus hijos durante los períodos en los que le corresponda tenerlos en su compañía (sentencia 95/2018, de 20 de febrero)"*, añade que tal atribución debe hacerse *"con una limitación temporal, similar a la que se establece en el párrafo tercero*[28] *para los matrimonios sin hijos (sentencias 513/2017, de 22 de septiembre y 396/2020, de 6 de julio, con cita de otra jurisprudencia)".*

b) Atribución hasta la mayoría de edad de los hijos

Igualmente, la jurisprudencia del Tribunal Supremo se muestra contraria a la atribución del uso de la vivienda familiar a uno de los progenitores hasta la mayoría de edad de los hijos en los supuestos de guarda y custodia compartida, al considerar que remitir el derecho de uso hasta dicho momento supone una atribución definitiva.

La STS, Sala 1ª, 434/2016, de 27 de junio (*Tol 5.768.511*), establece que *"lo "procedente", que señala el artículo 96 CC, no es lo que*

---

[28] Actualmente, art. 96.2 CC tras la modificación del precepto por la Ley 8/2021, de 2 de junio.

la sentencia decide y además lo que decide es absolutamente contradictorio desde el momento en que dice, primero, proteger el derecho del cotitular de la vivienda a disfrutar de ella, «que quedaría indefinidamente frustrado», y establece, después, un límite al derecho de uso que remite a la mayoría de edad de la hija, porque cuando esto ocurra ya no existirá una custodia compartida y la hija podrá permanecer con aquel de los progenitores que desee, apartando al padre, cotitular de la vivienda, de su uso durante todo el tiempo que resta hasta que su hija alcance esa mayoría. La ponderación de los intereses en juego no ha sido correcta pues en ningún caso se ha procurado una correcta armonización los intereses contrapuestos: el del cotitular de la vivienda que quedaría indefinidamente frustrado al no permitirle disponer de ella, incluso en los periodos en que la hija permanecerá con él, y el de la hija a relacionarse con su madre en una vivienda, estando como está la esposa en mejor situación económica que el esposo para proporcionarla durante este periodo una vivienda adecuada a sus necesidades, sin poner en riesgo el régimen instaurado de custodia compartida pues ambos progenitores pueden responder al nuevo régimen que se crea con la medida".

Por su parte, la STS, Sala 1ª, 95/2018, de 20 de febrero (*Tol 6.526.202*)[29], dispone que *"esta sala considera que la sentencia recurrida, al atribuir a la madre el uso de la que fue vivienda familiar durante la convivencia del matrimonio hasta que el hijo alcance la mayoría de edad, no se ajusta a la interpretación y aplicación que debe realizarse del art. 96 CC a la luz de lo dispuesto en el art. 2 de la Ley Orgánica de protección jurídica del menor (...). En el caso, concurre el interés legítimo del padre, cotitular de la vivienda, de poder disponer de ella y, a la vista de las circunstancias probadas, deben priorizarse, como dice el art. 2 de la Ley Orgánica de protección jurídica del menor, las medidas que, respondiendo a este interés, respeten también los otros intereses legítimos presentes. Debe tenerse en cuenta que el límite fijado por la sentencia recurrida, que remite a la mayoría de edad del hijo, equivale a una atribución indefinida, pues cuando el hijo alcance la mayoría de edad ya no existirá*

---

29 El niño había nacido en 2010 y, por tanto, alcanzaría la mayoría de edad en 2028.

custodia compartida y el hijo podrá permanecer con aquel de los progenitores que desee, tal y como para un caso semejante declaró la sentencia 434/2016, de 27 de junio".

En el mismo sentido se manifiesta la STS, Sala 1ª, 295/2020, de 12 de junio (*Tol 7.969.734*)[30].

2. *Plazos: casuística*

Los plazos fijados por el Tribunal Supremo han sido muy variados, en función de las circunstancias concurrentes: un año, dos años, tres años, uso por anualidades alternas o hasta la liquidación de la sociedad legal de gananciales.

Así lo establece la STS, Sala 1ª, 757/2024, de 29 de mayo (*Tol 10.052.569*), al señalar que con la *"finalidad de favorecer el tránsito a la nueva situación derivada de la custodia compartida, se han fijado plazos de uso temporal, con valoración de las circunstancias concurrentes que han oscilado desde un año (sentencias 51/2016, de 11 de febrero; 251/2016, de 13 de abril; 545/2016, de 16 de septiembre; 314/2022, de 20 de abril; 556/2022, de 11 de julio y 138/2023, de 31 de enero); de dos años (sentencias 513/2017, de 22 de septiembre; 15/2020, de 16 de enero; 558/2020 y 870/2021, de 20 de diciembre y 835/2022, de 25 de noviembre); tres años (sentencias 465/2015, de 9 de septiembre y 294/2017, de 12 de mayo), uso por anualidades alternas (sentencia 95/2018, de 20 de febrero), o, en fin, hasta que se proceda a la liquidación de la sociedad legal de gananciales (sentencia 183/2017, de 14 de marzo). En definitiva, uso temporal conferido en consonancia con un imprescindible juicio circunstancial motivado y atención a lo postulado por las partes".*

---

[30] El niño había nacido en 2006 y, consecuentemente, alcanzaría la mayoría en 2024.

III. SIN HIJOS O CON HIJOS MAYORES DE EDAD

1. Carácter temporal

A) Derecho Común

Cuando no existan hijos o estos sean mayores de edad, el uso de la vivienda familiar no puede atribuirse con carácter indefinido a uno de los cónyuges. El derecho de uso de la vivienda familiar regulado en el art. 96 CC se caracteriza por su provisionalidad y temporalidad, tal y como señalan, entre otras muchas, las SSTS, Sala 1ª, 278/1997, de 4 de abril (*Tol 2.114.321*); 310/2004, de 22 de abril (*Tol 392.352*), y 100/2006, de 10 de febrero (*Tol 827.039*).

El art. 96.2 CC señala que *"no habiendo hijos, podrá acordarse que el uso de tales bienes corresponda al cónyuge no titular por el tiempo que prudencialmente se fije siempre que, atendidas las circunstancias, lo hicieran aconsejable y su interés fuera el más necesitado de protección"*.

Por tanto, en tales casos, la atribución del uso de la vivienda debe ser temporal. Aunque el art. 96 CC aparece referido a la vivienda propiedad de uno de los cónyuges, la solución que contempla es perfectamente aplicable a los supuestos de titularidad compartida o cotitularidad. Asimismo, como se ha visto[31], a los supuestos de matrimonios sin hijos se equiparan aquellos en los que los hijos sean mayores de edad.

En definitiva, cuando no existen hijos o estos son mayores de edad, la asignación del uso de la vivienda familiar, sea privativa de uno de los cónyuges o de titularidad común, no puede tener carácter indefinido ni indeterminado, siendo pacífica la jurisprudencia sobre el particular.

La STS, Sala 1ª, 390/2017, de 20 de junio (*Tol 6.201.425*), dispone que *"superada la menor edad del hijo, la situación del uso de la vivienda familiar queda equiparada a la situación en la que no hay hijos a que se refiere el tercer párrafo del art. 93 CC*[32] *y la adjudicación al cónyuge*

---

[31] *Vid. supra* (Capítulo 2. IV. 2).

[32] Actualmente, art. 96.2 CC tras la redacción por la Ley 8/2021, de 2 de junio.

que esté más necesitado de protección no puede hacerse por tiempo indefinido, pues según la doctrina de la sala ello «parece más una expropiación de la vivienda que una efectiva tutela de lo que la ley dispensa a cada una de las partes, fundada en un inexistente principio de solidaridad conyugal y consiguiente sacrificio del puro interés material de uno de los cónyuges en beneficio del otro, puesto que no contempla más uso en favor del cónyuge más necesitado de protección que el tasado por judicial ponderado en atención a las circunstancias concurrentes» (sentencia 315/2015, de 29 de mayo).

Esta doctrina es aplicable tanto cuando se adjudica el uso de la vivienda al «cónyuge no titular» (al que literalmente se refiere el párrafo tercero del art 96 CC) porque la vivienda es privativa del otro como cuando la vivienda tiene el carácter de bien ganancial, como es el caso del presente recurso. Ya la sentencia 1067/1998, de 23 de noviembre, consideró aplicable el art. 96 párrafo tercero cuando la vivienda es ganancial, mediante una interpretación lógica y extensiva del precepto, y otras sentencias de esta sala así lo han venido entendiendo con posterioridad (sentencias 624/2011, de 5 de septiembre y 707/2013, de 11 de noviembre)".

Por su parte, la STS, Sala 1ª, 808/2024, de 10 de junio (Tol 10.052.678), señala que *"la adjudicación del uso a uno de los cónyuges sin limitación temporal infringe el art. 96 CC. En efecto, es jurisprudencia asentada la que sostiene, sin fisuras, que considerar que la esposa, por ser titular del interés más digno de protección, cabe atribuible sin límite de tiempo el uso de la vivienda familiar infringe la doctrina de la sala (sentencias 73/2014, de 12 de febrero, 176/2016, de 17 de marzo, 31/2017, 33/2017; 34/2017, de 19 de enero; 390/2017, de 20 de junio y 527/2017, de 27 de septiembre)".*

B) Derecho Foral

Recogen, asimismo, la temporalidad de la atribución en estos casos las legislaciones forales de Aragón, Cataluña, Navarra y País Vasco.

El art. 81.3 CDFA dispone que *"la atribución del uso de la vivienda familiar a uno de los progenitores debe tener una limitación temporal que, a falta de acuerdo, fijará el Juez teniendo en cuenta las circunstancias concretas de cada familia"*[33].

Por su parte, el art. 233-20.5 CCCat señala en su primer inciso que *"la atribución del uso de la vivienda a uno de los cónyuges, en los casos de los apartados 3 y 4*[34]*, debe hacerse con carácter temporal y es susceptible de prórroga, también temporal, si se mantienen las circunstancias que la motivaron"*.

Igualmente, la ley 104, apartado b), párrafo segundo, CDCFN declara que *"el plazo del derecho de uso será fijado por el juez prudencialmente en atención a las circunstancias concurrentes y, en particular, a las necesidades de habitación de los hijos mayores de edad que sigan siendo dependientes económicamente"*.

Por último, en el País Vasco, el art. 12.5 de Ley 7/2015, de 30 de junio, de relaciones familiares en supuestos de separación o ruptura de los progenitores, establece en su párrafo primero, inciso primero, que *"la atribución del uso de la vivienda a uno de los progenitores por razones de necesidad deberá hacerse con carácter temporal por un máximo de dos años, y será susceptible de prórroga, también temporal, si se mantienen las circunstancias que la motivaron"*.

2. *Atribución del uso con carácter vitalicio*

a) Procesos contenciosos

Con carácter general, no cabe en los procesos contenciosos atribuir el uso de la vivienda familiar a uno de los cónyuges con carácter vitalicio, ya que el art. 96.2 CC exige la fijación de un límite prudencial. Así vienen manifestándose, como regla general, las Audiencias Provinciales.

La SAP de Madrid, Sección 22ª, de 26 de septiembre de 2017 (*Tol 6.393.125*) rechaza que sea viable en un proceso contencioso

33 *Vid. supra* (Capítulo 4. I y II. 1).

34 *Vid. supra* (Capítulo 2. II. 2).

la atribución del uso con carácter vitalicio a uno de los cónyuges *"pues el párrafo 3º del artículo 96 C.C. recoge necesariamente el establecimiento de un límite prudencial a la vigencia del derecho, máxime en supuestos como el que nos ocupa en que la titularidad del inmueble corresponde exclusivamente al cónyuge no usuario quien, por el derecho atribuido a su consorte, no puede quedar expoliado de forma indefinida de la plenitud de sus facultades dominicales"*.

En esta misma línea, declarando que la atribución del derecho de uso tiene carácter provisional y temporal y no vitalicio se manifiestan, entre otras, las SSAAPP de Alicante, Sección 4ª, de 17 de enero de 2018 (*Tol 6.999.794*) y 27 de octubre de 2021 (*Tol 8.947.704*); La Coruña, Sección 3ª, de 8 de noviembre de 2010 (*Tol 2.039.165*); Las Palmas, Sección 4ª, de 23 de marzo de 2004 (*Tol 7.652.813*); Lugo, Sección 1ª, de 2 de marzo de 2023 (*Tol 9.503.349*); Madrid, Sección 22ª, de 27 de junio de 2006 (*Tol 6.263.160*); Salamanca, Sección 1ª, de 6 de marzo de 2023 (*Tol 9.503.401*) y Santa Cruz de Tenerife, Sección 1ª, de 18 de junio de 2012 (*Tol 2.676.678*).

No obstante, aun admitiéndose el carácter temporal de la atribución del uso de la vivienda familiar en estos casos, no faltan resoluciones que consideran que, excepcionalmente, puede ocurrir que no quepa establecer de antemano un plazo determinado, como ocurre en aquellos supuestos en los que no pueda preverse cuando desaparecerá el interés necesitado de mayor protección o la necesidad que con la atribución del uso se pretende proteger.

En este sentido, la SAP de Granada, Sección 5ª, de 26 de febrero de 2010 (*Tol 5.281.955*) dispone que *"en relación a la declaración del carácter vitalicio de la atribución del uso de la vivienda familiar ha de señalarse que, en principio, el art. 96 del código civil prevé el señalamiento de un uso temporal, en aquellos casos en que no hay hijos, si bien esta Sala participa del criterio de que ese uso temporal puede coincidir con la vida de la persona, dado el carácter intransmisible del derecho de uso, siempre que concurran y permanezcan las circunstancias para considerarlo como el interés más necesitado de protección"*.

b) Procesos de mutuo acuerdo

Por el contrario, es posible pactar en convenio regulador que el uso de la vivienda familiar lo sea con carácter vitalicio cuando no existan hijos o estos sean mayores de edad. El convenio es vinculante para los firmantes del mismo en materias que pueden ser objeto de su libre disposición, como ocurre en lo relativo al uso de la vivienda familiar cuando no existen hijos o estos han alcanzado la mayoría de edad.

Como se decía a propósito de los criterios de atribución del uso de la vivienda familiar[35], el primero que debe presidir dicha la atribución es el acuerdo de los cónyuges, reflejado en convenio regulador, tal y como señala el párrafo primero del art. 96.1 CC.

No puede olvidarse que constituye un principio básico del Derecho Civil en materia contractual que lo pactado obliga —*"pacta sunt servanda"*— a las partes contratantes, principio recogido en diversos preceptos de nuestro Código Civil y, entre ellos, con carácter esencial, en el art. 1.091 CC, en cuya virtud *"las obligaciones que nacen de los contratos tienen fuerza de ley entre las partes contratantes, y deben cumplirse a tenor de los mismos"*. Por ello, *"la validez y el cumplimiento de los contratos no pueden dejarse al arbitrio de uno de los contratantes"* (art. 1.256 CC) que, una vez perfeccionados, *"obligan, no solo al cumplimiento de lo expresamente pactado, sino también a todas las consecuencias que, según su naturaleza, sean conformes a la buena fe, al uso y a la ley"* (art. 1.258 CC). En definitiva, como señala en art. 1.278 del citado texto legal, *"los contratos serán obligatorios, cualquiera que sea la forma en que se hayan celebrado, siempre que en ellos concurran las condiciones esenciales para su validez"* —es decir, consentimiento, objeto y causa (art. 1.261 CC), a las que debe añadirse la forma en aquellos casos en los que la misma sea requerida como requisito esencial (*v.gr.*, donación de bienes inmuebles)—.

Es decir, *pacta sunt servanda*, lo pactado obliga.

---

[35] *Vid. supra* (Capítulo 2. I).

La SAP de Pontevedra, Sección 6ª, de 14 de octubre de 2019 (*Tol 7.576.586*) establece que *"el artículo 96 CC hace referencia a la atribución de la que fue vivienda conyugal tomando en consideración la existencia o no de hijos. Sin embargo dicho precepto señala que los criterios establecidos en el mismo resultan de aplicación "en defecto de acuerdo de los cónyuges aprobado por el Juez" y en este caso ambos litigantes decidieron, al poner fin a su vida matrimonial, constituir un usufructo vitalicio de la esposa sobre la que fue vivienda conyugal, debiendo estarse al principio de autonomía de la voluntad y al principio pacta sunt servanda"*.

En el mismo sentido se manifiestan, entre otras, las SSAAPP de Barcelona, Sección 18ª, de 2 de noviembre de 2018 (*Tol 6.929.590*); Madrid, Sección 22ª, de 21 de enero de 2005 (*Tol 559.606*), 27 de junio de 2006 (*Tol 6.263.160*) y 26 de septiembre de 2017 (*Tol 6.393.125*) y Guipúzcoa, Sección 2ª, de 17 de noviembre de 2017 (*Tol 6.499.837*).

3. Necesidad de determinar el plazo en la resolución

El art. 96.2 CC alude a la fijación de un plazo prudencial de la atribución del uso de la vivienda familiar, por lo que es necesario determinarlo en la sentencia.

Normalmente, siendo la vivienda privativa de uno de los cónyuges, el plazo estará en función del interés que se trata de proteger, y, cuando aquella pertenezca a ambos en *pro indiviso* o a la sociedad de gananciales, a salvo de circunstancias excepcionales que aconsejen prorrogar o acortar el plazo de atribución, este suele hacerse coincidir por la jurisprudencia con el de la liquidación del régimen económico matrimonial —entre otras muchas, STS, Sala 1ª, 390/2017, de 20 de junio (*Tol 6.201.425*), y SSAP de Madrid, Sección 22ª, de 19 de enero (*Tol 5.649.394*) y 11 de marzo de 2016 (*Tol 5.712.177*)— o, en su caso, hasta que se proceda a la venta de la vivienda, si esto acontece con anterioridad —SAP de Cáceres, Sección 1ª, de 12 de enero de 2018 (*Tol 6.520.234*)—.

Sin embargo, y con objeto de evitar dilaciones por una de las partes en dicho procedimiento, resulta aconsejable fijar un plazo concreto para el supuesto de que aquel se prolongase más allá de lo debido. Así lo hacen, entre otras, las SSAAPP de Asturias, Sección 7ª, de 3 de noviembre de 2017 (*Tol 6.457.599*) y León, Sección 1ª, de 27 de octubre de 2017 (*Tol 5.916.485*).

4. *Plazos: casuística*

En función de las circunstancias concurrentes, la duración de la atribución del uso de la vivienda familiar puede ser muy variada: seis meses —SAP de Valladolid, Sección 1ª, de 15 de septiembre de 2017 (*Tol 6.383.580*)—, un año —SSAAPP de Baleares, Sección 4ª, de 13 de febrero de 2018 (*Tol 6.566.474*) y Madrid, Sección 24ª, de 5 de julio de 2017 (*Tol 6.325.363*)—, dos años —STS, Sala 1ª, 741/2016, de 21 de diciembre (*Tol 5.930.854*), y SSAAPP de Sevilla, Sección 2ª, de 27 de marzo de 2017 (*Tol 6.365.236*) y Valencia, Sección 10ª, de 9 de marzo de 2017 (*Tol 6.157.332*)—, tres años —SAP de Alicante, Sección 9ª, de 9 de marzo de 2017 (*Tol 6.144.744*)—, cinco años —SAP de Madrid, Sección 22ª, de 21 de marzo de 2023 (*Tol 9.530.513*)— o, incluso, hasta la liquidación del régimen económico matrimonial —SSAAPP de Cantabria, Sección 2ª, de 6 de febrero de 2023 (Tol *9.415.918*) y Jaén, Sección 1ª, de 27 de enero de 2022 (*Tol 8.829.484*)—.

5. *Prórroga del plazo*

A) Derecho Común

A diferencia de lo que ocurre en los Derechos Forales de Cataluña y País Vasco, no contiene el Código Civil la posibilidad de prorrogar el plazo de atribución del uso de la vivienda familiar a uno de los cónyuges cuando no existan hijos, por lo que, a falta de dicha previsión, podría pensarse —en virtud de la máxima o principio jurídico de que *"lo que no está prohibido está permitido"*— que sí sería posible, previa acreditación de los requisitos necesarios para que pudiera entenderse que se había producido una modificación de las circunstancias originariamente tenidas en cuenta al atribuir el uso de la vivienda familiar.

No obstante, no son muchas las resoluciones que abordan este tema y, por regla general, rechazan la prórroga ante la falta de prueba de una alteración sustancial que así lo aconseje.

En este sentido se manifiestan, entre otras, las SSAP de Zaragoza, Sección 2ª, de 19 de febrero de 2019 (*Tol 7.226.869*) y 14 de abril de 2021 (*Tol 8.495.175*).

Admite la posibilidad de prórroga la SAP de Salamanca, Sección 1ª, de 19 de octubre de 2022 (*Tol 9.339.807*) siempre que concurran circunstancias que la justifiquen.

B) Derecho Foral

En Cataluña, el art. 233-20.5 CCCat dispone que *"la atribución del uso de la vivienda a uno de los cónyuges, en los casos de los apartados 3 y 4, debe hacerse con carácter temporal y es susceptible de prórroga, también temporal, si se mantienen las circunstancias que la motivaron. La prórroga debe solicitarse, como máximo, seis meses antes del vencimiento del plazo fijado y debe tramitarse por el procedimiento establecido para la modificación de medidas definitivas"*.

Y en el País Vasco, el art. 12.5 de Ley 7/2015, de 30 de junio, de relaciones familiares en supuestos de separación o ruptura de los progenitores, establece en su párrafo primero que *"la atribución del uso de la vivienda a uno de los progenitores por razones de necesidad deberá hacerse con carácter temporal por un máximo de dos años, y será susceptible de prórroga, también temporal, si se mantienen las circunstancias que la motivaron. La prórroga deberá solicitarse, como máximo, seis meses antes del vencimiento del plazo fijado, y tramitarse por el procedimiento establecido para la modificación de medidas definitivas"*.

6. *Vivienda propiedad de terceros*

No es necesario, sin embargo, fijar un plazo cuando la vivienda familiar pertenece a terceros y su uso se atribuye al cónyuge titular del contrato de arrendamiento, ya que el art. 96.2 CC exige la fijación de un plazo prudencial cuando el uso de la vivienda se atribuye al cónyuge no titular.

La STS, Sala 1ª, 142/2017, de 1 de marzo (*Tol 5.984.546*), dispone que el art. 96 CC *"permite la atribución de la vivienda familiar por un tiempo prudencial al cónyuge no titular, cuando no concurren hijos menores. En el presente caso consta que el Sr. Salvador es el titular del contrato de arrendamiento sujeto a la legislación administrativa de la Comunidad Autónoma Andaluza y con sujeción a las causas de desahucio administrativo. Por tanto, procede mantener al Sr. Salvador en el uso exclusivo de la vivienda, en régimen de arrendamiento:*

1. *Por ser el que ostenta el interés más digno de protección.*
2. *Porque al ser el titular no es preciso establecer un plazo prudencial (art. 96.3 C. Civil)".*

A la misma conclusión llega la SAP de Madrid, Sección 9ª, de 27 de junio de 2019 (*Tol 7.589.000*) en un supuesto de subrogación en el contrato del cónyuge del arrendatario, que pasa a ser titular del mismo. Dicha resolución, tras exponer el objeto del recurso —*"estima el apelante que la posibilidad del uso de la vivienda arrendada por el cónyuge no contratante en los supuestos de nulidad, separación judicial o divorcio que establece el artículo 15 LAU en su redacción a la fecha del divorcio, debe resultar siempre ajustada a lo establecido en los artículos 90 y 96 CC"* y, por tanto, *"la subrogación ha de entenderse provisional y durar mientras subsista la medida dictada en el proceso matrimonial, es decir, la minoría de edad del hijo"*—, y recoger la doctrina de las SSTS, Sala 1ª, Pleno, 861/2009, de 18 de enero de 2010 (*Tol 1.793.037*) y 587/2015, de 26 de octubre (*Tol 5.558.294*), señala que *"es incontrovertido que la voluntad de continuar en el uso de la vivienda fue comunicada por la Sra. Guillerma al arrendador, cumpliendo el requisito del artículo 15.2 TRLAU. Si bien en la fecha en que se produce el divorcio la redacción del artículo 15 no recogía literalmente la expresión relativa a la adquisición de la titularidad del contrato, su interpretación jurisprudencial había sido la de entender producida la subrogación por el cónyuge no titular a quien se atribuye el uso, lo que luego se recoge en la reforma de 2013. Cumplido el requisito del artículo 15.2 TRLAU la codemandada ha pasado a ser titular del contrato de arrendamiento, por subrogación en la posición del anterior titular y las causas de resolución del arrendamiento serán las que resulten de aplicación al contrato del que ha pasado a ser titular Dña. Guillerma".*

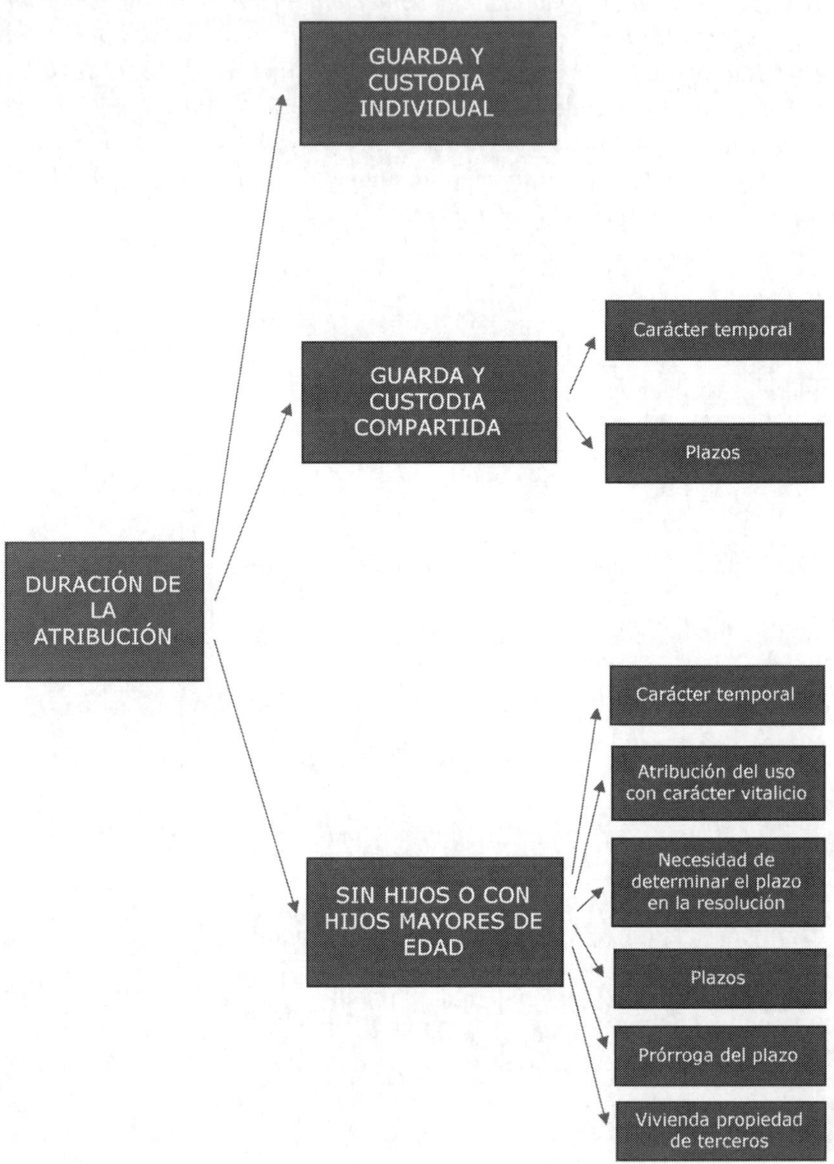
GUARDA Y CUSTODIA INDIVIDUAL
GUARDA Y CUSTODIA COMPARTIDA
Carácter temporal
Plazos
DURACIÓN DE LA ATRIBUCIÓN
Carácter temporal
Atribución del uso con carácter vitalicio
Necesidad de determinar el plazo en la resolución
SIN HIJOS O CON HIJOS MAYORES DE EDAD
Plazos
Prórroga del plazo
Vivienda propiedad de terceros

Capítulo 5

Modificación y extinción del derecho de uso

SUMARIO: I. MODIFICACIÓN: CAMBIO DEL TITULAR DE LA GUARDA Y CUSTODIA. II. EXTINCIÓN. 1. Mayoría de edad de los hijos. 2. Desaparición de la causa que motivó la atribución. 3. Transcurso del plazo o de la condición fijada. 4. Pérdida de la condición de vivienda familiar. 5. Falta de ocupación de la vivienda por los beneficiarios de su uso. 6. Convivencia de un tercero en la vivienda familiar. A) Derecho Común. B) Derecho Foral. 7. Fallecimiento del cónyuge beneficiario del uso. 8. Adjudicación de la vivienda familiar a uno de los cónyuges. 9. Adquisición de la vivienda familiar en pública subasta tras el ejercicio de la acción de división o tras una ejecución hipotecaria.

I. MODIFICACIÓN: CAMBIO DEL TITULAR DE LA GUARDA Y CUSTODIA

En el supuesto de producirse un cambio del titular de la guarda y custodia, de un progenitor a otro, tal modificación lleva consigo la relativa a la atribución del uso de la vivienda familiar por aplicación de lo dispuesto en el art. 96.1 CC, cuyo párrafo primero establece en su primer inciso que *"en defecto de acuerdo de los cónyuges aprobado por la autoridad judicial, el uso de la vivienda familiar y de los objetos de uso ordinario de ella corresponderá a los hijos comunes menores de edad y al cónyuge en cuya compañía queden, hasta que todos aquellos alcancen la mayoría de edad"*[36].

La STS, Sala 1ª, 221/2011, de 1 de abril (*Tol 2.093.031*), señala que *"la atribución del uso de la vivienda familiar a los hijos menores de*

[36] *Vid. supra* (Capítulo II. 2. 1).

edad es una manifestación del principio del interés del menor, que no puede ser limitada por el Juez, salvo lo establecido en el Art. 96 CC", doctrina reiterada, entre otras muchas, en las SSTS, Sala 1ª, 304/2012, de 18 de mayo (*Tol 2.538.700*); 426/2013, de 17 de junio (*Tol 3.794.745*); 301/2014, de 29 de mayo (*Tol 4.469.050*); 282/2015, de 18 de mayo (*Tol 5.000.600*); 117/2017, de 22 de febrero (*Tol 5.978.002*); 641/2018, de 20 de noviembre (*Tol 6.919.974*); 332/2020, de 22 de junio (*Tol 8.000.094*); 351/2020, de 24 de junio (*Tol 7.995.830*), y 861/2021, de 13 de diciembre (*Tol 8.704.870*).

En este sentido, la SAP de Madrid, Sección 22ª, de 29 de septiembre de 2006 dispone que *"en el presente procedimiento se acredita el cambio sustancial al que alude la citada normativa por razón de la convivencia actual de ambos hijos y el padre en razón el cambio de residencia de aquellos, contando el pequeño 14 años de edad y siendo Luis ya mayor de edad. La aplicación de los artículos citados y especialmente el contenido del artículo 96 del Código Civil, determinan la confirmación de la sentencia recurrida por cuanto la asunción por el padre de la guarda y custodia del hijo menor y la convivencia del mayor, todavía dependiente económicamente de su entorno familiar, en ese mismo domicilio, hace el suyo el interés preferente respecto de este núcleo familiar, habida cuenta las necesidades del menor, (personales, escolares y de todo orden) circunscritas a dicho entorno convivencial"*.

Igualmente, la SAP de Ciudad Real, Sección 2ª, de 25 de enero de 2021 señala que *"la vivienda que constituía el domicilio familiar y a la que se refiere la litis fue adjudicada a la apelante en la sentencia que decretó el divorcio al atribuírsele a la madre la guarda y custodia de las menores. Por consiguiente, un cambio en la misma, como aquí ha acontecido y la parte ni siquiera impugna, ha de conllevar una modificación de la atribución de uso a favor del progenitor en cuya compañía queden los menores por aplicación del artículo 96 del Código Civil"*.

II. EXTINCIÓN

A diferencia de lo que ocurre en los Derechos Forales de Cataluña (art. 233-24 CCCat) y País Vasco (art. 12.11 de la Ley 7/2015, de 30 de junio, de relaciones familiares en supuestos de separación o ruptura de los progenitores, se ocupa de la extinción del derecho de uso), no contiene el Código Civil un precepto que, al igual que hace para la pensión compensatoria, enumere las causas de extinción de la atribución del uso de la vivienda familiar. No obstante, las mismas resultan de lo dispuesto en el art. 96 y de la interpretación que del mismo se ha realizado jurisprudencialmente.

1. Mayoría de edad de los hijos

Existiendo hijos menores de edad, la regla general, a falta de acuerdo, es la atribución del uso de la vivienda familiar a los hijos y al progenitor que conviva con ellos, pues es el de aquellos el que representa el interés más necesitado de protección[37].

Alcanzada la mayoría de edad, dicha circunstancia supone la extinción del derecho de uso de la vivienda familiar. El art. 96.1 CC, tras su redacción por la Ley 8/2021, de 2 de junio, establece en su párrafo primero, inciso primero, que *"en defecto de acuerdo de los cónyuges aprobado por la autoridad judicial, el uso de la vivienda familiar y de los objetos de uso ordinario de ella corresponderá a los hijos comunes menores de edad y al cónyuge en cuya compañía queden, hasta que todos aquellos alcancen la mayoría de edad"* y añade en su párrafo tercero que *"extinguido el uso previsto en el párrafo primero, las necesidades de vivienda de los que carezcan de independencia económica se atenderán según lo previsto en el Título VI de este Libro, relativo a los alimentos entre parientes"*.

Con anterioridad a dicha reforma, la STS, Sala 1ª, Pleno, 624/2011, de 5 de septiembre (*Tol 2.251.711*), ya había señalado que *"a diferencia de lo que ocurre con los hijos menores, la prestación alimenticia a favor de los mayores contemplada en el citado precepto, la cual comprende el derecho de habitación, ha de fijarse (por expresa remisión*

---

37 *Vid. supra* (Capítulo 2. II. 2).

legal) conforme a lo dispuesto en los artículos 142 y siguientes del CC que regulan los alimentos entre parientes (…). Que la prestación alimenticia y de habitación a favor del hijo mayor aparezca desvinculada del derecho a usar la vivienda familiar mientras sea menor de edad, se traduce en que, una vez alcanzada la mayoría de edad, la subsistencia de la necesidad de habitación del hijo no resulte factor determinante para adjudicarle el uso de aquella, puesto que dicha necesidad del mayor de edad habrá de ser satisfecha a la luz de los artículos 142 y siguientes del CC, en el entendimiento de que la decisión del hijo mayor sobre con cuál de los padres quiere convivir, no puede considerarse como si el hijo mayor de edad ostentase algún derecho de uso sobre la vivienda familiar, de manera que dicha elección conllevara la exclusión del otro progenitor del derecho a la utilización de la vivienda que le pudiera corresponder. En definitiva, ningún alimentista mayor de edad, cuyo derecho se regule conforme a lo dispuesto en los artículos 142 y siguientes del Código Civil, tiene derecho a obtener parte de los alimentos que precise mediante la atribución del uso de la vivienda familiar con exclusión del progenitor con el que no haya elegido convivir"[38].

Siguiendo esta doctrina jurisprudencial, las Audiencias Provinciales, incluso antes de la nueva redacción del art. 96 CC, venían estableciendo la extinción de la atribución del uso de la vivienda familiar al alcanzar los hijos la mayoría de edad. Al respecto, pueden citarse, entre otras muchas, las SSAAPP de Baleares, Sección 4ª, de 10 de julio de 2017 (*Tol 6.339.798*); Cantabria, Sección 2ª, de 6 de mayo de 2021 (*Tol 8.445.889*); Madrid, Sección 22ª, de 26 de marzo de 2021 (*Tol 8.453.990*) y Valencia, Sección 10ª, de 20 de septiembre de 2017 (*Tol 6.435.498*).

Al respecto, la STC, Sala 2ª, 12/2023, de 6 de marzo (*Tol 9.466.559*), declara que *"la prestación alimenticia y de habitación a favor del hijo mayor, tenga la edad que tenga, está desvinculada del derecho a continuar usando la vivienda familiar, pues sus necesidades básicas se satisfacen mediante el derecho de alimentos entre parientes. Esta misma interpretación es la que ha venido realizando la Sala de lo Civil del Tribunal Supremo en todas aquellas ocasiones en las que se le ha planteado este su-*

---

38 *Vid. supra* (Capítulo 2. IV. 2).

puesto, expresando que "ningún alimentista mayor de edad, cuyo derecho se regule conforme a lo dispuesto en los arts. 142 y siguientes del Código civil, tiene derecho a obtener parte de los alimentos que precise mediante la atribución del uso de la vivienda familiar con exclusión del progenitor con el que no haya elegido convivir. En dicha tesitura, la atribución del uso de la vivienda familiar ha de hacerse al margen de lo dicho sobre los alimentos que reciba el hijo o los hijos mayores, y por tanto, única y exclusivamente a tenor, no del párrafo 1 sino del párrafo 3 del artículo 96 CC[39]*" (sentencia de 11 de noviembre de 2013)".*

En Cataluña, el art. 233-24.1 CCCat declara que el derecho de uso se extingue, si se atribuyó por razón de la guarda de los hijos, por la finalización de la guarda, causa prevista igualmente, en el País Vasco, en el art. 12.11, apartado e), de la Ley 7/2015, de 30 de junio, de relaciones familiares en supuestos de separación o ruptura de los progenitores, que añade también como causa de extinción la finalización o cese de la obligación de prestar alimentos.

2. *Desaparición de la causa que motivó la atribución*

La STS, Sala 1ª, 545/2019, de 16 de octubre (*Tol 7.548.334*), establece que *"cuando aquél a quien se atribuyó el uso deja de representar un interés necesitado de protección, es lógico que se extinga el derecho de uso en exclusiva, sin que ello comporte la atribución automática de dicho uso al otro cónyuge cuando, a su vez, tampoco acredite un interés protegible para disfrutar de una posesión exclusiva".*

En Cataluña, el art. 233-24.2, apartado a), CCCat señala que *"el derecho de uso, si se atribuyó con carácter temporal por razón de la necesidad del cónyuge, se extingue por (...) la mejora de la situación económica del cónyuge beneficiario del uso o por empeoramiento de la situación económica del otro cónyuge, si eso lo justifica".*

Del mismo modo, en el País Vasco, el art. 12.11, apartado c), de la Ley 7/2015, de 30 de junio, de relaciones familiares en su-

---

39 En la actualidad, tras la modificación por la Ley 8/2021, de 2 de junio, art. 96.2 CC.

puestos de separación o ruptura de los progenitores, recoge como causa de extinción del derecho de uso *"la mejora de la situación económica del beneficiario del uso o el empeoramiento relevante de la situación económica de la otra parte, debidamente justificada y salvo que expresamente se hubiera pactado lo contrario"*. Tales causas, de acuerdo con el art. 12.12 de dicha Ley, deberán acreditarse *"mediante el procedimiento para la modificación de medidas, pudiendo llevarse a efecto en el resto de los supuestos por vía de ejecución de sentencia"*.

3. Transcurso del plazo o de la condición fijada

También se extingue el derecho de uso de la vivienda familiar por el transcurso del plazo o de la condición fijada, ya sea esta la independencia de los hijos, la liquidación del régimen económico matrimonial, la venta de la vivienda o cualesquiera otra, cuando tales hechos se hubieren establecido como determinantes de la extinción.

La STS, Sala 1ª, 315/2022, de 20 de abril (*Tol 8.917.144*), dispone que *"habiendo acordado la sentencia de divorcio, en base al consenso de los cónyuges sobre el particular, la atribución del uso y disfrute de la vivienda familiar a la madre y a los hijos menores de edad, hasta la independencia económica, a lo acordado por consenso se habrá de estar, a no ser que las nuevas necesidades de los hijos o el cambio de las circunstancias de los cónyuges aconsejen la modificación (art. 90.3 CC), lo que no es el caso, dado que nada se acredita en relación con ello"*.

En el mismo sentido, no extinguiendo el uso de la vivienda familiar al no haberse cumplido la condición fijada en el convenio regulador, pueden citarse la STS, Sala 1ª, 528/2017, de 27 de septiembre (*Tol 6.369.664*), y las SSAAPP de Baleares, Sección 4ª, de 15 de junio de 2017 (*Tol 6.221.870*); Badajoz, Sección 3ª, de 1 de septiembre de 2020 (*Tol 8.129.528*) y Madrid, Sección 22ª, de 2 de febrero de 2018 (*Tol 6.560.658*), y, Sección 24ª, de 9 de septiembre de 2020 (*Tol 8.211.494*).

En Cataluña, el art. 233-24 CCCat, tras señalar en su número 1 que el derecho de uso se extingue por las causas pactadas entre los cónyuges, añade en su número 2, que *"el derecho de uso, si se atribuyó con carácter temporal por razón de la necesidad del cónyuge, se extingue por (...) el vencimiento del plazo por el que se estableció o, en su caso, de su prórroga".*

En parecidos términos, en el País Vasco, el art. 12.11, apartados b) y f) de la Ley 7/2015, de 30 de junio, de relaciones familiares en supuestos de separación o ruptura de los progenitores, establece como causas de extinción del derecho de uso *"las pactadas entre los miembros de la pareja o partes"* y el *"vencimiento del plazo previsto en la atribución temporal judicialmente adoptada"*.

4. *Pérdida de la condición de vivienda familiar*

Igualmente, si la vivienda pierde el carácter de familiar se produce la extinción del derecho de uso a favor de aquel a quien se le hubiere atribuido[40].

La STS, Sala 1ª, 524/2017, de 27 de septiembre (*Tol 6.369.746*), analizando *"la posible pérdida del carácter familiar de la vivienda, cuyo uso se atribuyó al progenitor por el convenio aprobado en la sentencia de divorcio"* y tras recoger la doctrina contenida en la STS, Sala 1ª, 284/2016, de 3 de mayo (*Tol 5.716.390*) —que, a su vez, lo hace de las SSTS, Sala 1ª, 671/2012, de 5 de noviembre; 193/2013, de 15 de marzo, y 5/2015, de 16 de enero[41]—, señala que de la misma *"no cabe deducir que los progenitores, en este caso el padre, pueda desentenderse de las necesidades de habitación del hijo menor, pero ello habrá de ser planteado en el ámbito del derecho a alimentos (artículos 142 y ss. CC) y no como atribución posterior del uso de una vivienda que, habiendo sido familiar, perdió tal condición"*.

Por su parte, la SAP de Guadalajara, Sección 1ª, de 3 de marzo de 2021 (*Tol 8.437.228*), tras señalar que *"si la vivienda ha perdido el carácter de familiar, porque ha dejado de servir a los fines que le son propios, deberá quedar al margen de los pronunciamientos judiciales en materia matrimonial"*, añade que *"los progenitores acordaron que la vivienda dejaría de tener el carácter de familiar, se destinaría al alquiler, y*

---

40 *Vid. supra* (Capítulo 1. I. 4).

41 *Vid. supra* (Capítulo 2. II. 3).

cada uno de los progenitores se procuraría una vivienda en la que residir con su hijo menor. Por tanto no procede modificar nuevamente su carácter atribuyendo el uso y disfrute de la misma a la recurrente, por cuanto en puridad no se trata del domicilio familiar, sino de una vivienda titularidad en su caso de la sociedad de gananciales o de uno y otro progenitor, y por tanto no cabe regular en el presente procedimiento el uso como si se tratara de la medida a acordar sobre la vivienda familiar inmediata a la ruptura, por cuanto la vivienda dejó de ser el domicilio familiar".

No obstante, la Sentencia del Tribunal Superior de Justicia de Cataluña, Sala de lo Civil y Penal, Sección 1ª, de 19 de noviembre de 2021 (*Tol 8.724.948*) se ocupa del supuesto en el que, pese a que la vivienda perdió su carácter de familiar dado el no uso de la misma por los progenitores e hijos, lo recupera al volver a vivir en ella la madre y uno de los hijos con aquiescencia del padre, disponiendo que *"esta aquiescencia del progenitor padre a que Dª Melisa pasara a usar la vivienda familiar junto con el común hijo Ernesto, a pesar de que el uso había sido extinguido por sentencia firme (art 233.24.3º CCCat), dado el principio dispositivo que rige en la materia —art, 233-20.1 del CCCat, supuso volver a dar naturaleza, a la misma, de vivienda familiar, pues como dice la STS de fecha 20 de noviembre de 2018, la cual dispone lo siguiente: "(...) el derecho de uso de la vivienda familiar existe y deja de existir en función de las circunstancias que concurren en el caso. Se confiere y se mantiene en tanto que conserve este carácter familiar (...)". En definitiva, en el presente caso, si bien el carácter de vivienda familiar desapareció, porque el no uso por parte de los progenitores e hijos llevó a que, por sentencia firme, se declarara extinguido el derecho de uso, la introducción de nuevo por parte de la progenitora madre con uno de los hijos, hizo recuperar a la vivienda su antigua naturaleza para servir en su uso a la familia".*

5. Falta de ocupación de la vivienda por los beneficiarios de su uso

La falta de ocupación por los beneficiarios de la vivienda familiar, bien por haber renunciado a su atribución[42], bien cuando,

---

42 *Vid. supra* (Capítulo 2. II. 3).

pese a ser beneficiarios de ella en un primer momento, la hubieren abandonado voluntariamente[43], extingue la atribución del uso.

La SAP de Madrid, Sección 24ª, de 27 de septiembre de 2007 (*Tol 7.397.421*) señala que *"realizándose siempre la atribución de uso de la vivienda familiar con miras al asentamiento y en base a presupuestos y presunciones de interés más necesitado de protección, siempre con destino a la efectiva ocupación, el abandono del inmueble determina por si la extinción de la facultad de uso concebida por el artículo 96 del Código Civil para garantizar la cobertura de la necesidad de vivienda del núcleo familiar más desprotegido, o que constituya el interés más necesitado de protección"*.

En el mismo sentido se manifiestan, entre otras, las SSAAPP de Albacete, Sección 1ª, de 13 de enero de 2014 (*Tol 4.096.090*); Asturias, Sección 6ª, de 6 de julio de 2020 (*Tol 8.047.422*); Madrid, Sección 24ª, de 5 de febrero de 2021 (*Tol 8.411.016*); Murcia, Sección 4ª, de 14 de enero de 2021 (*Tol 8.393.905*) y Salamanca, Sección 1ª, de 19 de octubre de 2022 (*Tol 9.339.807*).

En Cataluña, el art. 233-24, apartado e), CCCat prevé como causa de extinción del derecho de uso atribuido con carácter temporal por razón de necesidad del cónyuge beneficiario no solamente la renuncia de este, sino también el mutuo acuerdo entre los cónyuges.

6. Convivencia de un tercero en la vivienda familiar

A) Derecho Común

A diferencia de lo que ocurre con la pensión compensatoria (art. 101 CC, regulador de los supuestos de extinción de la misma[44]), no contempla el Código Civil como causa de extinción de

---

43 *Vid. supra* (Capítulo 1. I. 3).

44 Art. 101.1 CC: *"El derecho a la pensión se extingue por el cese de la causa que lo motivó, por contraer el acreedor nuevo matrimonio o por vivir maritalmente con otra persona"*.

la atribución del uso de la vivienda familiar la convivencia *more uxorio* con el progenitor que ejerce la custodia de los hijos beneficiarios de tal uso.

Ante dicha omisión, la mayoría de las Audiencias Provinciales consideraban que la mera convivencia de un tercero en la vivienda familiar no era suficiente, por sí sola, para modificar o extinguir el uso atribuido. Por el contrario, otras resoluciones entendían que la convivencia en la vivienda familiar de la pareja del cónyuge beneficiario de la atribución del uso suponía una alteración sustancial de circunstancias que justificaba la extinción de dicho uso, circunstancia que, en alguna de ellas, se compensaba con el reconocimiento de un incremento de la pensión alimenticia de los hijos.

La STS, Sala 1ª, 641/2018, Pleno, de 20 de noviembre (*Tol 6.919.974*), poniendo fin a la controversia existente entre las distintas Audiencias Provinciales, considera que, atribuido el uso de la vivienda familiar a los hijos y a uno de los progenitores, la convivencia de este en relación estable de pareja con un tercero hace perder a aquella dicha naturaleza y extingue dicho uso.

La citada STS, Sala 1ª, 641/2018, Pleno, de 20 de noviembre, tras exponer la cuestión controvertida —*"la determinación de los efectos que produce la convivencia de la progenitora, que tiene atribuido el uso de la vivienda familiar, junto a los hijos menores, con una nueva pareja, respecto de este derecho de uso"*—, establece que *"la introducción de un tercero en la vivienda en manifiesta relación estable de pareja con la progenitora que se benefició del uso por habérsele asignado la custodia de los hijos, aspecto que se examina, cambia el estatus del domicilio familiar"* y añade que:

(i) El derecho de uso de la vivienda familiar existe y deja de existir en función de las circunstancias que concurren en el caso. Se confiere y se mantiene en tanto que conserve este carácter familiar. La vivienda sobre la que se establece el uso no es otra que aquella en que la familia haya convivido como tal, con una voluntad de permanencia (sentencia 726/2013, de 19 de noviembre). En el presente caso, este carácter ha desaparecido, no

porque la madre e hijos hayan dejado de vivir en ella, sino por la entrada de un tercero, dejando de servir a los fines del matrimonio. La introducción de una tercera persona hace perder a la vivienda su antigua naturaleza "por servir en su uso a una familia distinta y diferente", como dice la sentencia recurrida.

(ii) La medida no priva a los menores de su derecho a una vivienda, ni cambia la custodia, que se mantiene en favor de su madre. La atribución del uso a los hijos menores y al progenitor custodio se produce para salvaguardar los derechos de aquellos. Pero más allá de que se les proporcione una vivienda que cubra las necesidades de alojamiento en condiciones de dignidad y decoro, no es posible mantenerlos en el uso de un inmueble que no tiene el carácter de domicilio familiar, puesto que dejó de servir a los fines que determinaron la atribución del uso en el momento de la ruptura matrimonial, más allá del tiempo necesario para liquidar la sociedad legal de gananciales existente entre ambos progenitores".

Esta misma solución se aplica aunque no existan hijos —ya que, igualmente, la vivienda habría perdido el carácter de familiar— y en aquellos supuestos en los que la atribución del uso de la vivienda familiar se hubiere acordado en convenio regulador —al haberse alterado sustancialmente las circunstancias—, tal y como señalan las SSTS, Sala 1ª, 545/2019, de 16 de octubre (*Tol 7.548.334*), y 568/2019, de 29 de octubre (*Tol 7.571.565*), que aplican la doctrina de la STS, Sala 1ª, 641/2018, Pleno, de 20 de noviembre.

La citada STS, Sala 1ª, 545/2019, de 16 de octubre, declara que *"el cambio de circunstancias puede suponer que el juez —a instancia de parte— modifique la medida adoptada incluso cuando ha existido acuerdo de los interesados sobre ella, pues tal acuerdo se adopta en atención a las circunstancias concurrentes en el momento en que se produce, pudiendo quedar afectado por cualquier modificación posterior que pueda ser sustancial, como ocurre en el caso presente en que la esposa ha contraído nuevo matrimonio".*

En tales casos, la extinción del derecho de uso de la vivienda familiar no necesariamente tiene que producirse de forma automática, desde la sentencia que la declare, pues debe evitarse poner en riesgo el interés de los hijos menores. Por ello, la STS, Sala 1ª, 488/2020, de 23 de septiembre (*Tol 8.111.765*), *"para que las partes se acomoden a la nueva situación y tengan tiempo de ordenarla, sin poner en riesgo el interés de los menores"*, concede a los hijos y al progenitor custodio, al igual que hizo la STS, Sala 1ª, 568/2019, de 29 de octubre (*Tol 7.571.565*), un año para el desalojo de la vivienda, tras el cual cesaría el uso de la misma.

B) Derecho Foral

A diferencia de lo que ocurre en el Derecho Común, en Cataluña y en el País Vasco sí se contienen normas que abordan esta cuestión y, expresamente, prevén que el matrimonio o la convivencia matrimonial del cónyuge beneficiario con otra persona extingan el derecho de uso, si bien con una diferencia importante: mientras en el País Vasco se establece esta causa de extinción del uso como norma general, salvo pacto en contrario, en Cataluña únicamente se recoge la extinción del uso por causa de matrimonio o convivencia marital con otra persona en aquellos supuestos en los que el derecho de uso se hubiere atribuido con carácter temporal por razón de la necesidad del cónyuge (art. 233-24.2 CCCat).

El art. 233-24.2, apartado b), CCCat dispone que *"el derecho de uso, si se atribuyó con carácter temporal por razón de la necesidad del cónyuge, se extingue por (...) matrimonio o por convivencia marital del cónyuge beneficiario del uso con otra persona"*.

Por su parte, el art. 12.11 de la Ley 7/2015, de 30 de junio, de relaciones familiares en supuestos de separación o ruptura de los progenitores, establece, en su apartado d), como causa de extinción del derecho de uso *"el matrimonio o convivencia marital del beneficiario del uso con otra persona, salvo que expresamente se hubiera pactado lo contrario"*, causa que, de acuerdo con el art. 12.12 de dicha Ley, deberá acreditarse *"mediante el procedimiento para la modificación de medidas, pudiendo llevarse a efecto en el resto de los supuestos por vía de ejecución de sentencia"*.

7. *Fallecimiento del cónyuge beneficiario del uso*

Los arts. 233-24, apartado c), CCCat y 12.11, apartado a), de Ley 7/2015, de 30 de junio, de relaciones familiares en supuestos de separación o ruptura de los progenitores, recogen expresamente el fallecimiento del cónyuge o conviviente beneficiario como causa de extinción del derecho de uso de la vivienda familiar en los Derechos Forales de Cataluña y País Vasco.

8. *Adjudicación de la vivienda familiar a uno de los cónyuges*

La adjudicación de la vivienda familiar a uno de los cónyuges en la liquidación del régimen económico matrimonial, por el contrario, no extingue el derecho de uso atribuido al otro en la sentencia dictada en un proceso de divorcio o separación.

Dicha adjudicación no afecta al derecho de uso atribuido por la resolución que decreta la separación o el divorcio mientras tal uso subsista que, por tanto, debe respetar el derecho establecido en aquella, que pervivirá en los términos establecidos. Por tanto, ya se acuerde la división de la cosa, su adjudicación a uno de los comuneros o su venta en pública subasta, el derecho de uso no se verá afectado pues, de otra forma, resultaría burlado, de forma indirecta, el pronunciamiento judicial que lo atribuye a uno de cónyuges.

Así resulta de la doctrina recogida, entre otras muchas, en las SSTS, Sala 1ª, 455/2006, de 8 de mayo (*Tol 934.879*); 723/2007, de 27 de junio (*Tol 1.113.004*), y 168/2021, de 24 de marzo (*Tol 8.379.008*), relativas a la posibilidad de ejercitar la acción de división sobre la vivienda familiar cuando su uso se ha atribuido a los hijos y a uno de los cónyuges o solamente a uno de estos[45], división que deberá respetar el derecho establecido en la sentencia recaída en el pleito matrimonial, que pervivirá en los términos establecidos.

---

45 *Vid. infra* (Capítulo 8).

La SAP de La Coruña, Sección 6ª, de 23 de marzo de 2018 (*Tol 6.634.690*) señala que *"en numerosas sentencias del Tribunal Supremo se ha indicado que la posesión y uso de la vivienda familiar atribuidos ex art. 96 del CC es independiente de la adjudicación que de aquélla pueda hacerse en la liquidación de comunidad de gananciales, o en la terminación de la situación de comunidad, las cuales, por sí solas, no afectan ni eliminan dicha atribución de uso. Por lo tanto, el derecho de uso sobre la que fuera vivienda familiar se mantiene indemne tras la liquidación y aun tras la división de la cosa común; y una eventual venta de la cosa en subasta pública debe garantizar la subsistencia de aquella medida, que sólo puede ser modificada por la voluntad de los interesados, o por decisión judicial adoptada por el órgano jurisdiccional competente en relación con el proceso matrimonial en que se acordó".*

9. Adquisición de la vivienda familiar en pública subasta tras el ejercicio de la acción de división o tras una ejecución hipotecaria

La adquisición de la vivienda familiar en pública subasta por el cónyuge no beneficiario del uso tras el ejercicio de la acción de división puede provocar la extinción del derecho de uso atribuido a los hijos y al otro cónyuge, al igual que la adquisición de la misma por un tercero tras un procedimiento de ejecución hipotecaria.

a) Ejercicio de la acción de división por el cónyuge no beneficiario del uso de la vivienda familiar habiéndose pactado en convenio regulador aprobado judicialmente que el uso de la misma correspondía a los hijos menores y a uno de los progenitores hasta que la misma fuere vendida o se llegara a un acuerdo sobre su liquidación

Este supuesto es estudiado por la STS, Sala 1ª, 65/2018, de 6 de febrero (*Tol 6.509.285*), que desestima el recurso de casación interpuesto contra la sentencia que estimó una demanda de desahucio por precario entablada entre ex convivientes sobre la vivienda que, en su día, constituyó el domicilio familiar de ambos, pareja de hecho de cuya relación había nacido una hija, aún menor de edad. Los convivientes habían pactado en convenio regulador, aprobado judicialmente, que el uso de la vivienda correspondería a la hija menor y a la madre hasta que fuera vendida o se llegara a un acuerdo sobre su liquidación. Iniciado por el padre procedimiento de división de cosa común, al que se allanó la madre, el mismo finalizó mediante subasta a la que acudieron ambos y en la que se adjudicó la vivienda al padre, que luego ejerció la acción de desahucio por precario. El Tribunal Supremo considera que la titular del derecho de uso consintió la futura venta de la vivienda, con liberalización de la carga, por lo que no puede oponer su título al adquirente del bien (adjudicatario), independientemente de que este sea un tercero ajeno al núcleo familiar o quien fue su pareja y copropietario del bien.

Consecuentemente, se extingue el derecho de uso de la vivienda familiar, ya que la atribución del uso no es oponible al adquirente (adjudicatario) de la misma.

b) Constitución de una hipoteca durante el matrimonio sobre la vivienda familiar propiedad de un cónyuge cuyo uso se atribuye al cónyuge no titular que prestó su consentimiento a dicha hipoteca

Atribuido el uso de la vivienda familiar al cónyuge no titular que prestó su consentimiento a la constitución de una hipoteca sobre ella durante el matrimonio por una deuda del cónyuge propietario, dicho uso no es oponible frente a un tercero que la adquiere tras una ejecución hipotecaria al resultar impagado el crédito garantizado con hipoteca pues, concurriendo los requisitos establecidos en el art. 1.320.1 CC, dado el consentimiento del cónyuge no titular al acto dispositivo, la constitución de la hipoteca es válida, de forma que el adjudicatario del inmueble en el procedimiento hipotecario tiene derecho a la posesión del mismo, lo que supone la extinción del derecho de uso atribuido.

El supuesto es analizado por la STS, Sala 1ª, 584/2010, de 8 de octubre (*Tol 1.972.276*), cuya doctrina es recogida en las SSTS, Sala 1ª, 118/2015, de 6 de marzo (*Tol 4.786.486*), y 65/2018, de 6 de febrero (*Tol 6.509.285*).

Establece dicha resolución que *"en el presente litigio, la esposa, Dª Isabel, aceptó la hipoteca constituida por su marido sobre un bien destina-*

do a vivienda habitual; de este modo, el negocio jurídico de disposición es válido y no puede ser anulado, porque en su celebración concurrieron los requisitos exigidos en el art. 1320 CC cuando el bien hipotecado se destina a vivienda familiar. En consecuencia, ejecutado el inmueble que garantizaba con hipoteca la deuda del marido, no puede oponerse la posesión derivada del derecho de uso del inmueble atribuido a la recurrida y sus hijas.

Además, es cierto que en el caso de que el impago y la posterior ejecución hubiese tenido lugar constante matrimonio, se hubiera producido el lanzamiento de los cónyuges como consecuencia de la adjudicación del inmueble al tercero adquirente, argumento que lleva a afirmar que no pueden alterarse las reglas de la ejecución hipotecaria en el caso en que se haya adjudicado el uso del inmueble a uno de los cónyuges que por otra parte, había consentido en su momento el acto de disposición. Porque, además, no se trata de la buena o mala fe del adquirente, dado que la hipoteca existía y era válida como consecuencia del consentimiento prestado por el cónyuge no propietario antes de la atribución del uso en el procedimiento matrimonial".

En consecuencia, el Tribunal Supremo declara *"el derecho de la entidad (...)* [a] *poseer la vivienda que le ha sido adjudicada en el procedimiento hipotecario (...) con desalojo de la demandada, cuya fecha se determinará en ejecución de sentencia".*

b) Constitución de una hipoteca durante el matrimonio sobre la vivienda familiar propiedad de ambos cónyuges cuyo uso se atribuye a uno de ellos

La misma solución procede si la deuda era del matrimonio.

La STS, Sala 1ª, 772/2010, de 22 de noviembre (*Tol 2.003.527*), señala que *"la pérdida del derecho de propiedad tanto de la demandada como de quién fue su esposo, tiene su origen en un procedimiento de ejecución consecuencia de la falta de cumplimiento de una obligación de pago de ambos cónyuges. Tal y como ya valoró la sentencia de esta Sala de 8 de octubre de 2010 [RC n.º 2305/2006] en supuestos en los que el impago y la posterior ejecución hubiese tenido lugar constante matrimonio, se hubiera producido el lanzamiento de los cónyuges como consecuencia de la adjudicación del inmueble al tercero adquirente, argumento que lleva a corroborar que la atribución del uso del inmueble a uno de los cónyuges no puede afectar al derecho de propiedad del adquirente".*

Consecuentemente, concluye la citada STS, Sala 1ª, 772/2010, de 22 de noviembre, afirmando que "*adquirido el inmueble por un tercero en un proceso de ejecución, derivado del impago de una deuda del matrimonio, no puede ahora oponerse la posesión derivada del derecho de uso del inmueble atribuido a la recurrente y su hijo en sentencia de separación. Desde el momento en el que la demandada y el que fue su esposo perdieron la propiedad de la vivienda, el uso que aquella ha venido dando al inmueble no se justifica por la sentencia dictada en el ámbito de un procedimiento de familia, sino por la mera tolerancia del nuevo propietario, circunstancia que exige caracterizar esta ocupación como un precario".*

d) Constitución de una hipoteca antes del matrimonio sobre la vivienda familiar privativa de uno de los cónyuges cuyo uso se atribuye al cónyuge no titular

La STS, Sala 1ª, 118/2015, de 6 de marzo (*Tol 4.786.486*), analiza el supuesto en el que, estando hipotecada la vivienda, propiedad del marido, su uso se atribuyó en el pleito matrimonial al hijo común y a la esposa. Subastada posteriormente la vivienda, la misma fue adquirida por un tercero que formuló demanda de desahucio por precario. El Tribunal Supremo considera el derecho de uso no es oponible al adjudicatario del bien toda vez que, como la hipoteca es anterior al matrimonio, no importa que la esposa no la consintiera sino el hecho de que aceptó que la vivienda fuera su domicilio familiar pese a estar gravado con hipoteca.

Por tanto, siendo la vivienda familiar privativa de uno de los cónyuges y estando hipotecada con anterioridad al matrimonio, no es oponible el derecho de uso atribuido a los hijos y al cónyuge no propietario cuando la misma, tras ser subastada, es adquirida por un tercero, ya que la atribución de la vivienda a uno de los cónyuges no puede generar un derecho antes inexistente[46].

---

[46] *Vid. supra* (Capítulo 3. I).

La citada STS, Sala 1ª, 118/2015, de 6 de marzo, aplicando la doctrina contenida en la STS, Sala 1ª, 584/2010, de 8 de octubre (*Tol 1.972.276*), concluye declarando "*la no oponibilidad de ese derecho de uso al adjudicatario del bien a consecuencia de su enajenación forzosa en subasta pública.*

El argumento de la sentencia recurrida para conceder prevalencia al derecho de uso de la vivienda ostentado por las demandadas, en el sentido de que la esposa no consintió la constitución de hipoteca sobre la vivienda familiar, bien privativo del marido, no se sostiene.

Difícilmente podía ser de aplicación el artículo 1320 del Código Civil y la doctrina de la Sala sobre el mismo, antes expuesta, en un momento en que no existe matrimonio, ni siquiera convivencia, y en el que, por tanto, no constituye vivienda familiar.

Aquí el consentimiento de la esposa no puede exigirse para la constitución de la hipoteca por tales circunstancias, y tal consentimiento se desplaza al acto de aceptar que ocupen tras el matrimonio, como vivienda familiar el bien privativo del marido que éste trae al mismo con tal naturaleza pero gravado con hipoteca.

El negocio fue, pues, válido, y la conclusión debe ser que, ejecutado el inmueble que garantizaba con hipoteca la deuda contraída por el marido para su adquisición, no puede oponerse la posesión derivada del derecho de uso del inmueble atribuido a la recurrida y su hija, sin que sea de aplicación el artículo 669.2 LEC ya que la pretendida carga, esto es, el derecho de uso, es en todo caso posterior al crédito por el que se ejecutaba la hipoteca cuya existencia era previa a la celebración del matrimonio, aceptando la esposa que dicho bien, que garantizaba con hipoteca el precio de su adquisición por el marido en estado de soltero, constituyese la vivienda familiar cuando contrajeron matrimonio".

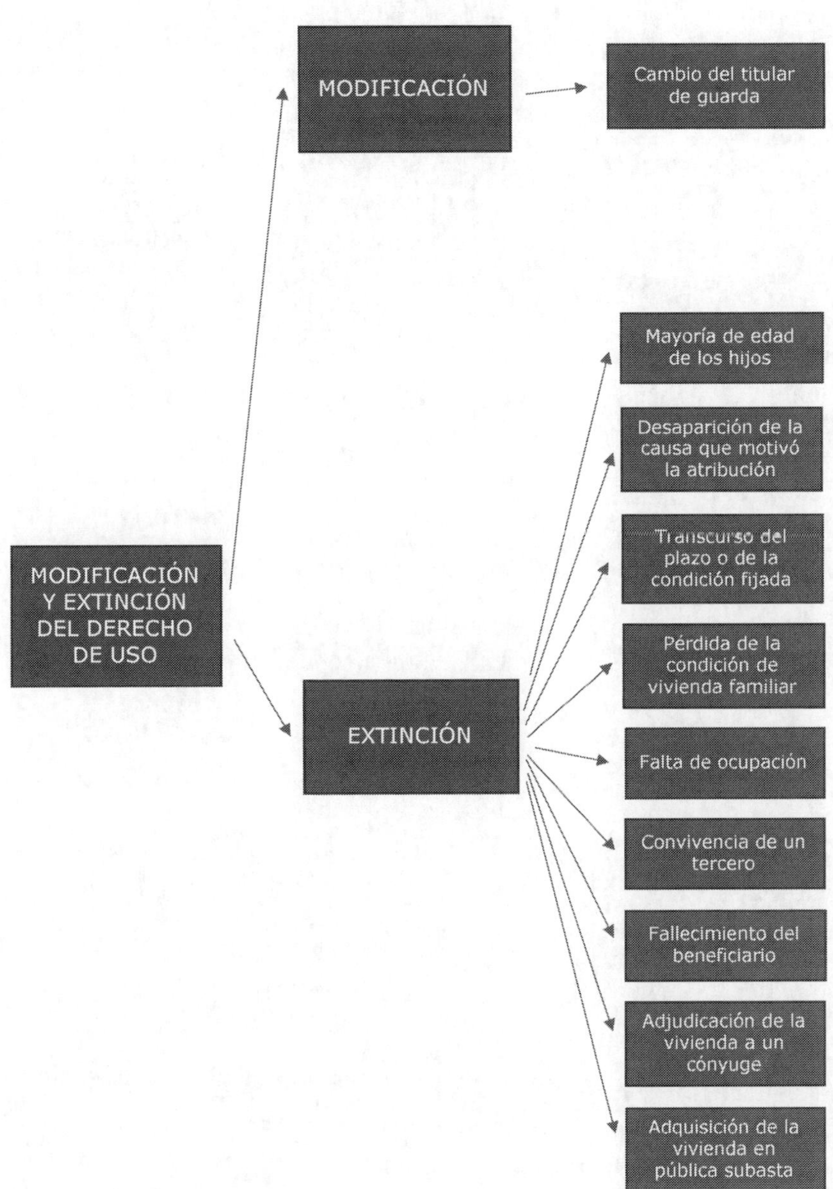
MODIFICACIÓN
Cambio del titular de guarda
MODIFICACIÓN Y EXTINCIÓN DEL DERECHO DE USO
EXTINCIÓN
Mayoría de edad de los hijos
Desaparición de la causa que motivó la atribución
Transcurso del plazo o de la condición fijada
Pérdida de la condición de vivienda familiar
Falta de ocupación
Convivencia de un tercero
Fallecimiento del beneficiario
Adjudicación de la vivienda a un cónyuge
Adquisición de la vivienda en pública subasta

Capítulo 6
Gastos, cargas y tributos

SUMARIO: I. NECESIDAD DE PRONUNCIAMIENTO SOBRE EL PAGO DE LOS GASTOS, CARGAS O TRIBUTOS DERIVADOS DEL USO O DE LA PROPIEDAD DE LA VIVIENDA. II. CASUÍSTICA. 1. Suministros de la vivienda familiar. 2. Cuotas de la comunidad de propietarios. 3. Gastos extraordinarios de comunidad. 4. Reparaciones necesarias para el uso. 5. Préstamo hipotecario. 6. Impuesto sobre bienes inmuebles. A) Derecho Común. b) Derechos Forales de Cataluña y País Vasco. 7. Tasa de basuras. 8. Seguro de hogar. III. EFECTOS CON RESPECTO A TERCEROS DE LOS PRONUNCIAMIENTOS JUDICIALES O DEL ACUERDO DE LOS CÓNYUGES QUE FIJEN UNA PARTICIPACIÓN DISTINTA A LA QUE CORRESPONDA SEGÚN LOS TÍTULOS DE PROPIEDAD DE LOS BIENES.

I. NECESIDAD DE PRONUNCIAMIENTO SOBRE EL PAGO DE LOS GASTOS, CARGAS O TRIBUTOS DERIVADOS DEL USO O DE LA PROPIEDAD DE LA VIVIENDA

En realidad, como señala la SAP de Valencia, Sección 10ª, de 30 de mayo de 2019 (*Tol 7.417.823*), *"no es necesario que la resolución que ponga fin a un proceso matrimonial regule la forma de satisfacción de los gastos derivados del uso o de la propiedad de la vivienda familiar (...), toda vez que la misma resulta de la aplicación del derecho civil, pues mientras los que afecten al uso deben ser satisfechos por el usuario, los que recaigan sobre la propiedad deberán abonarse por quien ostente la misma. En este sentido, la Sentencia de esta Sección de 20 de enero de 2005 establece que "todos aquellos gastos e impuestos relativos a la propiedad sean satisfechos por los propietarios de modo que siendo ganancial la vivienda deberá ser asumido el pago por ambos mientras que aquellos gastos que se refieren al uso de la vivienda deben ser abona-*

dos por aquel que tiene atribuido su uso. Y ello sin necesidad de constar expresamente en el fallo de la sentencia por corresponder a la normal aplicación del derecho civil"".

Por tanto, con carácter general, los gastos que recaigan sobre la titularidad dominical de la vivienda familiar deben ser satisfechos por el propietario o propietarios, bien por mitad, bien en proporción a su participación en ella, mientras que los afectantes al uso deben ser abonados por el usuario de la misma.

De hecho, no faltan resoluciones que declaran que tal pronunciamiento excede de las medidas que deben adoptarse en estos procedimientos.

La SAP de Vizcaya, Sección 4ª, de 10 de noviembre de 2005 (*Tol 831.653*) establece que *"el primer motivo de impugnación vertido por la apelante Sra. Frida, interesando se acuerde que los gastos de la vivienda familiar (no de consumo) sean abonados por iguales partes, debe ser desestimado, al exceder del ámbito de las medidas a adoptar en los procesos matrimoniales, que se refieren a la atribución del uso del domicilio familiar, según los arts. 91 y 96 del Código Civil. Téngase en consideración que los pagos de los gastos de la vivienda, salvo que expresamente se diga lo contrario, son a cargo del usuario de la misma, en tanto el pago de los préstamos hipotecarios y de lo que la parte apelante llama derramas, equiparándolo a gastos de conservación y mantenimiento del edificio, por afectar a la propiedad, deben ser abonados por los propietarios, sin perjuicio de las reclamaciones procedentes en la liquidación de la sociedad económica-matrimonial".*

En parecidos términos se pronuncian, entre otras, las SSAAPP de Barcelona, Sección 12ª, de 27 de junio de 2007 (*Tol 1.146.169*) y 7 de abril de 2008 (*Tol 1.326.002*); Las Palmas, Sección 3ª, de 18 de enero de 2008 (*Tol 7.034.486*) y Murcia, Sección 4ª, de 11 de febrero de 2021 (*Tol 8.415.573*).

No obstante, con objeto de evitar conflictos entre las partes puede resultar aconsejable pronunciarse sobre este particular, máxime cuando se solicite expresamente, y así lo hacen numerosas resoluciones, como se analizará a continuación.

II. CASUÍSTICA

1. Suministros de la vivienda familiar

Se considera justo y equitativo que los gastos derivados de los suministros de la vivienda (gas, agua, luz o teléfono) sean satisfechos por aquel de los cónyuges a cuyo favor queda su uso, ya que los mismos derivan del utilización del inmueble y es él quien los genera y se aprovecha de ellos.

Claramente lo establece la STS, Sala 1ª, 399/2018, de 27 de junio (*Tol 6.660.465*), al disponer que los gastos que se derivan del uso del inmueble, como son los referidos a servicios de luz, agua, gas o teléfono, *"han de ser asumidos por el cónyuge usuario, si bien una parte proporcional habría de ser computada como gasto de los hijos a los efectos de la fijación de la pensión de alimentos"*.

Por su parte, la SAP de Madrid, Sección 22ª, de 14 de septiem bre de 2007 (*Tol 7.400.843*) señala que *"el derecho de uso que regula el artículo 96 CC confiere al cónyuge adjudicatario la facultad de ocupar el inmueble sede de la vida familiar, junto con la prole en su caso, a los fines de satisfacer sus necesidades cotidianas de alojamiento; en lógica correlación con tales facultades, han de recaer sobre el beneficiario del uso las cargas y gastos que sean inherentes a la ocupación del inmueble, en cuanto originados por quiénes moren en el mismo y redunden en su exclusivo beneficio. Así acaece con los derivados de los servicios de luz, agua, calefacción, gas, teléfono o cuotas ordinarias de comunidad, pues no sería lógico, ni ajustado a derecho y equidad, que tales gastos, salvo que así lo acuerden los cónyuges, recaigan sobre el titular dominical de la vivienda que no detenta su disfrute ni, en consecuencia, utiliza los referidos servicios"*.

En esta misma línea se manifiestan, entre otras muchas, las SSAAPP de Badajoz, Sección 3ª, de 3 de junio de 2015 (*Tol 5.177.154*) y 20 de julio de 2023 (*Tol 9.720.820*); Barcelona, Sección 12ª, de 11 de enero de 2017 (*Tol 6.094.426*); Cantabria, Sección 2ª, de 6 de febrero de 2023 (Tol *9.415.918*); Córdoba, Sección 1ª, de 11 de diciembre de 2018 (*Tol 7.086.877*); La Coruña, Sección 4ª, de 11 de abril de 2017 (*Tol 6.106.231*); Madrid, Sección 22ª, de 28 de enero de 2022 (*Tol 8.941.214*) y 31 de marzo (*Tol 9.530.476*) y 13 de abril de 2023 (*Tol 9.614.515*); Palencia, Sección 1ª, de 5 de diciembre de 2023 (*Tol 9.909.711*); Pontevedra, Sección 6ª, de 17 de octubre de 2019 (*Tol 7.686.017*) y Valencia, Sección 10ª, de 30 de mayo de 2019 (*Tol 7.417.823*).

En Cataluña y en el País Vasco, los arts. 233-23.2 CCCat y 12.9 de la Ley 7/2015, de 30 de junio, de relaciones familiares en supuestos de separación o ruptura de los progenitores, respectivamente, establecen que los gastos de suministros corren a cargo del beneficiario del derecho de uso.

2. *Cuotas de la comunidad de propietarios*

Las Audiencias Provinciales, de forma pacífica, venían admitiendo que las cuotas de la comunidad de propietarios —gastos ordinarios de comunidad— a la que pertenezca la vivienda familiar fueran satisfechas por aquel de los cónyuges a quien se hubiere atribuido el uso de la misma, en tanto inherentes a la ocupación del inmueble.

No obstante, el Tribunal Supremo, al recaer tales cuotas sobre la titularidad de la vivienda (art. 9.1, apartado e), párrafo primero, LPH[47]), las incluye en el pasivo de la sociedad de gananciales, lo que supone que si la vivienda familiar pertenece exclusivamente a uno de los cónyuges, este debería soportar su pago aunque no le haya sido atribuido su uso, mientras que si pertenece a los dos cónyuges o es de titularidad ganancial, ambos deberían satisfacer tales cuotas.

En este sentido, la STS, Sala 1ª, 373/2005, de 25 de mayo (*Tol 656.561*), señala que *"la participación en tiempo y forma en los gastos comunes, en bien del funcionamiento de los servicios generales, es una de las*

---

47 El art. 9.1, apartado e), párrafo primero, LPH recoge entre las obligaciones de cada propietario la de *"contribuir, con arreglo a la cuota de participación fijada en el título o a lo especialmente establecido, a los gastos generales para el adecuado sostenimiento del inmueble, sus servicios, cargas y responsabilidades que no sean susceptibles de individualización"*.

obligaciones del comunero, y los desembolsos derivados de la conservación de los bienes y servicios comunes no susceptibles de individualización repercuten a todos los condóminos, sin distinción entre los comunes por naturaleza y por destino, que sean necesarios para el adecuado sostenimiento del inmueble, de manera que la no utilización de un elemento común no exime del pago de los gastos generados en su mantenimiento, salvo acuerdo de la Junta, determinación en el Título constitutivo o en los propios Estatutos".

Reiteran esta doctrina las SSTS, Sala 1ª, 563/2006, de 1 de junio (*Tol 952.773*); 508/2014, de 25 de septiembre (*Tol 4.525.349*); 399/2018, de 27 de junio (*Tol 6.660.465*), y 564/2024, de 25 de abril (*Tol 8.290.564*).

Bajo tales antecedentes, la citada STS, Sala 1ª, 508/2014, de 25 de septiembre, tras señalar que la STS, Sala 1ª, 188/2011, de 28 de marzo (*Tol 2.082.300*), *"recuerda la posibilidad de que los gastos ordinarios de conservación y mantenimiento de la vivienda común pueden atribuirse al cónyuge que la use, conforme disponen, para la Comunidad catalana los arts. 231-5 y 233-23 del Código Civil catalán"*, analiza la cuestión relativa a si los gastos ordinarios de comunidad de propietarios pueden atribuirse al cónyuge que queda en el uso adjudicado de la vivienda común o si el pago de los mismos corresponde a ambos cónyuges cuando los dos son copropietarios.

Dicha resolución establece que *"es evidente, que en las relaciones entre la Comunidad de Propietarios y los propietarios individuales, los gastos de comunidad corresponden al propietario, y éste o éstos serán los legitimados pasivamente para soportar las acciones de la comunidad en reclamación de las correspondientes cantidades, sin perjuicio de las acciones de repetición entre los copropietarios, si procediere (art. 9 LPH).*

Ahora bien, nada obsta a que un Tribunal de familia acuerde, en aras al equilibrio económico entre las partes (art. 103 C. Civil), que el excónyuge que utilice la vivienda ganancial, sea el que deba afrontar los gastos ordinarios de conservación. Este pronunciamiento no es contrario al art. 9 de la LPH, pues este rige las relaciones entre propietarios y Comunidad, sin perjuicio de las relaciones internas entre aquellos, como ocurre en este caso en el que la cuota ordinaria de comunidad se impone en la resolución judicial a la hoy recurrente. Ahora bien, ello no obsta para que de acuerdo con el art. 9 de la LPH, sean ambos propietarios los que deberán afrontar, en su caso, las reclamaciones de la Comunidad de Propietarios, conforme al tan citado art. 9 de la LPH.

En este mismo sentido, el art. 20 de la Ley de Arrendamientos Urbanos de 1994 permite, que aún cuando la obligación de pago de los gastos de comunidad corresponde al propietario, éste pueda pactar con el arrendatario que se haga cargo de la misma.

Por otra parte los arts. 500 y 528 C. Civil establecen que el titular del derecho de uso o habitación será el responsable de costear los gastos ordinarios de conservación.

(...) En conclusión, como refiere la doctrina, si bien frente a terceros, esto es la Comunidad de Propietarios, no se puede alterar el que es el titular de la vivienda obligado al pago de los gastos a que se refiere el art. 9 LPH, en las relaciones internas entre los cónyuges, igual que en las relaciones internas entre inquilino y propietario, puede la sentencia matrimonial, en el primer caso, como el contrato de inquilinato, en el segundo, alterar el responsable de su pago en las relaciones internas que surgen entre los titulares del uso y de la propiedad".

Por su parte, la STS, Sala 1ª, 399/2018, de 27 de junio (*Tol 6.660.465*), señala que *"los gastos derivados de la propiedad, como son los de comunidad y el impuesto sobre bienes inmuebles, que tienen carácter "propter rem", corresponden al propietario. A falta de acuerdo o determinación en las medidas definitivas ha de considerarse que la deuda va unida a la propiedad del inmueble. La cuestión aparece clara en relación con los impuestos que gravan el inmueble, como es el IBI, (STS de 563/2006, de 1 de junio).*

En cuanto a los gastos de comunidad, esta sala ha considerado en sentencia 373/2005, de 25 de mayo, que «la contribución al pago de los gastos generales constituye una obligación impuesta no a los usuarios de un inmueble, sino a sus propietarios, y, además, su cumplimiento incumbe a éstos no sólo por la utilización de sus servicios, sino también para la atención de su adecuado sostenimiento- se estima porque la participación en tiempo y forma en los gastos comunes, en bien del funcionamiento de los servicios generales, es una de las obligaciones del comunero, y los des-

embolsos derivados de la conservación de los bienes y servicios comunes no susceptibles de individualización repercuten a todos los condóminos». Dicha doctrina ha sido seguida, entre otras, por la sentencia de esta sala 588/2008, de 18 junio, y de la misma cabe extraer que, salvo previsión expresa en contrario en la sentencia que fija las medidas definitivas —lo que no ocurre en este caso— los gastos de comunidad correspondientes a la vivienda familiar han de ser a cargo de la sociedad de gananciales cuando sea titular de la misma con independencia de a quién se haya atribuido el uso tras la ruptura matrimonial".

Atribuyen el pago de las cuotas ordinarias de la comunidad de propietarios al cónyuge usuario al que se ha atribuido el uso de la vivienda, entre otras muchas, las SSAAPP de Baleares, Sección 4ª, de 11 de febrero de 2021 (*Tol 8.403.193*); Barcelona, Sección 12ª, de 11 de enero de 2017 (*Tol 6.094.426*); Córdoba, Sección 1ª, de 11 de diciembre de 2018 (*Tol 7.086.877*); La Coruña, Sección 4ª, de 11 de abril de 2017 (*Tol 6.106.231*); Madrid, Sección 22ª, de 28 de enero de 2022 (*Tol 8.941.214*) y 13 de abril de 2023 (*Tol 9.614.515*) y Palencia, Sección 1ª, de 5 de diciembre de 2023 (*Tol 9.909.711*).

En Cataluña y en el País Vasco, los arts. 233-23.2 CCCat y 12.9 de la Ley 7/2015, de 30 de junio, de relaciones familiares en supuestos de separación o ruptura de los progenitores, respectivamente, establecen que los gastos ordinarios de conservación, mantenimiento y reparación de la vivienda, incluidos los de comunidad y suministros corren a cargo del cónyuge beneficiario del derecho de uso.

3. Gastos extraordinarios de comunidad

Es pacífica la doctrina que considera que los gastos extraordinarios de comunidad (*v.gr.*, derramas derivadas de obras de mantenimiento o rehabilitación del edificio) son de cuenta de quien ostente la titularidad de la vivienda.

La SAP de Madrid, Sección 22ª, de 14 de septiembre de 2007 (*Tol 7.400.843*) señala que *"aquellos gastos que no sean consecuencia directa o inmediata de la ocupación o disfrute de la finca, tales como los derivados de las obras de rehabilitación del edificio, tributos u otras cargas, voluntarias o no, que graven el dominio y que, por beneficiar o afectar directamente al titular de tal derecho, han de ser asumidos necesariamente por él, al producirse con independencia de la ocupación de la vivienda".*

Igualmente, la SAP de Barcelona, Sección 12ª, de 19 de diciembre de 2007 (*Tol 7.534.491*) establece que *"los gastos de la Comunidad de Propietarios de carácter extraordinario, tales como derramas, arreglo de la fachada o instalaciones, etc., serán atendidos por mitad entre ambos propietarios del inmueble".*

En esta misma línea se pronuncian, entre otras, las SSAAPP de Barcelona, Sección 12ª, de 11 de enero de 2017 (*Tol 6.094.426*); Baleares, Sección 4ª, de 11 de febrero de 2021 (*Tol 8.403.193*); Cantabria, Sección 2ª, de 6 de febrero de 2023 (Tol *9.415.918*); Córdoba, Sección 1ª, de 11 de diciembre de 2018 (*Tol 7.086.877*); La Coruña, Sección 4ª, de 11 de abril de 2017 (*Tol 6.106.231*); Madrid, Sección 22ª, de 13 de abril de 2023 (*Tol 9.614.515*); Palencia, Sección 1ª, de 5 de diciembre de 2023 (*Tol 9.909.711*) y Valencia, Sección 10ª, de 30 de mayo de 2019 (*Tol 7.417.823*).

4. Reparaciones necesarias para el uso

Las reparaciones necesarias para la conservación del inmueble en condiciones óptimas para su uso, propias del desgaste natural por el transcurso del tiempo, son de cuenta de quien tiene atribuido el mismo. Si excedieren de tal conceptuación, incidiendo más en la propiedad que en el uso de la vivienda, revalorizando esta, nos encontraríamos ante mejoras que deben ser satisfechas por el titular o titulares de la misma.

La SAP de Álava, Sección 1ª, de 15 de marzo de 2005 (*Tol 689.257*) señala que *"los gastos cuyo reembolso se solicita derivan de la propia atribución del uso de la vivienda a la esposa e hijas. No son gastos de mejora o de lujo, sino simplemente reparaciones de conservación o mantenimiento, y, como hemos sostenido en otras ocasiones, en procesos en que un cónyuge ha solicitado la ejecución de una sentencia matrimonial en procesos ejecutivos, esos gastos (salvo pacto expreso en contrario) se han de pagar por parte del cónyuge que usa la vivienda, en justa contraprestación a la utilización exclusiva del inmueble, a diferencia de los gastos que repercuten sobre la propiedad, como por ejemplo los impuestos o los gastos extraordinarios, en que se suele fijar mientras se liquida la sociedad que contribuyan a partes iguales".*

Por su parte, la SAP de Madrid, Sección 13ª, de 30 de septiembre de 2020 (*Tol 8.249.654*) dispone que *"esta misma Audiencia Provincial se ha pronunciado reiteradamente sobre las características de los desembolsos efectuados en los casos en que se ha procedido a la atribución del uso de una vivienda en el marco de un proceso de divorcio. Reiteradamente se ha manifestado que el uso y disfrute del inmueble familiar reconocido en los procesos de familia se equipara en su naturaleza al usufructo, asumiendo el cónyuge que tiene el uso y disfrute de la vivienda idénticas obligaciones que las que se contemplan en el artículo 500 del Código Civil.*

En efecto, en sentencia de 17 de diciembre de 2018 (Sección 14ª), con cita de la sentencia de la Sección 22ª de 24 de mayo de 2011, se señalaba que "...dentro de la regulación del derecho de uso y habitación, figuras que guardan evidente similitud con la del artículo 96 del Código Civil, el artículo 500, por la remisión genérica efectuada en el artículo 528, previene que el usufructuario (en este caso el usuario) está obligado a hacer las reparaciones ordinarias que necesiten las cosas dadas en usufructo; y se añade que se considerarán ordinarias las que exijan los deterioros o desperfectos que procedan del uso natural de las cosas y sean indispensables para su conservación"".

Igualmente se manifiestan, entre otras, las SSAAPP de Baleares, Sección 4ª, de 11 de febrero de 2021 (*Tol 8.403.193*); Córdoba, Sección 1ª, de 11 de diciembre de 2018 (*Tol 7.086.877*) y Palencia, Sección 1ª, de 5 de diciembre de 2023 (*Tol 9.909.711*).

En Cataluña, el art. 233-23 CCCat dispone en su nº 1 que *"en caso de atribución o distribución del uso de la vivienda, las obligaciones contraídas por razón de su adquisición o mejora, incluidos los seguros vinculados a esta finalidad, deben satisfacerse de acuerdo con lo dispuesto por el título de constitución"*, añadiendo en su nº 2 que *"los gastos ordinarios de conservación, mantenimiento y reparación de la vivienda, incluidos los de comunidad y suministros, y los tributos y las tasas de devengo anual corren a cargo del cónyuge beneficiario del derecho de uso".*

En términos prácticamente idénticos se pronuncia, en el País Vasco, el art. 12.9 de la Ley 7/2015, de 30 de junio, de relaciones familiares en supuestos de separación o ruptura de los progenitores.

5. *Préstamo hipotecario*

Al afectar a la propiedad y derivar de ella, el préstamo hipotecario que grave la vivienda familiar será de cargo del titular o titulares de la misma en proporción a su respectiva participación en el inmueble. Por tanto, deberá tenerse en cuenta el régimen de bienes correspondiente a cada matrimonio.

Tratándose del régimen de la sociedad de gananciales, si la vivienda es de titularidad ganancial, el préstamo hipotecario constituye una deuda que pesa sobre aquella, por lo que, teniendo en cuenta los arts. 1.354, 1.357, 1.358, 1.361 y 1.362 CC, ambos cónyuges contribuirán por mitad a su pago, al tratarse de una deuda contraída constante matrimonio.

La STS, Sala 1ª, 188/2011, de 28 de marzo (*Tol 2.082.300*), dispone que *"el pago de las cuotas correspondientes a la hipoteca contratada por ambos cónyuges para la adquisición de la propiedad del inmueble destinado a vivienda familiar constituye una deuda de la sociedad de gananciales y como tal, queda incluida en el art. 1362, 2º CC y no constituye carga del matrimonio a los efectos de lo dispuesto en los arts. 90 y 91 CC"* y concluye señalando, en orden a *"la distribución de las cuotas relativas al pago de la hipoteca que grava la vivienda familiar"*, que *"deberán ser pagadas por mitad entre los cónyuges propietarios mientras no se haya procedido a la liquidación de la sociedad de gananciales"*.

Por su parte, la STS, Sala 1ª, 206/2013, de 20 de marzo (*Tol 3.783.030*), declara que *"resulta aplicable en el supuesto que nos ocupa la jurisprudencia de esta Sala, SSTS de 31 de mayo 2006, 5 de noviembre de 2008, 28 de marzo 2011, 29 de abril de 2011 y 26 de noviembre de 2012, según las cuales, la hipoteca no puede ser considerada como carga del matrimonio, en el sentido que a esta expresión se reconoce en el artículo 90 CC, porque se trata de una deuda contraída para la adquisición del inmueble que debe satisfacerse por quienes ostentan título de dominio sobre el mismo de acuerdo con lo estipulado con la entidad bancaria, en este caso por ambos cónyuges, con independencia de si su disfrute es otorgado a un concreto copropietario y, por tanto, el pago de la hipoteca cuando ambos cónyuges son deudores y el bien les pertenece, no puede ser impuesta a uno solo de ellos, sino que debe ser relacionado y resuelto de acuerdo con el régimen de bienes correspondiente a cada matrimonio, que en el caso es el de separación de bienes".*

Reiteran esta doctrina las SSTS, Sala 1ª, de 17 de febrero (*Tol 4.119.495*); 516/2016, de 21 de julio (*Tol 5.784.634*); 246/2018, de 24 de abril (*Tol 6.591.963*), y 583/2019, de 5 de noviembre (*Tol 7.580.282*).

Las Audiencias Provinciales, como norma general, siguen esta doctrina jurisprudencial, aunque con anterioridad a ella no era difícil encontrar resoluciones que, en atención a las circunstancias concurrentes, imponían una participación distinta, teniendo en cuenta, fundamentalmente, la distinta capacidad económica de los cónyuges. Así se manifestaban, entre otras muchas, las SSAAPP de Burgos, Sección 3ª, de 26 de octubre de 2004 (*Tol 526.166*) y Madrid, Sección 22ª, de 26 de octubre de 2007 (*Tol 1.221.791*).

El problema puede surgir si uno de los cónyuges no abona la parte que le corresponde, ya que, en tales casos, establecida en el préstamo hipotecario la solidaridad, la entidad bancaria podría dirigirse contra cualquiera de ellos. Lógicamente, el que pagare podría repetir contra el otro, dado que el pago hace nacer a su favor una acción de regreso contra el que no lo hace (art. 1.145 CC), sin perjuicio de los reembolsos que procediesen, en su caso, en el momento de la liquidación del régimen económico matrimonial.

No obstante, en caso de establecerse, judicialmente o por convenio, una contribución distinta, tal reparto no supondría sustitución o novación subjetiva en la persona del deudor respecto del acreedor, el banco prestatario[48].

En el País Vasco, el art. 12.9, *in fine*, de la Ley 7/2015, de 30 de junio, de relaciones familiares en supuestos de separación o ruptura de los progenitores, dispone que los préstamos hipotecarios

---

48 *Vid. infra* (Capítulo 6. III).

y *"deben satisfacerse por las partes de acuerdo con lo dispuesto por el título de constitución"*.

6. Impuesto sobre bienes inmuebles

A) Derecho Común

El impuesto sobre bienes inmuebles es un tributo directo de carácter real que grava el valor de los bienes inmuebles y cuyo hecho imponible viene constituido por la titularidad de los mismos (arts. 60 y 61 del Real Decreto Legislativo 2/2004, de 5 de marzo, por el que se aprueba el texto refundido de la Ley Reguladora de las Haciendas Locales).

Por tanto, al ser inherente a la titularidad dominical de la vivienda, el impuesto de bienes inmuebles que recaiga sobre la vivienda familiar deberá ser satisfecho por su propietario y, si lo son ambos cónyuges, por mitad o en proporción a su participación en ella, solución que resulta, igualmente, de la aplicación analógica del art. 505 CC, en cuya virtud *"las contribuciones que durante el usufructo se impongan directamente sobre el capital, serán de cargo del propietario. Si éste las hubiese satisfecho, deberá el usufructuario abonarle los intereses correspondientes a las sumas que en dicho concepto hubiese pagado y, si las anticipare el usufructuario, deberá recibir su importe al fin del usufructo"*.

La STS, Sala 1ª, 563/2006, de 1 de junio (*Tol 952.773*), establece que *"en cuanto al pago del impuesto sobre bienes inmuebles (IBI) es un impuesto que recae sobre el derecho de propiedad, no sobre la posesión. El piso, garaje y trastero pertenecían, en dominio, a la comunidad de gananciales y tras la disolución de ésta por la sentencia de separación conyugal, a la comunidad postganancial, romana pro indiviso contemplada en los artículos 392 y siguientes del Código Civil que, por ello, corresponde en propiedad, por mitad, a ambos cónyuges"*.

Por su parte, la STS, Sala 1ª, 646/2006, de 20 de junio (*Tol 961.860*), señala que *"el IBI es un impuesto municipal de carácter real, cuyo hecho imponible lo constituye la propiedad de los bienes inmuebles (artículo 61 Ley 39/1.988, de 28 de diciembre, reguladora de las Hacien-*

das Locales). Por lo tanto, el IBI sobre la vivienda y garaje, declarados en la instancia de naturaleza ganancial sin que en este recurso se impugne tal calificación, ha de ser soportado por la sociedad de gananciales hasta el momento de la extinción de dicha sociedad por la sentencia firme de separación entre los cónyuges. A partir de ese momento y hasta la liquidación de la sociedad, por ésta como carga de los bienes que componen su activo".

En esta misma línea se manifiestan, entre otras muchas, las SSAAPP de Baleares, Sección 4ª, de 11 de febrero de 2021 (*Tol 8.403.193*); Córdoba, Sección 1ª, de 11 de diciembre de 2018 (*Tol 7.086.877*); Madrid, Sección 22ª, de 15 de febrero de 2016 (*Tol 5.687.791*); Palencia, Sección 1ª, de 5 de diciembre de 2023 (*Tol 9.909.711*) y Valencia, Sección 10ª, de 30 de mayo de 2019 (*Tol 7.417.823*).

b) Derechos Forales de Cataluña y País Vasco

No obstante, en Cataluña, el art. 233-23.2 CCCat dispone que *"los tributos y las tasas de devengo anual corren a cargo del cónyuge beneficiario del derecho de uso"*.

La SAP de Barcelona, Sección 12ª, de 11 de enero de 2017 (Tol 6.094.426) establece que *"tal como ha resuelto previamente esta sección (Ss. 30 marzo de 2012, 3 de junio y 23 de octubre de 2013, entre otras) el Impuesto sobre Bienes Inmuebles (IBI) es un tributo de devengo anual y ha de ser considerado incluido dentro de los gastos que han de ser sufragados por la usuaria de la vivienda. En consecuencia, la Sra. Eva al tener atribuido el uso por la sentencia de divorcio deberá sufragar los gastos derivados de conservación, mantenimiento y reparación de la vivienda común, así como las cuotas de la comunidad (salvo las reparaciones extraordinarias y mejoras), suministros, tributos y tasas de devengo anual (incluido el IBI)"*.

Igualmente, en el País Vasco, el art. 12.9, *in fine*, de la Ley 7/2015, de 30 de junio, de relaciones familiares en supuestos de separación o ruptura de los progenitores, dispone que *"los tributos y las tasas o impuestos de devengo anual corren a cargo del beneficiario del derecho de uso"*.

7. *Tasa de basuras*

Correrá a cargo del usuario de la vivienda.

El art. 20.4, apartado s), del Real Decreto Legislativo 2/2004, de 5 de marzo, por el que se aprueba el texto refundido de la Ley Reguladora de las Haciendas Locales, establece que *"las entidades locales podrán establecer tasas por cualquier supuesto de prestación de servicios o de realización de actividades administrativas de competencia local, y en particular por los siguientes: (...) Recogida de residuos sólidos urbanos, tratamiento y eliminación de estos, monda de pozos negros y limpieza en calles particulares"*.

Por su parte, el art. 23.1, apartado b), del mismo texto legal señala que *"son sujetos pasivos de las tasas, en concepto de contribuyentes, las personas físicas y jurídicas así como las entidades a que se refiere el artículo 35.4 de la Ley 58/2003, de 17 de diciembre, General Tributaria: (...) Que soliciten o resulten beneficiadas o afectadas por los servicios o actividades locales que presten o realicen las entidades locales, conforme a alguno de los supuestos previstos en el artículo 20.4 de esta ley"*.

Por tanto, quien resulta beneficiado de este servicio es el usuario de la vivienda, al aprovecharse de la recogida de los residuos que se generan en ella. El propietario de la vivienda únicamente tendría la consideración de sustituto del contribuyente, al amparo del art. 23.2, apartado a), del citado Real Decreto Legislativo 2/2004, que dispone que tendrán la condición de sustitutos del contribuyente *"en las tasas establecidas por razón de servicios o actividades que beneficien o afecten a los ocupantes de viviendas o locales, los propietarios de dichos inmuebles, quienes podrán repercutir, en su caso, las cuotas sobre los respectivos beneficiarios"*.

En este sentido se pronuncian las Audiencias Provinciales, imponiendo el abono de dicha tasa a la persona que disfruta de la vivienda familiar. Así lo hacen, entre otras muchas, las SSAAPP de Baleares, Sección 4ª, de 11 de febrero de 2021 (*Tol 8.403.193*); Burgos, Sección 2ª, de 28 de octubre de 2016 y Madrid, Sección 22ª, de 15 de febrero de 2016 (*Tol 5.687.791*).

La misma solución se aplica en los Derechos Forales de Cataluña y País Vasco en virtud de lo dispuesto, respectivamente, en los arts. 233-23.2 CCCat y 12.9, *in fine*, de la Ley 7/2015, de 30 de junio, de relaciones familiares en supuestos de separación o ruptura de los progenitores, tal y como se ha visto en el apartado anterior.

8. Seguro de hogar

Se aplica la misma regla que con respecto al impuesto sobre bienes inmuebles, dado que tal seguro responde al interés del propietario. Por tanto, deberá ser satisfecho por este y, si lo son ambos cónyuges, por mitad.

La SAP de Madrid, Sección 22ª, de 14 de diciembre de 2018 (*Tol 7.090.125*) señala que "*el seguro de hogar es un gasto que se atribuye a la propiedad del inmueble, pues no se deriva del uso, o del gasto que del mismo se produzca por el disfrute, sino que es inherente a la propiedad, como sucede con los gastos de comunidad o los tributos. Por ello, debe estimarse en este extremo el recurso interpuesto recogiendo como obligación a cargo de ambos progenitores el pago del seguro de hogar sobre la vivienda de titularidad ganancial donde residen la apelante y su hija*".

En esta misma línea pueden citarse, entre otras, las SSAAPP de Badajoz, Sección 3ª, de 20 de julio de 2023 (*Tol 9.720.820*); Madrid, Sección 22ª, de 15 de febrero de 2016 (*Tol 5.687.791*); Palencia, Sección 1ª, de 5 de diciembre de 2023 (*Tol 9.909.711*); Salamanca, Sección 1ª, de 13 de diciembre de 2010 (*Tol 2.034.958*) y Valencia, Sección 10ª, de 30 de mayo de 2019 (*Tol 7.417.823*).

III. EFECTOS CON RESPECTO A TERCEROS DE LOS PRONUNCIAMIENTOS JUDICIALES O DEL ACUERDO DE LOS CÓNYUGES QUE FIJEN UNA PARTICIPACIÓN DISTINTA A LA QUE CORRESPONDA SEGÚN LOS TÍTULOS DE PROPIEDAD DE LOS BIENES

Con carácter general, el principio constitucional del "*derecho a obtener la tutela efectiva de los jueces y tribunales*" en el ejercicio de los derechos e intereses legítimos (art. 24 CE) impide extender las consecuencias de un proceso a quienes no han sido parte ni han intervenido de manera alguna en el mismo. Por tanto, las decisiones que se adopten en un proceso matrimonial únicamente afectarán a quienes hayan intervenido en él, pero no a terceros, que no estarán vinculados por ellas.

La misma conclusión resulta, en cuanto los acuerdos de los cónyuges, del art. 1.257.1 CC, en cuya virtud *"los contratos sólo producen efecto entre las partes que los otorgan y sus herederos; salvo, en cuanto a éstos, el caso de que los derechos y obligaciones que proceden del contrato no sean transmisibles, o por su naturaleza, o por pacto, o por disposición de la ley"*.

Por ello, un pronunciamiento judicial que imponga una contribución distinta a la determinada en los títulos de propiedad respecto de los gastos, ordinarios o extraordinarios, del régimen de propiedad horizontal, préstamo hipotecario, impuestos o seguros que recaigan sobre la vivienda, únicamente surtirá efectos entre los cónyuges pero no con respecto a terceros que no han sido parte en el procedimiento, de manera que en nada afectará a la comunidad de propietarios, a la entidad prestataria, a la entidad local de la cual deriven o a la compañía de seguros.

Consecuentemente, en las relaciones de los cónyuges con terceros, los pagos deberán efectuarse por quien o quienes resulten en cada caso obligados en función de la relación jurídica concreta, sin perjuicio de los reembolsos que, en su caso, procedan al tiempo de liquidación del régimen económico matrimonial al amparo del art. 1.398.3ª CC, precepto que incluye en el pasivo de la sociedad de gananciales *"el importe actualizado de las cantidades que, habiendo sido pagadas por uno solo de los cónyuges, fueran de cargo de la sociedad y, en general, las que constituyan créditos de los cónyuges contra la sociedad"*.

La SAP de Las Palmas, Sección 3ª, de 18 de enero de 2008 (*Tol 7.034.486*) establece que *"la regla general que debe regir el régimen de los gastos derivados de un préstamo hipotecario y de un préstamo personal pagaderos por cuotas mensuales es que deben ser abonados conforme a lo derivado de la relación jurídica que determina su contenido y alcance. Así, si tales préstamos han sido contraídos en exclusiva por uno de los cónyuges debe ser éste quien los abone; si derivan de una responsabilidad compartida deben ser sufragados por los dos cónyuges atendiendo a sus respectivas cuotas de participación; y si se corresponden con débitos gananciales deben sufragarse a costa del patrimonio común o ganancial y, a falta de éste, por mitad por cada uno de los esposos por uno de ellos, sin perjuicio de la repercusión que ello pudiera tener posteriormente en la liquidación de la sociedad de gananciales. Este Tribunal entiende que cualquier distribución que se haga en una sentencia de separación o divorcio podría alterar el régimen jurídico existente al respecto y por ende sería contraproducente, pues podría sin más resultar incompatible con el título que en su origen determinó el débito, lo cual no sería de recibo, ya que lo que se decide en un proceso matrimonial sólo puede afectar a quienes fueron parte en el mismo, (ver sentencia del Tribunal Supremo, sala Primera, de 24 de abril de 2.000), pero no a terceros que en modo alguno tienen posibilidad de actuar frente a tal pronunciamiento".*

En relación con las cuotas de la comunidad de propietarios[49], la SAP de Madrid, Sección 20ª, de 19 de junio de 2017 (*Tol 6.247.878*) —y reitera la Sección 11ª de dicha Audiencia en Sentencia de 20 de marzo de 2019 (*Tol 7.208.209*)— señala que *"el hecho de que los copropietarios del inmueble se encuentren divorciados o hayan llegado a un acuerdo, incluso aprobado judicialmente, respecto al uso o contribución de tales gastos, afecta a ellos exclusivamente, sin que puedan imponérselo unilateralmente al resto de copropietarios, en cuanto lo acordado, respecto del uso de la vivienda, no afecta a terceros, ni altera las obligaciones de los copropietarios frente a la Comunidad, quienes seguirán respondiendo de las deudas devengadas con posterioridad a dicha situación, y además de forma solidaria, sin perjuicio de los derechos que pudiera ostentar internamente uno respecto del otro".*

---

49 Vid. *supra* (Capítulo 6. II. 2).

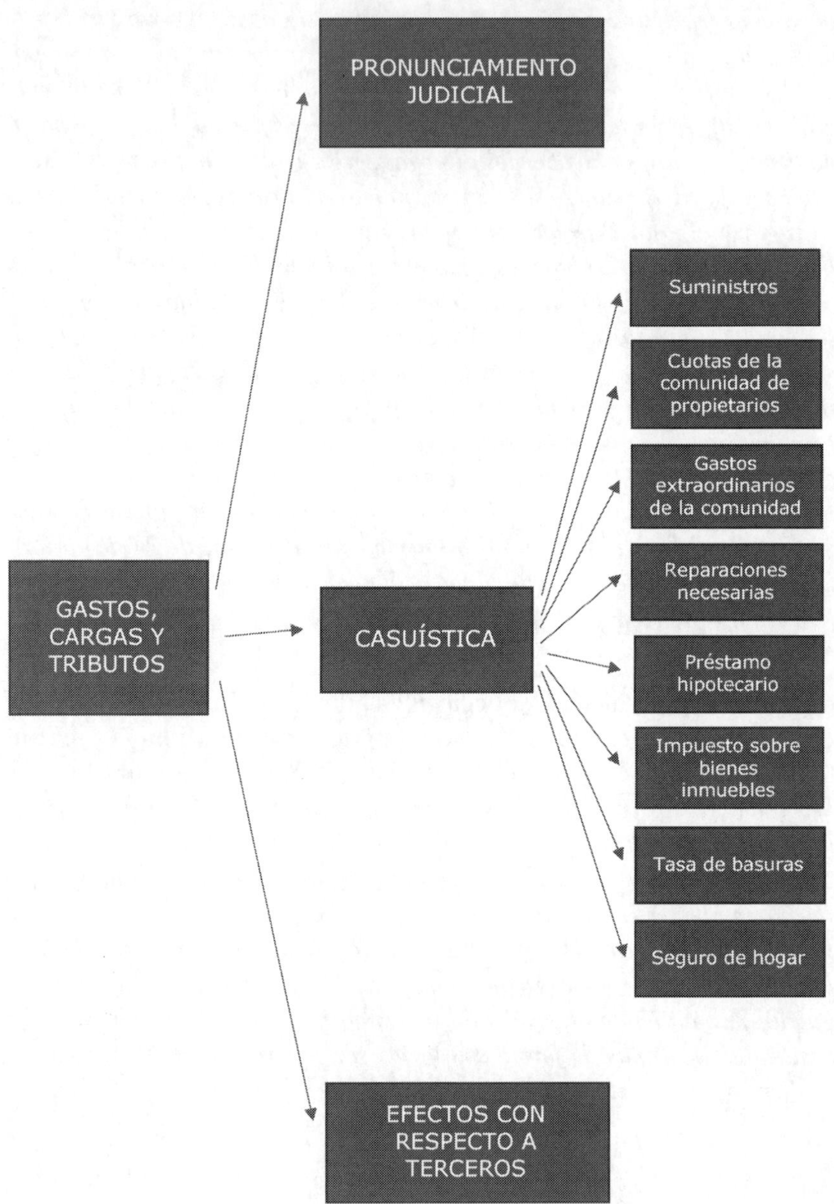
PRONUNCIAMIENTO JUDICIAL
GASTOS, CARGAS Y TRIBUTOS
CASUÍSTICA
Suministros
Cuotas de la comunidad de propietarios
Gastos extraordinarios de la comunidad
Reparaciones necesarias
Préstamo hipotecario
Impuesto sobre bienes inmuebles
Tasa de basuras
Seguro de hogar
EFECTOS CON RESPECTO A TERCEROS

Capítulo 7

Acceso al Registro de la Propiedad

SUMARIO: I. ACCESO AL REGISTRO DE LA PROPIEDAD DE LA ATRIBUCIÓN DEL USO DE LA VIVIENDA FAMILIAR: FINALIDAD. 1. Acceso al Registro de la Propiedad. 2. Finalidad de la inscripción. II. REQUISITOS NECESARIOS PARA QUE LA ATRIBUCIÓN DEL USO DE LA VIVIENDA FAMILIAR TENGA ACCESO AL REGISTRO DE LA PROPIEDAD. III. CONTENIDO DE LA INSCRIPCIÓN EN EL REGISTRO DE LA PROPIEDAD DEL DERECHO DE USO DE LA VIVIENDA FAMILIAR. IV. EFECTOS DEL DERECHO DE USO DE LA VIVIENDA FAMILIAR RESPECTO DE TERCEROS. 1. Derecho inscrito en el Registro de la Propiedad. 2. Derecho no inscrito en el Registro de la Propiedad. 3. Conocimiento por terceros de la existencia del derecho de uso pese a no estar inscrito en el Registro de la Propiedad.

I. ACCESO AL REGISTRO DE LA PROPIEDAD DE LA ATRIBUCIÓN DEL USO DE LA VIVIENDA FAMILIAR: FINALIDAD

1. Acceso al Registro de la Propiedad

La atribución del uso de la vivienda familiar tiene acceso al Registro de la Propiedad, dado que recae sobre bienes inmuebles y constituye una verdadera carga que pesa sobre los mismos.

Por tanto, e independientemente de la polémica doctrinal y jurisprudencial acerca de si el derecho de uso tiene naturaleza personal o real[50], su atribución limita las facultades dispositivas del propietario de la finca y, para surtir efectos *erga omnes,* debe tener acceso al Registro. En caso contrario, una afirmación falsa

---

50 *Vid. supra* (Capítulo 1. II).

del propietario disponente podría dar lugar a la aparición de un tercero protegido por la fe pública registral del art. 34 LH que haría perder tal uso al cónyuge a cuyo favor se hubiere hecho la atribución.

Así, el art. 2.2 LH permite la inscripción en el Registro de *"los títulos en que se constituyan, reconozcan, transmitan, modifiquen o extingan derechos de usufructo, uso, habitación, enfiteusis, hipoteca, censos, servidumbre y otros cualesquiera reales"*, y el art. 7 RH dispone que *"conforme a lo dispuesto en el artículo 2 de la ley, no sólo deberán inscribirse los títulos en que se declare, constituya, reconozca, transmita, modifique o extinga el dominio o los derechos reales que en dichos párrafos se mencionan, sino cualesquiera otros relativos a derechos de la misma naturaleza, así como cualquier acto o contrato de trascendencia real que, sin tener nombre propio en derecho, modifique, desde luego o en lo futuro, algunas de las facultades del dominio sobre bienes inmuebles o inherentes a derechos reales"*.

La jurisprudencia es clara al respecto.

La STS, Sala 1ª, 1148/1992, de 11 de diciembre (*Tol 1.661.990*) —cuya doctrina recoge la STS, Sala 1ª, 310/2004, de 22 de abril (*Tol 392.352*)—, señala que *"no parece dudoso que dicho uso deba configurarse como un derecho oponible a terceros que como tal debe tener acceso al Registro de la Propiedad cuya extensión y contenido viene manifestado en la decisión judicial que lo autoriza u homologa y, en estos términos, constituye una carga que pesa sobre el inmueble con independencia de quienes sean sus posteriores titulares, todo ello, sin perjuicio de la observancia de las reglas que establece el Derecho inmobiliario registral"*.

Igualmente, la STS, Sala 1ª, Pleno, 859/2009, de 14 de enero de 2010 (*Tol 1.840.576*) —y reiteran, entre otras, las SSTS, Sala 1ª, 584/2010, de 8 de octubre (*Tol 1.972.276*); 772/2010, de 22 de noviembre (*Tol 2.003.527*); 118/2015, de 6 de marzo (*Tol 4.786.486*); 65/2018, de 6 de febrero (*Tol 6.509.285*), y 526/2023, de 18 de abril (*Tol 9.514.775*)— dispone que *"desde el punto de vista patrimonial, el derecho al uso de la vivienda concedido mediante sentencia judicial a un cónyuge no titular no impone más restricciones que la limita-*

ción de disponer impuesta al otro cónyuge, la cual se cifra en la necesidad de obtener el consentimiento del cónyuge titular del derecho de uso (o, en su defecto, autorización judicial) para cualesquiera actos que puedan ser calificados como actos de disposición de la vivienda. Esta limitación es oponible a terceros y por ello es inscribible en el Registro de la Propiedad (RDGRN de 10 de octubre de 2008)".

Por su parte, la RDGRN de 19 de septiembre de 2007 (*Tol 1.155.088*) establece que *"lo que se pretendía con la presentación de la sentencia en el Registro era la inscripción del derecho de uso (...). Siendo ello así, es claro que nada se opone a la registración pretendida, por cuanto el derecho de uso, si bien de naturaleza, personal o real, discutida, limita las facultades dispositivas del propietario de la finca (artículo 96 del Código Civil), por lo que incuestionablemente merece la protección registral. Con ello se evita la aparición de eventuales terceros que, ante la falta de inscripción del uso, invoquen la protección que dispensa el artículo 34 de la Ley Hipotecaria".*

Las legislaciones de Cataluña y Navarra expresamente prevén el acceso al Registro de la Propiedad del derecho de uso de la vivienda familiar atribuido en un proceso matrimonial.

En Cataluña, el art. 233-22 CCCat dispone que *"el derecho de uso de la vivienda familiar atribuido al cónyuge se puede inscribir o, si se ha atribuido como medida provisional, anotar preventivamente en el Registro de la Propiedad".*

Y en Navarra, la ley 72 CDCFN establece en su párrafo último, *in fine*, que *"el derecho de uso podrá ser inscrito o anotado preventivamente en el Registro de la Propiedad".*

2. *Finalidad de la inscripción*

Con el acceso al Registro de la Propiedad de la atribución del uso de la vivienda familiar se garantiza su oponibilidad *erga omnes.*

La STS, Sala 1ª, 526/2023, de 18 de abril (*Tol 9.514.775*) —cuya doctrina recoge la STS, Sala 1ª, 757/2024, de 29 de mayo (*Tol 10.052.569*)—, analiza la finalidad pretendida mediante el acceso al Registro de la Propiedad de la restricción de la facultad de disposición de la vivienda familiar cuyo uso se atribuye por la vía del art. 96 CC y señala que *"la inscripción del derecho de uso en el registro de la propiedad, como restricción de las facultades dispositivas del cónyuge titular de la vivienda, tiene como finalidad hacer efectiva dicha limitación del dominio, y garantizar, de esta manera, su oponibilidad frente a terceros a través de la garantía que implica la publicidad registral.*

De esta forma, en los supuestos en que la atribución judicial del uso acceda al registro, no cabrán inscripciones de los actos de enajenación o gravamen posteriores llevados a efecto, de forma unilateral, por el titular registral, sin el consentimiento del otro cónyuge o excónyuge; o, en su caso, autorización judicial. En el supuesto de contarse con el consentimiento del cónyuge titular del uso operará el art. 76 LH. En los procesos de ejecución forzosa podrá oponerse frente a titulares de derechos que accedan posteriormente al registro.

Ahora bien, de tal régimen jurídico no cabe deducir que el precitado uso constituya un atípico derecho real, de forma que quien lo ostente deba ser parte necesaria en el proceso de ejecución hipotecaria, como tampoco lo son los titulares de otros derechos o cargas inscritos".

II. REQUISITOS NECESARIOS PARA QUE LA ATRIBUCIÓN DEL USO DE LA VIVIENDA FAMILIAR TENGA ACCESO AL REGISTRO DE LA PROPIEDAD

Los requisitos necesarios para que tenga acceso al Registro de Propiedad la atribución del uso de la vivienda familiar son los siguientes, recogidos en la RDGRN de 19 de septiembre de 2007 (*Tol 1.155.088*):

1°. Reconocimiento judicial del derecho de uso de la vivienda familiar en un proceso de crisis matrimonial o de guarda y custodia de hijos menores (arts. 90 y 91 CC).

2°. Atribución del derecho de uso de la vivienda familiar al cónyuge no propietario de la misma.

a) Vivienda propiedad de ambos cónyuges

No obstante, si la titularidad de la vivienda pertenece a ambos cónyuges el derecho de uso de la misma atribuido a uno de ellos tiene acceso al Registro de la Propiedad.

La RDGRN de 19 de enero de 2016 (*Tol 5.643.419*) —y reitera la RDGRN de 20 de junio de 2019 (*Tol 7.446.259*)— señala que la inscripción es admisible *"incluso en situaciones que el derecho de uso se atribuye a uno de los cónyuges sobre una vivienda que es titularidad de ambos esposos en gananciales, y a pesar de que tanto la facultad de ocupación de la vivienda (artículo 394 del Código Civil) como la de limitar la libre disposición del bien, al exigirse el consentimiento de ambos cónyuges para la realización de actos de disposición a título oneroso o gratuito (cfr. artículos 1377 y 1378 del Código Civil) —al corresponder la gestión y disposición de los bienes gananciales, en defecto de pacto en capitulaciones, conjuntamente a ambos cónyuges (artículo 1375 del Código Civil)—, se encuentran ya ínsitas en la titularidad ganancial de la vivienda habitual que corresponde al cónyuge adjudicatario del derecho de uso"*.

b) Vivienda propiedad del cónyuge beneficiario de la atribución

Por el contrario, si el uso de la vivienda familiar se atribuye al cónyuge propietario la inscripción resulta innecesaria, ya que el derecho de uso queda subsumido en el derecho de propiedad.

La RDGRN de 6 de julio de 2007 (*Tol 1.160.601*), tras señalar que *"el único problema que plantea el presente recurso es el de si puede hacerse constar en el Registro el uso a favor de la esposa, en un matrimonio sin hijos, de una vivienda familiar, siendo así que tal vivienda está inscrita a favor de dicha esposa como bien privativo"*, dispone que *"tiene razón la calificación del registrador al decir que el uso y disfrute de la vivienda, en el presente caso, viene atribuido por el derecho de propiedad que sobre la vivienda se ostenta. Por ello, en principio, carece de interés y razón de ser la constancia registral que se solicita"*.

Por su parte, la RDGRN de 19 de enero de 2016 (*Tol 5.643.419*) —y reitera la RDGRN de 20 de junio de 2019 (*Tol 7.446.259*)—

establece que *"sólo en el caso de que la finca apareciese inscrita como privativa a nombre del cónyuge al que se conceda el derecho de uso, procedería rechazar la inscripción de dicho derecho, dado que (...) en tal caso el uso y disfrute de la vivienda le vienen atribuidos al cónyuge por el dominio pleno que sobre ella ostenta y, en consecuencia, carece de interés el reflejo registral del derecho de uso atribuido judicialmente"*.

3°. Inscripción registral de la vivienda a favor del otro cónyuge.

Es necesario, finalmente, que la vivienda figure inscrita en el Registro de la Propiedad a favor de uno de cónyuges toda vez que, señala la RDGRN de 19 de septiembre de 2007 (*Tol 1.155.088*), *"si lo estuviera a favor de tercero el uso no sería inscribible, pues las resultas del proceso de separación o divorcio sólo pueden alcanzar a los cónyuges, no a terceros"*.

Por tanto, cuando la vivienda que constituyó el domicilio familiar no pertenece a los cónyuges, la atribución de su uso en un proceso matrimonial —o de guarda y custodia de hijos menores— no tiene acceso al Registro de la Propiedad por falta de tracto.

El art. 20 LH dispone en sus dos primeros párrafos que *"para inscribir o anotar títulos por los que se declaren, transmitan, graven, modifiquen o extingan el dominio y demás derechos reales sobre inmuebles, deberá constar previamente inscrito o anotado el derecho de la persona que otorgue o en cuyo nombre sean otorgados los actos referidos. En el caso de resultar inscrito aquel derecho a favor de persona distinta de la que otorgue la transmisión o gravamen, los Registradores denegarán la inscripción solicitada"*.

La RDGRN de 28 de noviembre de 2002 (*Tol 343.488*) señala que *"en el presente recurso en el que se pretende la inscripción del derecho de uso acordado en sentencia firme de separación conyugal, a favor de la esposa sobre determinado inmueble no inscrito a nombre del esposo demandado, sino de un tercero que no intervine en el procedimiento, ha de confirmarse el criterio denegatorio del Registrador, basado en la falta de tracto, pues de otro modo se quebrantaría el principio constitucional de salvaguardia jurisdiccional de derechos, e intereses legítimos y proscripción de la indefensión, así como los principios registrales de salvaguardia jurisdiccional de los asientos registrales (cfr. arts. 1 y 40 de la Ley Hipotecaria), de legitimación (cfr. art. 38 de la Ley Hipotecaria), y tracto sucesivo (cfr. art. 20 de la Ley Hipotecaria), los cuales impiden inscribir un título no otorgado por el titular o resultante de un procedimiento en el que no ha sido parte".*

En el mismo sentido se manifiesta la RDGRN de 18 de octubre de 2003 (*Tol 376.508*), añadiendo que *"alega el recurrente que la sociedad titular registral es una sociedad patrimonial cuyos únicos accionistas fueron en su origen ambos esposos y que, con posterioridad, la esposa devino en única accionista, por lo que el titular registral es un tercero formal pero no material, por lo que la Sentencia ha aplicado la teoría del "levantamiento del velo", pero tal argumentación no desvirtúa la regla general, y ello porque la sociedad no ha sido demandada como tal y, además, de la propia Sentencia resulta que en la misma no se ha abordado el tema de la titularidad de las acciones".*

Por su parte, la RDGRN de 28 de mayo de 2005 (*Tol 677.901*) —y reitera la RDGRN de 18 de enero de 2008 (*Tol 1.258.638*)— establece que *"el procedimiento del que dimana el mandamiento calificado no aparece entablado contra los titulares registrales; y, si bien es cierto que los Registradores de la Propiedad, como funcionarios públicos, tienen la obligación de respetar y colaborar en la ejecución de las resoluciones judiciales firmes (artículo 17.2 de la Ley Orgánica del Poder Judicial), no lo es menos que el principio constitucional de protección jurisdiccional de los derechos e intereses legítimos (cfr., artículo 24 de la Constitución Española), impide extender las consecuencias de un proceso a quienes no han sido parte en él ni han intervenido de manera alguna, consideración ésta que en el ámbito registral determina la imposibilidad de practicar asientos que comprometan la titularidad inscrita, si no consta que el respectivo titular haya otorgado el título en cuya virtud se solicita tal asiento o haya sido parte en el procedimiento del que dimana; de ahí que en el ámbito de la calificación de los documentos judiciales, el artículo 100 del Reglamento Hipotecario, en coherencia plena con estos preceptos constitucionales y legales, incluya los obstáculos que surjan del Registro".*

III. CONTENIDO DE LA INSCRIPCIÓN EN EL REGISTRO DE LA PROPIEDAD DEL DERECHO DE USO DE LA VIVIENDA FAMILIAR

Desde el punto de vista formal, para que la atribución del uso de la vivienda familiar tenga acceso al Registro de la Propiedad será necesario aportar testimonio de la sentencia en la que se realice tal atribución, acreditando la inscripción de la misma en el Registro Civil.

La RDGRN de 11 de abril de 2012 (*Tol 2.539.354*) dispone que *"para inscribir el contenido del convenio regulador, debe constar acreditada la previa toma de razón de la sentencia de divorcio —causa de disolución de la sociedad conyugal— en el Registro Civil, para que la misma surta efecto respecto de terceros (artículos 1332, 1333 y 1392 del Código Civil, 266 del Reglamento del Registro Civil, 9.4 de la Ley Hipotecaria y 51.9.a del Reglamento Hipotecario)"*.

En la inscripción deberá identificarse el inmueble sobre el que recae el derecho de uso atribuido, la duración de este y los datos identificativos de sus beneficiarios.

1°. Identificación de la finca sobre la que recae el derecho de uso.

La RDGRN de 11 de enero de 2018 (*Tol 6.484.474*) señala que *"el acceso al Registro de los títulos exige que la descripción que en ellos se contenga de la finca objeto del correspondiente acto o negocio jurídico permita apreciar de modo indubitado la identidad entre el bien inscrito y el transmitido (cfr. Resoluciones de 29 de diciembre de 1992 y 11 de octubre de 2005). En suma, como afirmó la Resolución de 7 de enero de 1994 «el principio de especialidad y la concreta regulación legal en esta materia (artículos 9 y 30 Ley Hipotecaria y 51 Reglamento Hipotecario) exigen la descripción de la finca en el título que pretenda el acceso al Registro de la Propiedad como medio indispensable para lograr la claridad y certeza que debe presidir la regulación de los derechos reales y el desenvolvimiento de la institución registral»"*.

2°. Duración del derecho de uso.

La RDGRN de 20 de febrero de 2004 (*Tol 376.698*), a propósito de la cuestión de si el derecho de uso de la vivienda debe tener imprescindiblemente un plazo de duración para que pueda inscribirse, declara que *"la conclusión más correcta es que tal señalamiento del plazo no es necesario, y ello porque:*

a) Si bien ha de constar en el Registro el plazo de duración de los derechos reales de carácter temporal, el derecho de uso de la vivienda familiar no es propiamente un derecho real, ya que la clasificación entre derechos reales y de crédito es una división de los derechos de carácter patrimonial, y el expresado derecho de uso no tiene tal carácter patrimonial, sino de orden puramente familiar para cuya eficacia se establecen ciertas limitaciones a la disposición de tal vivienda (cfr. art. 96, último párrafo, del Código Civil).

b) Tal derecho de uso, aunque no se señale un plazo de duración, siempre tendrá un término máximo: la vida del cónyuge a quien se atribuye.

c) La atribución del repetido derecho no es irrevocable, pues, como parte de las medidas que acuerda el Juez en los casos de separación y divorcio, habrán de cambiarse cuando se alteren las circunstancias (cfr. art. 91 in fine del mismo cuerpo legal), con lo que el señalamiento de un plazo de duración podría inducir a confusión siendo tal plazo, por su naturaleza, esencialmente prorrogable".

Sin embargo, la RDGSJFP de 17 de mayo de 2021 (*Tol 8.450.924*) establece que *"con carácter general se ha afirmado que el derecho de uso familiar para ser inscribible en el Registro de la Propiedad debe tener trascendencia a terceros y debe configurarse, conforme al principio de especialidad con expresión concreta de las facultades que integra, identificación de sus titulares, temporalidad —aunque no sea necesario la fijación de un «dies certus», salvo que la legislación civil especial así lo establezca, como ocurre con el Código Civil Catalán, artículo 233-20— y además debe establecerse un mandato expreso de inscripción. Ahora bien, ya se configure de una u otra forma, siempre que se pretenda configurar como un derecho de uso inscribible deberá estar claramente determinado, siguiendo en esto el principio general de especialidad propio de nuestro sistema registral.*

Más concretamente, conforme al principio de especialidad o determinación registral (cfr. los artículos 9 de la Ley Hipotecaria y 51 del Reglamento Hipotecario), todo derecho que acceda o pretenda acceder al Registro debe estar perfectamente diseñado y concretado en lo que a sus elementos personales y reales se refiere. Y tratándose de derechos de vida limitada, como es el derecho de uso, una de las circunstancias que debe concretarse por los interesados es su duración o término, ya sea esta fija o variable. Esta exigencia debe imponerse a todo tipo de documento que se presente en el registro, ya tenga origen notarial, judicial o administrativo, siendo por ello objeto de calificación por parte del registrador, según lo establecido en los artículos 18 de la Ley Hipotecaria y 100 de su Reglamento, al tratarse de un título judicial.

(...) En consecuencia, puede apreciarse de la doctrina jurisprudencial, en el marco del Derecho común, un diferente tratamiento del derecho de uso sobre la vivienda familiar cuando existen hijos menores, que no permite explícitas limitaciones temporales —si bien, resultarán de modo indirecto— que cuando no existen hijos o éstos son mayores, pues en este último caso, a falta de otro interés superior que atender, se tutela el derecho del propietario, imponiendo la regla de necesaria temporalidad del derecho.

(...) En el presente caso, al otorgarse el convenio regulador se atribuye el uso de la vivienda familiar a la esposa, atribución que se realiza «indefinidamente», dándose además la circunstancia de que, al tiempo de solicitar la inscripción registral del derecho, las hijas del matrimonio ya son mayores de edad.

El carácter esencialmente temporal de este derecho implica que el mismo no pueda ser atribuido con carácter indefinido a uno de los cónyuges (la esposa en este caso), habida cuenta además de la mencionada circunstancia relativa a la mayoría de edad de las hijas del matrimonio, sin que, en ningún caso, pueda interpretarse el adverbio «indefinidamente» como sinónimo o equivalente de «vitalicio», tal y como pretende la recurrente, pues resulta evidente que tienen significados e implicaciones diferentes".

3º. Datos identificativos del beneficiario del derecho de uso.

La RDGRN de 21 de junio de 2004 (*Tol 492.224*) dispone que *"estima el Registrador que deben expresarse los nombres de los hijos del matrimonio y sus circunstancias personales, lo cual no es sino una derivación de que considera a los hijos como titulares del derecho al uso de la vivienda familiar. Respecto de ello cabe decir que la inscripción del uso de la vivienda tiene por objeto evitar la disposición del bien por su titular, defraudando el derecho del cónyuge y los hijos a habitar tal vivienda, y que la defensa de tal derecho se otorga sólo a tal cónyuge, por lo que no es necesario reseñar las circunstancias personales de los hijos".*

Por su parte, la RDGRN de 10 de octubre de 2008 (*Tol 1.390.798*) señala que *"el derecho de uso de la vivienda familiar no es un derecho real, pues la clasificación de los derechos en reales y de crédito se refiere a los derechos de tipo patrimonial, y el derecho expresado no es de carácter patrimonial, sino de carácter familiar. Tal carácter impone consecuencias especiales, como son la duración del mismo —que puede ser variable— así como la disociación entre la titularidad del derecho y el interés protegido por el mismo, pues una cosa es el interés protegido por el derecho atribuido (en este caso el interés familiar y la facilitación de la convivencia entre los hijos y el cónyuge a quien se atribuye su custodia) y otra la titularidad de tal derecho, la cual es exclusivamente del cónyuge a cuyo favor se atribuye el mismo, pues es a tal cónyuge a quien se atribuye exclusivamente la situación de poder en que el derecho consiste, ya que la limitación a la disposición de la vivienda se remueve con su solo consentimiento. En consecuencia, no es necesario que se establezca titularidad alguna a favor de los hijos que son beneficiarios pero no titulares del derecho".*

No obstante, atribuyéndose el uso a los hijos, sí será necesaria la aportación de sus datos identificativos.

La RDGRN de 11 de enero de 2018 (*Tol 6.484.474*) declara que *"en general se entiende que la posición jurídica de los hijos en relación con el uso de la vivienda familiar atribuido a uno de los cónyuges en casos de crisis matrimoniales no se desenvuelve en el ámbito de los derechos patrimoniales, sino en el de los familiares, siendo correlato de las obligaciones o deberes-función que para los progenitores titulares de la patria potestad resultan de la misma (cfr. artículo 154 del Código Civil), que no decaen en las situaciones de ruptura matrimonial (cfr. Resolución de 9 de julio de 2013).*

Esto no impide que si así se acuerda en el convenio y el juez lo aprueba, en atención al interés más necesitado de protección, aprobar la medida acordada por los cónyuges y, en consecuencia, atribuir el uso del domicilio familiar a los hijos menores, sin olvidar que «vivirán en compañía de su madre». Como ha recordado recientemente este Centro Directivo, uno de los aspectos que por expresa previsión legal ha de regularse en los supuestos de nulidad, separación o divorcio del matrimonio, es el relativo a la vivienda familiar (cfr. Resoluciones de 11 de abril y 8 de mayo de 2012 [2.ª]) y obedece la exigencia legal de esta previsión a la protección, básicamente, del interés de los hijos; por lo que no hay razón para excluir la posibilidad de que el juez, si estima que es lo más adecuado al interés más necesitado de protección en la situación de crisis familiar planteada y que no es dañosa para los hijos ni gravemente perjudicial para uno de los cónyuges (cfr. párrafo segundo del artículo 90 del Código Civil), apruebe la atribución del uso de la vivienda familiar a los hijos menores acordada por los padres. En tal caso sí sería necesario la aportación de los datos identificativos de los hijos (vid. Resolución de 19 de mayo de 2012)".

IV. EFECTOS DEL DERECHO DE USO DE LA VIVIENDA FAMILIAR RESPECTO DE TERCEROS

1. *Derecho inscrito en el Registro de la Propiedad*

Si el derecho de uso está inscrito en el Registro de la Propiedad, los terceros adquirentes de la vivienda familiar estarán obligados a respetar la carga que pesa sobre ella, manteniéndose, por tanto, indemne el derecho de uso sobre la misma, que subsiste a pesar de los sucesivos cambios que puedan producirse en la titularidad del inmueble.

2. *Derecho no inscrito en el Registro de la Propiedad*

Si el derecho de uso de la vivienda familiar no consta inscrito en el Registro de la Propiedad, el mismo no perjudica a terceros de buena fe. El adquirente protegido por la fe pública registral del art. 34 LH no puede verse perjudicado por lo que el Registro no publica al tiempo de su adquisición y, por tanto, no le son oponibles las mutaciones jurídico-materiales que no han tenido acceso al mismo.

La STS, Sala 1ª, 310/2004, de 22 de abril (*Tol 392.352*), señala que *"está acreditado en autos que ni la sentencia de separación del año 1982 ni la posterior de divorcio de 1988 que atribuyeron el uso de la vivienda familiar a Dª Cristina accedieron al Registro de la Propiedad; igualmente está acreditado que, notificada la existencia del procedimiento sumario del artículo 131 de la Ley Hipotecaria a la Sra. Cristina, ésta no puso en conocimiento del Juzgado la existencia del derecho de uso que le atribuyó la sentencia de 1982; asimismo, cuando aquélla fue requerida notarialmente para que manifestase el título por el cual venía ocupando la vivienda (...), alegó, solamente, el derecho de usufructo, ocultando tener concedido por la sentencia de 1982 el uso de la vivienda familiar. Ante tal falta de publicidad y ocultación por la Sra. Cristina del derecho de uso no puede negarse, como hace la Sala de instancia, la condición de tercer adquirente de buena fe a D. Blas (...).*

No cabe, en consecuencia, hacer valer frente a los terceros adquirientes de buena fe el derecho de uso de la vivienda atribuido a Dª Ángela (...). El derecho de uso de la vivienda familiar regulado en el artículo 96 del Código Civil, se caracteriza por su provisionalidad y temporalidad; en la sentencia de divorcio de 1988 se atribuye el uso de la vivienda a Dª Cristina "teniendo en cuenta lo establecido en el artículo 96 del Código Civil", de lo que cabe colegir que tal atribución, al no fijarse un límite temporal de acuerdo con el artículo 96.3, se hizo en razón a existir un hijo del matrimonio menor de edad cuya guarda y custodia se encomendaba a la madre.

El mantenimiento de eficacia del derecho de uso así concedido, con carácter indefinido, durante toda la vida de la beneficiaria del mismo, frente a los terceros adquirentes de buena fe, contraviene esos caracteres esenciales del derecho, de provisionalidad y temporalidad, y entraña el que las necesidades familiares (inexistentes en estos momentos al haber alcanzado hace años su mayoría de edad el hijo menor del matrimonio, tenía 17 años en 1988) sean sufragadas por terceros extraños, a quienes, en todo momento, se les ocultó la existencia de ese derecho de uso".

En el mismo sentido se manifiestan, entre otras, las SSAAPP de Madrid, Sección 18ª, de 15 de febrero de 2007 (*Tol 7.409.677*) y Pontevedra, Sección 3ª, de 25 de noviembre de 2005 (*Tol 801.896*).

Por tanto, para que el derecho de uso de la vivienda familiar atribuido en un procedimiento matrimonial o de guarda y custodia sea oponible frente a terceros es necesario que estos no se encuentren amparados por el principio de fe pública registral. Como señala la SAP de Murcia, Sección 1ª, de 11 de junio de 2003 (*Tol 350.282*), *"la oponibilidad de tal derecho a terceros es evidente (sentencia del Tribunal Supremo de 11 de diciembre de 1.992), pero requiere que éstos no estén amparados por la fe pública registral (artículo 34 de la Ley Hipotecaria), lo que implica que tal derecho tenga acceso al Registro de la Propiedad (sólo posible cuando el titular dominical del bien sea el cónyuge que no lo ocupa, no si es un tercero ajeno al matrimonio) y que no se pueda oponer frente al tercero que adquiere de buena fe confiado en el Registro público"*.

3. Conocimiento por terceros de la existencia del derecho de uso pese a no estar inscrito en el Registro de la Propiedad

No obstante, aunque el derecho de uso no se encuentre inscrito en el Registro de la Propiedad, el mismo será oponible a terceros si se demuestra que tuvieron conocimiento de su existencia.

La SAP de Barcelona, Sección 4ª, de 15 de octubre de 2002 dispone que *"el carácter no constitutivo del Registro de la Propiedad y el hecho de que el adjudicatario tuviera conocimiento registral y extrarregistral de la existencia del derecho de uso hace que el mismo sea oponible frente a él y que en la valoración de la situación jurídica existente entre las partes haya que atender a la todos los aspectos de la misma, trascendiendo esa valoración al ámbito estrictamente registral"*.

Igualmente, la SAP de Barcelona, Sección 12ª, de 14 de julio de 2006 (*Tol 1.035.545*) señala que *"queda centrado el objeto del litigio, en consecuencia, en la procedencia de la extinción del derecho de uso de la vivienda, reconocido a favor de quien fue la esposa del primitivo propietario (...). Si la posterior transmisión de la propiedad que se realizó en el año 1979 hubiese sido a favor de un tercero de buena fe, la Sra. Alicia no hubiese podido exigirle el respeto de su derecho, por cuanto el mismo no fue inscrito en el Registro de la Propiedad. Pero éste no es el caso, por cuanto la demandante estaba en ese momento unida sentimentalmente y conviviendo con el marido de la demandada, obligado a soportar tal derecho de uso, y lógicamente, le transmitió la propiedad, aun cuando fuese mediante una compraventa, con la referida carga. La sentencia dictada en el pleito de divorcio califica las maniobras que el marido realizó para ocultar su patrimonio, con la complicidad y connivencia de la hoy actora, de "rayanas con conductas tipificadas en el Código Penal". Por esta razón la garantía de los derechos de la demandada despliega su eficacia frente a quien fue beneficiaria de tales negocios jurídicos que, aun no siendo nulos, no pueden exonerar de la carga impuesta sobre los mismos".*

Y la SAP de Valencia, Sección 7ª, de 17 de marzo de 2006 (*Tol 980.161*), tras establecer que *"el derecho de uso atribuido a la esposa e hijos nunca tuvo acceso al Registro de la Propiedad, pero los adquirentes de la vivienda, los demandantes, que ostentaban la condición de abuelos de los menores a quienes se les había atribuido el uso, padres del ejecutado con quienes convivía, y personas, que como avalistas, estaban pagando el préstamo hipotecario que gravaba la vivienda que se subastaba, eran conocedores de dicha atribución, por ello (...) hemos de conceder la protección invocada por la parte apelante"*, concluye afirmando que *"la vivienda sita en Puerto de Sagunto (...) es de propiedad y dominio exclusivo de los demandantes, sin perjuicio de la atribución a la demandada e hijos del uso de la misma establecido en la sentencia de separación conyugal (...), por lo que no procede su desalojo".*

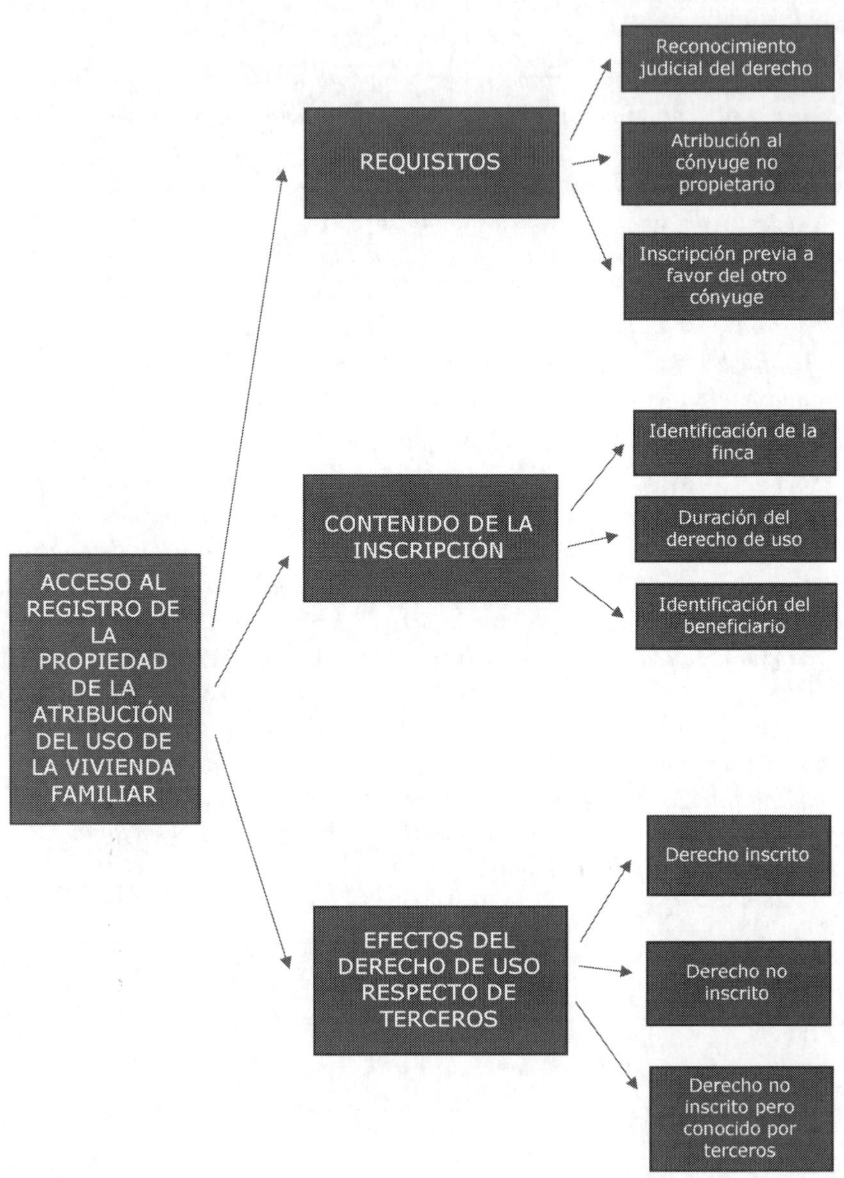
ACCESO AL REGISTRO DE LA PROPIEDAD DE LA ATRIBUCIÓN DEL USO DE LA VIVIENDA FAMILIAR
REQUISITOS
Reconocimiento judicial del derecho
Atribución al cónyuge no propietario
Inscripción previa a favor del otro cónyuge
CONTENIDO DE LA INSCRIPCIÓN
Identificación de la finca
Duración del derecho de uso
Identificación del beneficiario
EFECTOS DEL DERECHO DE USO RESPECTO DE TERCEROS
Derecho inscrito
Derecho no inscrito
Derecho no inscrito pero conocido por terceros

Capítulo 8

División de la vivienda familiar

SUMARIO: I. EJERCICIO DE LA ACCIÓN DE DIVISIÓN SOBRE LA VIVIENDA FAMILIAR CUANDO SU USO SE HA ATRIBUIDO A LOS HIJOS Y A UNO DE LOS CÓNYUGES O SOLAMENTE A UNO DE ESTOS. II. INFLUENCIA DEL EJERCICIO DE LA ACCIÓN DE DIVISIÓN SOBRE EL DERECHO DE USO ATRIBUIDO A UNO DE LOS CÓNYUGES.

I. EJERCICIO DE LA ACCIÓN DE DIVISIÓN SOBRE LA VIVIENDA FAMILIAR CUANDO SU USO SE HA ATRIBUIDO A LOS HIJOS Y A UNO DE LOS CÓNYUGES O SOLAMENTE A UNO DE ESTOS

Cuando el uso de la vivienda familiar se atribuye a los hijos y a uno de los cónyuges, o solo a uno de estos, es posible ejercitar la acción de división sobre ella al amparo del art. 400 CC, en cuya virtud *"ningún copropietario estará obligado a permanecer en la comunidad. Cada uno de ellos podrá pedir en cualquier tiempo que se divida la cosa común. Esto no obstante, será válido el pacto de conservar la cosa indivisa por tiempo determinado, que no exceda de diez años. Este plazo podrá prorrogarse por nueva convención"*.

La jurisprudencia es uniforme sobre esta cuestión, tal y como resulta, entre otras, de las SSTS, Sala 1ª, 1131/1999, de 27 de diciembre (*Tol 5.157.508*); 314/2003, de 28 de marzo (*Tol 4.928.930*); 455/2006, de 8 de mayo (*Tol 934.879*); 723/2007, de 27 de junio (*Tol 1.113.004*), y 1123/2008, de 3 de diciembre (*Tol 1.413.598*); 78/2012, de 27 de febrero (*Tol 2.468.857*), y 168/2021, de 24 de marzo (*Tol 8.379.008*).

La STS, Sala 1ª, 1131/1999, de 27 de diciembre (*Tol 5.157.508*), señala que *"esta Sala, como doctrina general, viene declarando (Sentencias de 5 de junio de 1989, 6 de junio de 1997 y 8 de marzo de 1999) que la acción de división de la comunidad representa un derecho indiscutible e incondicional para cualquier copropietario, de tal naturaleza que su ejercicio no está sometido a circunstancia obstativa alguna, salvo el pacto de conservar la cosa indivisa por tiempo no superior a diez años, por lo que los demás comuneros no pueden impedir el uso del derecho a separarse, que corresponde a cualquiera de ellos, ni el ejercicio de la acción procesal al respecto. En el caso de que en virtud de un derecho de usufructo o de uso esté atribuida la utilización de la cosa común solo a uno de los cotitulares, ello supone la exclusión de los demás respecto de dicho uso o disfrute, pero no les priva de la posibilidad de pedir la división de la cosa".*

Por su parte, la STS, Sala 1ª, 168/2021, de 24 de marzo (*Tol 8.379.008*), declara que *"hoy es doctrina consolidada de la sala que la atribución del uso de la vivienda a uno de los condóminos no impide al otro el ejercicio de la acción de división que el art. 400 CC reconoce a todo copropietario con el objeto de poner fin a la comunidad".*

En consonancia con esta doctrina, la Ley de Enjuiciamiento Civil permite en los procedimientos de separación, divorcio o nulidad y en los que tengan por objeto obtener la eficacia civil de las resoluciones o decisiones eclesiásticas acumular la acción de división de la cosa común. Así lo señala el art. 437.4.4ª LEC cuando dispone que *"no se admitirá en los juicios verbales la acumulación objetiva de acciones, salvo las excepciones siguientes: (...) 4.ª En los procedimientos de separación, divorcio o nulidad y en los que tengan por objeto obtener la eficacia civil de las resoluciones o decisiones eclesiásticas, cualquiera de los cónyuges podrá ejercer simultáneamente la acción de división de la cosa común respecto de los bienes que tengan en comunidad ordinaria indivisa. Si hubiere diversos bienes en régimen de comunidad ordinaria indivisa y uno de los cónyuges lo solicitare, el tribunal puede considerarlos en conjunto a los efectos de formar lotes o adjudicarlos".*

II. INFLUENCIA DEL EJERCICIO DE LA ACCIÓN DE DIVISIÓN SOBRE EL DERECHO DE USO ATRIBUIDO A UNO DE LOS CÓNYUGES[51]

El uso de la vivienda familiar atribuido a uno de los cónyuges no se ve afectado por el ejercicio de la acción de división sobre ella, división que debe respetar dicha atribución, que pervivirá en los términos establecidos. De esta forma, ya se acuerde la división de la cosa, su adjudicación a uno de los cónyuges o su venta en pública subasta[52], el derecho de uso no se verá afectado pues, de otra forma, resultaría burlado, de forma indirecta, el pronunciamiento judicial que lo atribuye a uno de cónyuges.

La jurisprudencia es, igualmente, pacífica al respecto.

La STS, Sala 1ª, 455/2006, de 8 de mayo (*Tol 934.879*) —cuya doctrina recoge la STS, Sala 1ª, 723/2007, de 27 de junio (*Tol 1.113.004*)—, establece que *"la doctrina reiterada de esta Sala al abordar supuestos análogos al presente sostiene la posibilidad de ejercicio de la acción de división si bien garantizando la continuidad del derecho de uso que pudiera corresponder en exclusiva a uno de los partícipes. Así la sentencia de 27 de diciembre de 1999 (...), con cita de las de 22 de diciembre de 1992, 20 de mayo de 1993, 14 de julio de 1994 y 16 de diciembre de 1995,* [afirma] *que «si bien el cotitular dominical puede pedir la división de la cosa común mediante el ejercicio de la acción procesal, la cesación de la comunidad no afecta a la subsistencia del derecho de uso (cualquiera que sea su naturaleza) que corresponde al otro cotitular, ex-cónyuge, en virtud de la Sentencia de divorcio. Por lo tanto, el derecho de uso se mantiene indemne (...) y una eventual venta de la cosa en subasta pública debe garantizar la subsistencia de aquella medida, que sólo puede ser modificada por la voluntad de los interesados, o por decisión judicial adoptada por el órgano jurisdiccional competente en relación con el proceso matrimonial en que se acordó». En igual sentido se ha pronunciado esta Sala en sentencia más reciente de 28 de marzo de 2003".*

---

51 *Vid. supra* (Capítulo 7. IV).

52 *Vid. supra* (Capítulo 5. II. 9).

Por su parte, la STS, Sala 1ª, 78/2012, de 27 de febrero (*Tol 2.468.857*), recogiendo la doctrina de las SSTS, Sala 1ª, Pleno, 859/2009, de 14 de enero de 2010 (*Tol 1.840.576*) y 861/2009, de 18 de enero de 2010 (*Tol 1.793.037*), señala que *"no puede admitirse que la acción de división extinga el derecho de uso atribuido al marido copropietario, cuyo interés se ha considerado el más digno de protección y por ello, se le atribuyó el uso en su momento, sin que se hayan producido circunstancias modificativas que ahora obliguen a reconsiderar su mantenimiento"*.

Finalmente, la STS, Sala 1ª, 168/2021, de 24 de marzo (*Tol 8.379.008*), declara que *"la tutela de los intereses de los hijos menores y del progenitor a quien corresponde el uso de la vivienda se consigue reconociendo la subsistencia del derecho de uso pese a la división y su oponibilidad frente al adquirente de la vivienda (sentencias 1123/2008, de 3 diciembre, 861/2009, de 18 enero de 2010, 78/2012, de 27 febrero, y 5/2013, de 5 febrero, entre otras).*

Pero la subsistencia del derecho de uso pese a la división (y la consiguiente venta en su caso) solo procede cuando, de conformidad con lo acordado en el procedimiento de familia, incluido en su caso el correspondiente procedimiento de modificación de medidas, corresponda tal derecho de uso. Es decir, el mantenimiento o la extinción del derecho de uso no está en función del ejercicio de la acción de división, ya que, por sí misma, esta acción no da lugar a la extinción del uso atribuido. Pero el derecho de uso no puede subsistir cuando se ejerce la acción de división si en el proceso matrimonial o en el proceso de guarda y custodia de menores la atribución judicial del uso se ha hecho precisamente hasta ese momento".

Capítulo 9

Liquidación del régimen económico matrimonial

SUMARIO: I. ADJUDICACIÓN DE LA VIVIENDA FAMILIAR A UNO DE LOS CÓNYUGES CON INDEPENDENCIA DE QUIEN OSTENTE EL USO DE LA MISMA. II. INDIVISIBILIDAD DE LA VIVIENDA FAMILIAR: VENTA EN PÚBLICA SUBASTA EN DEFECTO DE ACUERDO ENTRE LOS CÓNYUGES. III. VALORACIÓN DEL DERECHO DE USO DE LA VIVIENDA FAMILIAR EN LA LIQUIDACIÓN DE LA SOCIEDAD DE GANANCIALES.

I. ADJUDICACIÓN DE LA VIVIENDA FAMILIAR A UNO DE LOS CÓNYUGES CON INDEPENDENCIA DE QUIEN OSTENTE EL USO DE LA MISMA

La atribución del uso de la vivienda familiar no confiere al cónyuge beneficiario ninguna preferencia sobre ella en la liquidación del régimen económico matrimonial.

El art. 1.406 CC establece que *"cada cónyuge tendrá derecho a que se incluyan con preferencia en su haber hasta donde éste alcance:*

> *1º. Los bienes de uso personal no incluidos en el núm. 7 art. 1346.*
>
> *2º. La explotación económica que gestione efectivamente.*
>
> *3º. El local donde hubiese venido ejerciendo su profesión.*
>
> *4º. En caso de muerte del otro cónyuge, la vivienda donde tuviese la residencia habitual".*

Por tanto, el precepto no establece ninguna preferencia a favor del cónyuge a quien se hubiere atribuido el uso de la vivienda familiar a que se le adjudique esta en la liquidación de la sociedad de gananciales, y así se ha manifestado la jurisprudencia.

La STS, Sala 1ª, 483/2007, de 9 de mayo (*Tol 1.079.730*), señala que *"la regla que regula la formación de los lotes en la sociedad de gananciales, que el Código civil no enuncia, pero que se da por supuesta, es que "las adjudicaciones satisfactivas del haber se deben realizar conservando entre los partícipes la posible igualdad y haciendo lotes con cosas de la misma naturaleza, especie y calidad". El artículo 1406 del Código civil establece, sin embargo, unas preferencias en la adjudicación en casos especiales, entre los que se encuentra el apartado 4º referido a la adjudicación preferente de la vivienda familiar que, en el caso de la liquidación por causa de muerte de uno de los cónyuges, puede ser conferida al superviviente que tenga su residencia habitual en el inmueble que constituye la vivienda. El presente recurso se plantea al margen de esta regla, porque la disolución del régimen no se ha producido por la causa prevista en el artículo 1406 del Código civil, sino por divorcio, lo que hace inaplicable el artículo 1406,4º del Código civil.*

Cuando trata de la liquidación de la sociedad, el Código civil no contempla una preferencia en la atribución de la vivienda conyugal a ninguno de los cónyuges y mucho menos, prevé que deba aplicarse en este caso la regla del artículo 96 del Código civil, que exige la concurrencia de unas condiciones para atribuir el uso, no la propiedad, de la vivienda conyugal cuando los cónyuges se separen o divorcien, teniendo en cuenta de manera primordial, el interés de los hijos, que debe protegerse en el procedimiento de crisis matrimonial, pero que no tienen este interés en un proceso puramente liquidatorio de la sociedad conyugal, que acabará atribuyendo los bienes que la forman por criterios puramente económicos, con las excepciones del artículo 1406. La regla del artículo 96 del Código civil no afecta a la titularidad del inmueble destinado a vivienda, sino a su uso, porque los intereses protegidos en el proceso matrimonial en que se incardina el artículo 96 CC, son fundamentalmente los de los hijos menores, a quienes la ruptura debe perjudicar lo menos posible, y esta finalidad no existe en el procedimiento que ahora se está efectuando, por lo que no pueden alegarse las reglas de la atribución del uso de la vivienda en el procedimiento de divorcio con la finalidad de que se adjudique definitivamente a uno de los titulares de la sociedad, el bien que la había constituido, en detrimento del principio de igualdad que debe presidir la liquidación".

No obstante, algunas resoluciones tienen presente dicha circunstancia en el momento de la adjudicación del bien en beneficio de aquel que tuviere atribuido el uso —SAP de Asturias, Sección 1ª, de 6 de julio de 2007 (*Tol 1.633.503*)— y otras, encontrándose la vivienda y el local donde uno de los cónyuges ejerce su profesión unidos de forma inseparable, con objeto de atribuir el local —y, por tanto, la vivienda— a dicho cónyuge —SAP de A Coruña, Sección 5ª, de 16 de marzo de 2010 (*Tol 1.945.872*)—.

II. INDIVISIBILIDAD DE LA VIVIENDA FAMILIAR: VENTA EN PÚBLICA SUBASTA EN DEFECTO DE ACUERDO ENTRE LOS CÓNYUGES

Como regla general, a falta de acuerdo entre los cónyuges, no procede en el ámbito de la liquidación de sociedad de gananciales adjudicar el inmueble en el que se ubicó la vivienda familiar a uno de ellos con obligación de abonar al otro su parte en metálico. En tales casos, lo procedente es la venta y reparto del precio obtenido.

La STS, Sala 1ª, 380/2024, de 14 de marzo (*Tol 9.950.415*), señala que *"en una reiterada jurisprudencia, esta sala ha proclamado que, en supuestos en los que el bien es indivisible, lo que no se cuestiona en el presente proceso con respecto a la vivienda ganancial, y cuando ninguno de los litigantes acepta su adjudicación con la obligación de abonar al otro en metálico la parte proporcional que le corresponde en la cosa, y siempre que tal conducta no constituya abuso derecho, es de aplicación el art. 1062 del CC, que dispone la venta del bien en pública subasta".*

En particular, citando las SSTS, Sala 1ª, 54/2017, de 27 de enero (*Tol 5.949.939*); 458/2020, de 28 de julio (*Tol 8.031.282*); 591/2021, de 9 de septiembre (*Tol 8.592.877*), añade la STS, Sala 1ª, 380/2024, de 14 de marzo, que *"en la sentencia 458/2020, de 28 de julio, y en el ámbito de la liquidación de gananciales, se adopta una posición crítica frente a la adjudicación en propiedad a uno de los esposos, con abono en metálico al otro, de la vivienda familiar cuando lo ha sido en contra de su voluntad, por ser factible proceder a su venta y repartir el dinero ente ambos. Y aunque se reconoce que ello no ha impedido, con apoyo en el primer párrafo del art. 1062 CC, que hayamos confirmado la sentencia que, en atención a las circunstancias del caso, adjudicó a uno la vivienda familiar con compensación en dinero u otros bienes al otro (sentencias 630/1993, de 14 de junio, y 104/1998, de 16 de febrero), o que adjudicó a la esposa el inmueble que constituía su residencia, con compensación al marido por el exceso de valor respecto del piso que se le adjudicó a él, también se dice que ello ha sido, excepcionalmente".*

En definitiva, a falta de acuerdo y siendo indivisible el inmueble, procede, con carácter general y salvo excepciones puntuales, su venta en pública subasta con admisión de licitadores extraños y el reparto del producto de la venta por mitad entre ambos cónyuges.

III. VALORACIÓN DEL DERECHO DE USO DE LA VIVIENDA FAMILIAR EN LA LIQUIDACIÓN DE LA SOCIEDAD DE GANANCIALES

La jurisprudencia del Tribunal Supremo declara que no procede valorar en la liquidación de la sociedad de gananciales el derecho de uso de la vivienda familiar atribuido judicialmente al amparo del art. 96 CC, ya que no es una carga o gravamen que disminuya el valor del inmueble.

La STS, Sala 1ª, 278/1997, de 4 de abril (*Tol 2.114.321*), establece que *"no aparece infracción de norma alguna en las sentencias de instancia en tal atribución ni en la ausencia de su valoración en este momento de liquidación de comunidad ganancial, pues no es una carga (...) que infravalore la propiedad".*

Por su parte, la STS, Sala 1ª, 41/1998, de 23 de enero (*Tol 1.639*), dispone que *"el motivo tercero, sostiene, otra vez más, la infracción del artículo 1396, porque, dice, que no se ha tenido en cuenta al partir, que del piso cuyo usufructo se le adjudicó había que descontar su importe antes de partir, porque ya lo tenía adjudicado por resolución judicial; vacua alegación para cuyo rechazo baste recordar que la adjudicación del uso, de la que no se le puede privar mientras no se decida especialmente, no es un plus de atribución a la hora de partir, es un medio legal de dar satisfacción a la necesidad de vivienda de quien merece mayor tutela y en ningún caso, cabe hablar de derecho de usufructo, aunque alguna escasa sentencia de esta Sala ha apreciado a la atribución alguna forma de derecho real".*

Igualmente, STS, Sala 1ª, 34/1999, de 21 de enero (*Tol 170.173*), señala que "*no cabe duda que resultaron acertadas y acordes a derecho las razones expuestas en la sentencia recurrida en punto a no valorar en el activo el derecho de uso de la vivienda, toda vez que, haciendo suyas la Sala tales razones: a) dicho derecho surge, mientras no hay liquidación de la sociedad de gananciales, en favor casi exclusivo de quienes están más necesitados, en este caso los hijos y el cónyuge con quien conviven. b) es obligación de ambos cónyuges contribuir a las cargas familiares de los hijos, y c) tal derecho desaparece con la liquidación de gananciales y la confusión del derecho de propiedad y uso".*

Y la STS, Sala 1ª, 723/2007, de 27 de junio (*Tol 1.113.004*), declara que "*respecto al valor que deba atribuirse al inmueble y la imputación a una u otra cuota, dada la subsistencia del derecho de uso establecido a favor del hijo de ambos litigantes y de su madre, mientras conviva o mientras no se solicite la modificación de la medida, debe rechazarse este argumento, porque el derecho en cuestión afecta a la propiedad en su conjunto, de manera que el inmueble debe valorarse en su totalidad y el derecho existente influirá sin duda en el valor final que pueda obtenerse en la subasta".*

En el mismo sentido se manifiestan, entre otras, las SSAAPP de Asturias, Sección 1ª, de 9 de marzo de 2006 (*Tol 864.447*) y 11 de junio de 2010 (*Tol 1.896.718*); Barcelona, Sección 12ª, de 30 de septiembre de 2005 (*Tol 8.163.458*); Jaén, Sección 1ª, de 24 de febrero de 2022 (*Tol 8.957.240*); Madrid, Sección 24ª, de 13 de septiembre de 2007 (*Tol 7.397.402*); Salamanca, Sección 1ª, de 5 de marzo de 2020 (*Tol 7.920.360*); Santa Cruz de Tenerife, Sección

1ª, de 27 de enero de 2022 (*Tol 8.945.303*) y Soria, Sección 1ª, de 15 de febrero de 2013 (*Tol 3.727.916*).

No obstante, y pese a que la solución expuesta es mayoritaria, no faltan resoluciones que, si bien no valoran el uso de la vivienda como una carga, sí lo tienen en cuenta en la liquidación de la sociedad de gananciales.

La STS, Sala 1ª, 1258/1993, de 23 de diciembre (*Tol 1.663.562*), pese a no valorar el uso como una carga, no dio lugar a la casación de la sentencia que aprobaba el cuaderno particional en que el contador tuvo en cuenta la valoración del derecho de uso como ingresos obtenidos por el cónyuge beneficiado de esa atribución. Dicha resolución establece que *"no se ha producido infracción de los arts. 96 y 1.397 del Código Civil, según pretende la recurrente, en el motivo tercero de casación que ampara en igual ordinal que los anteriores por el hecho de que en las operaciones particionales se tenga en cuenta el valor del piso adjudicado a la recurrente, cuyo uso en exclusiva venía disfrutando por atribución judicial, con el argumento de que "debió valorarse en base a su valor neto, esto es, deducida la carga que supone la atribución de su uso a la esposa" pues a salvo convenciones o disposiciones expresas que sustenten otras razones compensatorias, de acuerdo asimismo con la naturaleza del bien (en este caso ganancial) no cabe admitir que en el momento de la liquidación de la sociedad, se produzca un enriquecimiento sin causa legítima, apoyándose en el torcido criterio de que el uso le pertenecía ya por virtud de la sentencia firme de separación con independencia y con precedencia a sus derechos sobre la mitad del haber líquido de la sociedad de gananciales. Resulta, por ello, ajustado a Derecho la solución que el problema dio el contador-partidor, según reconoce la sentencia de primera instancia que tuvo en cuenta tales circunstancias, "pero no como una carga que gravite sobre el inmueble" esto es como una carga que debe descontarse de su valor total, "sino como ingresos obtenidos por el cónyuge beneficiado por dicha atribución de uso""*.

Capítulo 10
Aspectos procesales

SUMARIO: I. RECONVENCIÓN. II. EJECUCIÓN. 1. Ejecución del pronunciamiento recaído en primera instancia relativo a la atribución del uso de la vivienda familiar aunque la sentencia sea apelada. a) Ejecutabilidad provisional de todos los pronunciamientos sobre medidas. b) Distinción entre medidas que pueden ser adoptadas de oficio de aquellas que únicamente pueden adoptarse a instancia de parte. c) Todas las medidas acordadas son directamente ejecutivas. d) Conclusión. 2. Aplicación a los procesos de familia del plazo de espera de 20 días previsto en el art. 548 LEC. 3. Desalojo de la vivienda familiar en ejecución de sentencia una vez finalizado el plazo de atribución del uso de la misma. a) Vivienda titularidad del cónyuge (o conviviente) no beneficiario del derecho de uso. b) Vivienda propiedad de ambos cónyuges (o convivientes)

I. RECONVENCIÓN

Como anteriormente se decía[53], a diferencia de lo que ocurre cuando los hijos son mayores de edad, supuesto en el que la atribución del uso de la vivienda familiar se encuentra sometida al principio dispositivo o de justicia rogada, si los hijos son menores de edad puede el Juez, aunque nada se hubiere solicitado al respecto, pronunciarse de oficio sobre tal atribución, toda vez que, en estos casos, la misma se rige por normas de *ius cogens.*

Consecuentemente, no es necesario formular reconvención interesando la atribución del uso de la vivienda familiar cuando dicha atribución la solicita, en la contestación a la demanda, el cónyuge que pretende la guarda y custodia de los hijos, dado que es una medida que el Juez puede adoptar de oficio.

De acuerdo con la regla 2ª, apartado d), del art. 770 LEC solo se admitirá la reconvención, entre otros supuestos, *"cuando el cón-*

---

[53] *Vid. supra* (Capítulo 2. II. 1).

yuge demandado pretenda la adopción de medidas definitivas, que no hubieran sido solicitadas en la demanda, y sobre las que el tribunal no deba pronunciarse de oficio", precepto aplicable en sede de modificación de medidas, ya que la Ley 15/2005, de 8 de julio, de modificación del Código Civil y la Ley de Enjuiciamiento Civil en materia de separación y divorcio, resolviendo las dudas existentes, dio una nueva redacción al art. 775.2 LEC que, en su primer inciso, establece que las peticiones de modificación de medidas *"se tramitarán conforme a lo dispuesto en el artículo 770"*.

II. EJECUCIÓN

1. Ejecución del pronunciamiento recaído en primera instancia relativo a la atribución del uso de la vivienda familiar aunque la sentencia sea apelada

Las medidas definitivas de la sentencia dictada en primera instancia relativas a los hijos son eficaces y directamente ejecutivas desde el momento mismo en que se hubieren acordado, aunque no hayan adquirido firmeza por haberse interpuesto recurso de apelación, de acuerdo con lo previsto en los arts. 774.5 y 777.8 LEC. Por tanto, el pronunciamiento recaído en primera instancia relativo a la atribución del uso de la vivienda familiar es ejecutable aunque la sentencia sea apelada.

Así, el primer inciso del art. 774.5 LEC dispone que *"los recursos que, conforme a la ley, se interpongan contra la sentencia no suspenderán la eficacia de las medidas que se hubieren acordado en ésta"* y el art. 777.8 LEC, tras señalar que *"la sentencia que deniegue la separación o el divorcio y el auto que acuerde alguna medida que se aparte de los términos del convenio propuesto por los cónyuges podrán ser recurridos en apelación"*, añade que *"el recurso contra el auto que decida sobre las medidas no suspenderá la eficacia de estas, ni afectará a la firmeza de la sentencia relativa a la separación o al divorcio"*.

Es cierto que el art. 525.1.1ª LEC declara que no serán en ningún caso susceptibles de ejecución provisional *"las sentencias dic-*

tadas en los procesos sobre paternidad, maternidad, filiación, nulidad de matrimonio, separación y divorcio, capacidad y estado civil, oposición a las resoluciones administrativas en materia de protección de menores, así como sobre las medidas relativas a la restitución o retorno de menores en los supuestos de sustracción internacional y derechos honoríficos, salvo los pronunciamientos que regulen las obligaciones y relaciones patrimoniales relacionadas con lo que sea objeto principal del proceso"; sin embargo, se admite, prácticamente de forma unánime, que prevalece, como norma específica, el art. 774.5 LEC sobre el art. 525.1.1ª LEC, de carácter general.

El AAP de Tarragona, Sección 3ª, de 16 de mayo de 2003 (*Tol 321.537*) dispone que *"no cabe la interpretación restrictiva recogida en el auto que ahora se apela (imposibilidad de ejecución provisional de medidas no patrimoniales), sino que lo dispuesto en el artículo 774.5 debe prevalecer sobre la norma del artículo 525.1.1°, por dos razones: 1ª) por un principio sistemático, ya que el artículo 525 se ubica dentro de las disposiciones generales de la ejecución provisional, en tanto que el 774 está situado dentro de la regulación completa de los procesos matrimoniales, la cual recoge como uno de sus principios inspiradores (superando problemas de interpretación de la normativa anterior) que las últimas medidas acordadas sustituyan a las anteriores, como refleja con claridad el artículo 773.5: "Las medidas provisionales quedarán sin efecto cuando sean sustituidas por las que establezca definitivamente la sentencia o cuando se ponga fin al procedimiento de otro modo"; 2ª) por la mayor especialidad de su contenido, puesto que el artículo 774 es aplicable exclusivamente a procesos matrimoniales, y el artículo 525.1.1ª se refiere también a procesos sobre paternidad, maternidad, filiación, capacidad y estado civil y derechos honoríficos", en los que pueden establecerse "pronunciamientos que regulen las obligaciones y relaciones patrimoniales relacionadas con lo que sea objeto principal del proceso" distintos de los específicos de los procesos de separación y divorcio"*.

Recogen esta misma doctrina, entre otros muchos, los AAAAPP de Barcelona, Sección 18ª, de 8 de febrero de 2022 (*Tol 8.978.715*); Castellón, Sección 2ª, de 11 de enero de 2012 (*Tol 3.584.937*); Cádiz, Sección 5ª, de 26 de octubre de 2018 (*Tol 7.013.577*) y 9 de noviembre de 2020 (Tol 8.263.106) y Guadalajara, Sección 1ª, de 24 de mayo de 2023 (*Tol 9.834.207*).

Admitida la posibilidad de ejecutar el pronunciamiento relativo a la atribución del uso de la vivienda familiar a pesar de ser apelada la sentencia que lo contiene, es objeto de discusión el trámite que debe seguirse para ello: si el correspondiente a la ejecución provisional o a la definitiva.

No ofrece duda que los pronunciamientos sobre el estado civil (nulidad, separación y divorcio) no son susceptibles de ejecución provisional al no ser condenatorios (art. 527.3 LEC) y, por ello, solo serán susceptibles de ejecución cuando la sentencia sea firme, salvo lo dispuesto en el último inciso del art. 774.5 LEC, en cuya virtud *"si la impugnación afectara únicamente a los pronunciamientos sobre medidas, se declarará por el Letrado de la Administración de Justicia la firmeza del pronunciamiento sobre la nulidad, separación o divorcio"*.

Mayores dudas plantean los demás pronunciamientos sobre medidas personales y patrimoniales. Pueden señalarse, en esencia, las siguientes posiciones adoptadas al respecto en las distintas Audiencias Provinciales:

a) Ejecutabilidad provisional de todos los pronunciamientos sobre medidas

Un primer grupo considera que todos los pronunciamientos sobre medidas son ejecutables provisionalmente y no solo los de carácter patrimonial.

El AAP de Granada, Sección 4ª, de 20 de enero de 2006 (*Tol 1.607.670*) niega la contradicción entre los arts. 525.1 y 774.5 LEC *"en primer término, porque el artículo 525 LEC, cuando niega la ejecución provisional a las sentencias dictadas en los procesos de nulidad, separación o divorcio, ha de entenderse que se refiere, en coherencia con el artículo 521 LEC, al pronunciamiento sobre el estado civil que resulta del fallo, de carácter constitutivo y que, por aplicación del citado artículo 521 LEC no es susceptible de ejecución ni provisional ni definitiva, por no contener una condena, pero en nada afecta a los demás pronunciamientos que en ellas se contengan, que pueden ejecutarse provisionalmente, y en segundo lugar, porque esta interpretación viene amparada por la propia norma, dado que, por una parte, el propio artículo 525 LEC, permite ejecutar provisionalmente "los pronunciamientos que regulen las obligaciones y relaciones patrimoniales relacionadas con lo que sea objeto principal del proceso", y así, los relativos a la vivienda familiar, alimentos, pensión compensatoria y liquidación del régimen económico matrimonial, y, por otra, el artículo 774.5, al disponer que "los recursos que, conforme a la ley, se interpongan contra la sentencia no suspenderán la eficacia de las medidas que se hubieren acordado en esta", no solo ratifica la posibilidad de ejecutar provisionalmente los pronunciamientos de carácter patrimonial a que se refiere el artículo 525 LEC, sino todos los demás, esto es, los relativos a la guarda y custodia, patria potestad y régimen de comunicación y estancia con los hijos menores, pues el recurso únicamente tiene el efecto devolutivo pero no el suspensivo, por lo que cabe su ejecución forzosa, cuanto más la provisional.*

En todo caso, ha de significarse que esta interpretación es acorde al principio "lex especialis derogat lex generalis" o, dicho de otro modo, "specialis generalibus non derogat", reconocido entre otras en las sentencias del Tribunal Supremo de 11 de Julio de 1950, 20 de Abril de 1961, 15 de Junio de 1968 y 13 de Abril de 1992, y por ello que el genérico artículo 525 LEC, que no se refiere solo a la nulidad, separación o divorcio sino a otras instituciones del estado civil e incluso a alguna extraña a él como el honor, debe quedar supeditado a la regulación específica sobre tales materias que contiene el artículo 774 LEC, y este, evidentemente, deja vía libre a la ejecución de lo acordado sobre medidas en la sentencia objeto de recurso".

Defienden esta misma posición, entre otros, los AAAAPP de Cádiz, Sección 5ª, de 13 de septiembre de 2007 (*Tol 7.516.666*); Granada, Sección 5ª, de 15 de octubre de 2008 (*Tol 7.192.734*) y 15 de febrero (*Tol 7.685.493*) y 8 de noviembre de 2019 (*Tol 7.735.499*); Guadalajara, Sección 1ª, de 24 de mayo de 2023 (*Tol 9.834.207*); Guipúzcoa, Sección 2ª, de 11 de noviembre de 2019 (*Tol 7.792.365*) y Valencia; Sección 10ª, 11 de noviembre de 2019 (*Tol 7.649.438*) y 3 de diciembre de 2021 (*Tol 8.966.733*).

b) Distinción entre medidas que pueden ser adoptadas de oficio de aquellas que únicamente pueden adoptarse a instancia de parte

Por su parte, un segundo grupo distingue, al margen del pronunciamiento sobre el estado civil, dos tipos de pronunciamientos: aquellos que afectan a medidas que pueden ser adoptadas de oficio por el Juez, es decir, las de los arts. 91 CC y 774.4 LEC[54] (en relación con los hijos, la vivienda familiar, las cargas del matrimonio, la disolución del régimen económico y las cautelas o garantías respectivas), que serán inmediatamente ejecutivos, no provisionalmente, sino por disposición legal, de acuerdo con el art. 774.5 LEC, y aquellos relativos a medidas que únicamente pueden adoptarse a instancia de parte (pensión alimenticia de hijos mayores de edad, compensación por desequilibrio e indemnización del art. 98 CC), que serán ejecutables provisionalmente, de acuerdo con el art. 525.1.1ª LEC.

El AAP de Murcia, Sección 5ª, de 10 de enero de 2006 (*Tol 864.314*), tras señalar que "*las medidas definitivas de eficacia inmediata no son todas las que se establezcan en la sentencia, sino fundamentalmente aquellas a las que se refiere el apartado 4 del artículo 774 de la Ley de Enjuiciamiento Civil, esto es, las que guarden relación con los hijos, la vivienda familiar, las cargas del matrimonio, la disolución del régimen económico y las garantías a establecer entre los cónyuges. Estas son medidas que el juez está obligado a adoptar imperativamente a falta de acuerdo entre los cónyuges o cuando los acuerdos no abarquen alguna de estas cuestiones*", añade que "*en definitiva, y a los efectos de ejecución en el ámbito del derecho matrimonial se pueden distinguir los siguientes*

---

54 En la actualidad, tras la modificación operada por la Ley 17/2021, de 15 de diciembre, de modificación del Código Civil, la Ley Hipotecaria y la Ley de Enjuiciamiento Civil, sobre régimen jurídico de los animales, el art. 774.4 LEC se refiere a las medidas "*en relación con los hijos, la vivienda familiar, las cargas del matrimonio, la atribución, convivencia y necesidades de los animales de compañía, disolución del régimen económico y las cautelas o garantías respectivas*".

supuestos, de acuerdo con una interpretación sistemática de la Ley de Enjuiciamiento Civil:

1. *Es inejecutable provisionalmente la declaración de nulidad, separación o divorcio de conformidad con los artículos 524.2, 525.1.1º y 526 de la Ley de Enjuiciamiento Civil, al no contener un pronunciamiento de condena.*
2. *Las medidas definitivas de carácter indisponible a las que se refiere el artículo 774.4 de la Ley de Enjuiciamiento Civil, no son ejecutables provisionalmente, sino que de conformidad con el artículo 774.5 tienen eficacia directa tras su adopción en la sentencia, sustituyendo por imperativo legal a las medidas provisionales o las medidas definitivas anteriores que son sustituidas en un procedimiento de modificación de medidas, por lo que son directamente ejecutables con independencia de que sea o no recurrida en apelación la sentencia dictada.*
3. *El resto de las medidas que se adopten, será posible su ejecución provisional al amparo del artículo 525.1.1º si tienen contenido patrimonial (pensión por alimentos, pensión compensatoria, liquidación de la sociedad de gananciales) y solo para el caso de que la sentencia contenga alguna medida de carácter disponible y sin contenido patrimonial, será aplicable la prohibición de ejecución provisional que contiene el artículo 525.1.1º".*

Recogen esta doctrina, entre otros, los AAAAPP de Cuenca, Sección 1ª, de 12 de diciembre de 2017 (*Tol 6.501.131*); Las Palmas, Sección 3ª, de 22 de noviembre de 2007 (*Tol 3.524.386*) y Madrid, Sección 22ª, de 17 de julio de 2012 (*Tol 5.348.246*) y 18 de enero de 2013 (*Tol 3.881.251*).

En esta línea, el AAP de Barcelona, Sección 18ª, de 15 de mayo de 2006 establece que *"la necesaria conciliación de ambos preceptos* [arts. 525 y 774.5 LEC] *impone una interpretación sistemática de los mismos (...). Estas medidas —las relativas a los hijos, vivienda, cargas y disolución— son directamente ejecutables desde el momento en que se dicta la sentencia, resultado de aplicación, no las previsiones de los arts. 524 y ss LEC, sino las de los arts. 538 y ss. Las demás medidas, como las relativas a la pensión compensatoria, indemnización por nulidad del matrimonio o compensación por desequilibro patrimonial regulado en el CF, se encuadran dentro de los pronunciamientos que regulan las obligaciones y relaciones patrimoniales relacionadas con lo que sea el objeto principal del proceso, a que se refiere el art. 525 LEC que es susceptible de ejecución provisional, debiendo seguirse los trámites establecidos en dicho precepto y en los siguientes para su ejecución, con la consecuencia prevista en la LEC, arts. 532 y 533, en caso de confirmación o revocación de la sentencia, en cuyo supuesto la ley procesal prevé la devolución de las cantidades abonadas, devolución que es perfectamente coherente en el caso de pensiones o indemnizaciones compensatorias, pero no lo es sin embargo, en el caso de pensiones alimenticias, por el propio carácter y naturaleza esencialmente consumible de las mismas y la imposibilidad de su devolución, resultando también por este motivo más lógico, que las medidas relativas a los hijos sean ejecutables de forma definitiva y no provisional*".

Esta misma doctrina se recoge, entre otros, en los AAAAPP de Barcelona, Sección 18ª, de 12 de febrero de 2008 (*Tol 7.248.601*), 10 de febrero (*Tol 6.900.344*) y 19 de noviembre de 2009 (*Tol 6.900.184*) y 1 de abril de 2011 (*Tol 5.331.693*); Córdoba, Sección 1ª, de 11 de diciembre de 2019 (*Tol 7.918.952*) y Sevilla, Sección 2ª, de 3 de mayo de 2021 (*Tol 8.670.364*).

c) Todas las medidas acordadas son directamente ejecutivas

El AAP de La Coruña, Sección 5ª, de 24 de julio de 2008 (*Tol 7.204.783*) establece que "*no desconocemos la existencia de resoluciones dictadas por algunas Audiencias Provinciales en las que se razona que el ámbito del artículo 774.5 de la Ley de Enjuiciamiento Civil es el de las medidas de orden público que necesariamente deben incluirse en la sentencia, y que la ejecución del pronunciamiento sobre pensión compensatoria, siendo materia de libre disposición de las partes, seguirá siendo provisional en tanto que el Tribunal de que conoce de la apelación no desestime el recurso. Sin embargo esta Sala comparte la consideración expuesta en otras resoluciones de que, al amparo de la nueva legislación contenida en la Ley de Enjuiciamiento Civil, la pensión compensatoria, al tratarse de una medida definitiva acordada en sentencia, es directamente ejecutiva desde que se dicta sentencia en primera instancia, puesto que no se hace diferenciación alguna al establecer el artículo 774.5 de la Ley de Enjuiciamiento Civil que "los recursos que, conforme a la ley, se interpongan contra la sentencia no suspenderán la eficacia de las medidas que se hubieran acordado en ésta"".*

Por su parte, la SAP de Santa Cruz de Tenerife, Sección 1ª, de 10 de enero de 2012 (*Tol 2.475.900*) dispone que *"en esta materia de medidas no hay ejecución provisional, sino que directa e inmediatamente son ejecutables las establecidas en la sentencia de primera instancia, y la interposición del recurso de apelación no suspende su eficacia, como de modo claro y preciso dispone el citado artículo 774.5 de la LEC. Es decir, desde que ha sido dictada, las medidas en vigor son las establecidas en la sentencia apelada, y la ejecución de las mismas es de carácter inmediato, por cuanto, la interposición del recurso de apelación no tiene efecto suspensivo alguno sobre la medida acordada, en este caso los alimentos, por especial disposición de la propia LEC".*

Y en el mismo sentido pueden citarse los AAAAPP de Almería, Sección 1ª, de 21 de octubre de 2016 (*Tol 6.036.829*); Cádiz, Sección 5ª, de 23 de octubre de 2012 (*Tol 3.541.785*) y Castellón, Sección 2ª, de 7 de enero de 2010 (*Tol 3.722.714*).

d) Conclusión

En definitiva, esta última solución encuentra apoyo, al margen de lo dispuesto en el art. 777.8 LEC, no solamente en que el art. 774.5 LEC no hace distinción alguna en cuanto a qué medidas son directamente ejecutivas y cuáles no (*ubi non distinguit nec nos distinguere debemus*), sino también en que, como norma especial, debe prevalecer sobre la general del art. 525.1 LEC.

Por tanto, desde el momento en que tales medidas se dictan en primera instancia, las mismas son directa e inmediatamente ejecutivas, independientemente de que no sean firmes y hayan sido recurridas en apelación, de forma que la interposición del recurso no suspenderá su eficacia de acuerdo con lo previsto en el art. 774.5 LEC.

2. *Aplicación a los procesos de familia del plazo de espera de 20 días previsto en el art. 548 LEC*

Aunque es objeto de polémica, mayoritariamente se admite en las Audiencias Provinciales que el plazo de espera de veinte días previsto en el art. 548 LEC no es aplicable en los procesos de familia.

Es cierto que el citado art. 548 LEC establece que *"no se despachará ejecución de resoluciones procesales o arbitrales o de acuerdos de mediación, dentro de los veinte días posteriores a aquel en que la resolución de condena sea firme, o la resolución de aprobación del convenio o de firma del acuerdo haya sido notificada al ejecutado"*; sin embargo, el art. 774.5 LEC dispone en su inciso primero que *"los recursos que, conforme a la ley, se interpongan contra la sentencia no suspenderán la eficacia de las medidas que se hubieren acordado en ésta"*.

Por tanto, tal y como se ha estudiado en el apartado anterior, las medidas adoptadas en este tipo de procedimientos —y, entre ellas, la atribución del uso de la vivienda familiar— son directamente ejecutivas, sin necesidad de esperar el plazo de veinte días, máxime en cuanto afecten a menores, debido a la especial protección que se les debe dispensar en el ámbito del Derecho de Familia, dada la existencia de razones de interés y orden público y al ser su interés el más digno de protección.

En este sentido, rechazando la aplicación del plazo de espera de veinte días del art. 548 LEC a los procesos de familia se manifiestan, entre otros muchos, los AAAAPP de Barcelona, Sección 12ª, de 28 de septiembre de 2017 (*Tol 6.511.648*); Murcia, Sección 5ª, de 26 de mayo de 2020 (*Tol 8.050.492*); Orense, Sección 1ª, de 13 de junio de 2019 (*Tol 7.443.955*); Tarragona, Sección 1ª, de 15 de noviembre de 2023 (*Tol 9.857.143*) y Valencia, Sección 10ª, de 19 de septiembre de 2018 (*Tol 6.969.198*).

3. *Desalojo de la vivienda familiar en ejecución de sentencia una vez finalizado el plazo de atribución del uso de la misma*

Concluido el plazo establecido para el uso de la vivienda, es decir, extinguido el derecho de uso, surge la cuestión de si, en ejecución de la sentencia que realizó la atribución del mismo, puede acordarse el desalojo del cónyuge beneficiario.

Ningún problema se plantea cuando la sentencia contiene un pronunciamiento de condena al respecto, ordenando el desalojo al concluir el plazo, pues el mismo debe cumplirse de acuerdo con lo dispuesto en el art. 18.2 LOPJ, en cuya virtud *"las sentencias se ejecutarán en sus propios términos"*.

En esta línea se pronuncian, entre otros muchos, los AAAAPP de Barcelona, Sección 18ª, de 14 de junio de 2023 (*Tol 9.748.044*) y 7 de febrero de 2024 (*Tol 9.996.222*); Madrid, Sección 22ª, de 7 de mayo (*Tol 5.349.166*) y 13 de noviembre de 2012 (*Tol 5.357.689*) y, Sección 24ª, de 21 de enero de 2021 (*Tol 8.381.626*) y Valencia, Sección 10ª, de 8 de septiembre de 2021 (*Tol 8.647.821*) y 10 de junio (*Tol 10.214.401*) y 15 de julio de 2024 (*Tol 10.275.026*).

Por el contrario, si la sentencia se limita a fijar un plazo, sin establecer que transcurrido el mismo procederá el desalojo, debe distinguirse según que la vivienda familiar pertenezca a ambos cónyuges o únicamente a uno de ellos.

a) Vivienda titularidad del cónyuge (o conviviente) no beneficiario del derecho de uso

Perteneciendo la vivienda con carácter exclusivo a aquel de los cónyuges a quien no se ha atribuido el uso de la misma, resulta lógico pensar que, transcurrido el plazo pactado o fijado por la resolución judicial, puede el propietario de la vivienda, en ejecución de sentencia, interesar el desalojo sin necesidad de que tal pronunciamiento figure en ella.

Así resulta de los preceptos que se ocupan de esta cuestión en los Derechos Forales de Cataluña y País Vasco.

Concretamente, el art. 233-24.3 CCCat dispone que "*una vez extinguido el derecho de uso, el cónyuge que es titular de la vivienda puede recuperar su posesión en ejecución de la sentencia que haya acordado el derecho de uso o de la resolución firme sobre la duración o extinción de este derecho, y puede solicitar, si procede, la cancelación registral del derecho de uso"*. En parecidos términos se pronuncia, en el País Vasco, el art. 12.13 de la Ley 7/2015, de 30 de junio, de relaciones familiares en supuestos de separación o ruptura de los progenitores.

En este sentido, el AAP de Barcelona, Sección 18ª, de 13 de octubre de 2022 (*Tol 9.392.133*) señala que el art. 233-24.3 CCCat *"contempla la recuperación de la posesión en ejecución de la sentencia que lo haya acordado por parte de quien sea su titular, por lo que en principio y en ese supuesto de titularidad exclusiva, la obligación de desalojo es un efecto inherente, inseparable de la extinción del derecho de uso aunque no se contenga en el título un pronunciamiento expreso para dejarla libre, vacua y expedita"*.

Igualmente, admiten esta posibilidad, entre otros, los AAAAPP de Barcelona, Sección 18ª, de 7 de febrero de 2024 (*Tol 9.996.222*); Córdoba, Sección 1ª, de 20 de marzo de 2017 (*Tol 6.217.590*); León, Sección 1ª, de 24 de marzo de 2021 (*Tol 8.437.927*) y Vizcaya, Sección 4ª, de 4 de diciembre de 2023 (*Tol 9.872.575*).

b) Vivienda propiedad de ambos cónyuges (o convivientes)

En cambio, existe discrepancia entre las Audiencias Provinciales sobre esta cuestión cuando la vivienda pertenece a ambos cónyuges en copropiedad, ya que mientras unas exigen que es necesario para que se proceda al desalojo de la vivienda que, expresamente, este pronunciamiento se contenga en la sentencia que pone término al procedimiento matrimonial —y ello sobre la base del art. 394 CC[55] y, en Cataluña, del art. 552-6.1 CCCat[56]—,

55 Art. 394 CC: *"Cada partícipe podrá servirse de las cosas comunes, siempre que disponga de ellas conforme a su destino y de manera que no perjudique el interés de la comunidad, ni impida a los copartícipes utilizarlas según su derecho"*.

56 Art. 552-6.1 CCCat: *"Cada cotitular puede hacer uso del objeto de la comunidad de acuerdo con su finalidad social y económica y de modo que no perjudique a los intereses de la comunidad ni al de los demás cotitulares, a los cuales no puede impedir que hagan uso del mismo"*.

otras entienden aplicable la misma solución que en los casos de titularidad exclusiva —al ser el desalojo una consecuencia natural de la extinción del uso—.

En contra del desalojo ante la falta de pronunciamiento expreso se pronuncian, entre otros, los AAAAPP de Barcelona, Sección 18ª, de 13 de octubre de 2022 (*Tol 9.392.133*), 14 de junio de 2023 (*Tol 9.748.044*) y 7 de febrero de 2024 (*Tol 9.996.222*); Madrid, Sección 22ª, de 7 de mayo (*Tol 5.349.166*) y 13 de noviembre de 2012 (Tol 5.357.689) y, Sección 24ª, de 25 de septiembre de 2020 (*Tol 8.922.112*) y 21 de enero de 2021 (*Tol 8.381.626*) y Valencia, Sección 10ª, de 8 de septiembre de 2021 (*Tol 8.647.821*), 16 de febrero de 2022 (*Tol 8.946.694*) y 27 de mayo (*Tol 10.173.476*), 10 de junio (*Tol 10.214.401*) y 15 de julio de 2024 (*Tol 10.275.026*).

El AAP de Madrid, Sección 24ª, de 25 de septiembre de 2020 (*Tol 8.922.112*) dispone que *"el auto apelado concluye de forma acertada que por el mero transcurso del límite temporal indicado, ha cesado el derecho al uso exclusivo de la vivienda familiar, reconocido en la indicada sentencia, a la parte ejecutada. Esta Sala comparte esta conclusión. Sin embargo, de la misma no puede extraerse a efectos del presente procedimientos más conclusiones. Puesto que el derecho de uso ha concluido, siendo ambos copropietarios, no existe título alguno que ejecutar en este proceso. Bien pudieron las partes pactar la forma de administración del proindiviso una vez liquidado el patrimonio ganancial. No lo hicieron así, por lo que a falta de acuerdo, deberá ser en el procedimiento declarativo que ya han entablado donde se decida el régimen de uso del bien común. La Sra. Belinda ocupaba la vivienda como titular del derecho de uso atribuido en un procedimiento matrimonial. Cesado el derecho por liquidación del haber ganancial, ninguno de los copropietarios tiene un derecho preferente a ocupar el que fue domicilio familiar, sin que la ejecución de un procedimiento de familia pueda ir más allá del título que se ejecuta"*.

Por su parte, el AAP de Valencia, Sección 10ª, de 8 de septiembre de 2021 (*Tol 8.647.821*) establece que *"la sentencia no contiene un pronunciamiento que acuerde expresamente el desalojo de la vivienda, lo que, en el caso de que la vivienda sea propiedad de ambas partes implica que no procede el lanzamiento de quien ocupa el inmueble pues su presencia en él tiene como justificación precisamente su condición de copropietario que le confiere la posesión del mismo, y el derecho de uso conforme a su destino y de manera que no perjudique el interés de la comunidad, ni impida a las copartícipes utilizar la cosa según su derecho, como dice el artículo 394 del Código Civil, precepto interpretado por la sentencia del Tribunal Supremo de 19 de febrero de 2.016, número 93/2016.*

En este caso, las partes, si no alcanzan un acuerdo, deberán acudir al procedimiento que corresponda para regular el uso del inmueble, por ejemplo, estableciendo turnos alternos, o para poner fin a la cotitularidad del mismo, sea un proceso de división de la cosa común, sea un proceso de liquidación del régimen de la sociedad de gananciales. Pero no podrán, por vía de ejecución de la sentencia dictada en un proceso de familia, que se ha limitado a asignar el uso exclusivo durante un tiempo a uno de los cotitulares, conseguir el desalojo de un cotitular que una vez extinguido el derecho de uso exclusivo, sigue siendo cotitular del bien. Si se diera el desalojo en este caso, se estaría lanzando de la vivienda a quien podría entrar de nuevo en la misma con carácter inmediato, convirtiendo en inútil la diligencia de lanzamiento, al igual que lo podría hacer el otro cotitular, de modo que se podría producir una situación de triunfo del más fuerte, porque naturalmente en el caso de cese de la convivencia matrimonial o de pareja, ninguno de los cotitulares estaría dispuesto a consentir el uso compartido de la vivienda. Los tribunales competentes para el proceso de familia no pueden pronunciarse sobre la forma con arreglo a la que los copropietarios deben utilizar el inmueble una vez extinguida la asignación del uso exclusivo a uno de los copropietarios. En el momento en el que se extingue ese uso, renace la situación jurídica previa, que atribuye a ambas partes la cotitularidad del inmueble, y esa extinción, sin más precisión en el título ejecutivo, no justifica el desalojo de uno de los copropietarios, sin perjuicio, como se ha dicho arriba, de los acuerdos a los que lleguen, o en su defecto, de la decisión judicial que recaiga sobre la propiedad y el uso del bien".

Sin embargo, a favor del desalojo incluso en estos supuestos en los que ambos cónyuges son cotitulares de la vivienda se manifiestan, entre otros, los AAAAPP de Badajoz, Sección 3ª, de 22 de abril de 2024 (*Tol 10.149.228*); Córdoba, Sección 1ª, de 20 de marzo de 2017 (*Tol 6.217.590*); Granada, Sección 5ª, de 1 de julio de 2024 (*Tol 10.268.343*); León, Sección 1ª, de 24 de marzo de 2021 (*Tol 8.437.927*); Pontevedra, Sección 3ª, de 3 de junio de 2022 (*Tol 9.435.127*) y Vizcaya, Sección 4ª, de 4 de diciembre de 2023 (*Tol 9.872.575*).

El AAP de Córdoba, Sección 1ª, de 20 de marzo de 2017 (*Tol 6.217.590*) señala que *"aunque la sentencia no contiene un pronunciamiento expreso sobre el desalojo de la vivienda una vez transcurrido dicho plazo este pronunciamiento se encuentra implícito en la decisión de la extinción del uso de la vivienda en cuanto una consecuencia necesaria de la misma"*.

Igualmente, el AAP de Vizcaya, Sección 4ª, de 4 de diciembre de 2023 (*Tol 9.872.575*) establece que *"el pronunciamiento cuya ejecución se solicita se desprende de la propia resolución, por más que no contemple expresamente la entrega de llaves o en su caso el desalojo, ya que es la consecuencia natural y necesaria de la decisión adoptada sobre atribución de uso y posterior extinción del uso judicialmente atribuido. En otro caso, se obligaría al ejecutante a instar un nuevo proceso judicial al margen del matrimonial y que conllevaría la prolongación de un uso otorgado y extinguido por resolución judicial y por ello una situación de abuso de derecho por parte de la ejecutada, que, debió haber cesado en el uso de la vivienda familiar en cumplimiento de la resolución"*.

En apoyo de esta última posibilidad podrían traerse a colación —y así lo hacen las resoluciones partidarias de la misma— las SSTS, Sala 1ª, 465/2015, de 9 de septiembre (*Tol 5.426.939*) —que, atribuido el uso de la vivienda familiar a uno de los cónyuges por un plazo determinado, señala que transcurrido el cual *"deberá abandonarla, salvo pacto entre las partes, quedando integrada la vivienda y el garaje en el proceso de disolución y liquidación de la sociedad de gananciales"*—, y 691/2020, de 21 de diciembre (*Tol 8.251.440*) —que admite el ejercicio de la acción de desahucio por precario en las comunidades hereditarias y postgananciales frente a un cotitular que detenta la posesión de forma exclusiva, al tratarse de una pretensión que, de prosperar, redundará en provecho de la comunidad—.

No obstante, incluso admitiendo que el pronunciamiento de uso temporal lleva consigo, siquiera sea de forma implícita, la posibilidad, en ejecución de sentencia, del desalojo de la vivienda tras el transcurso del plazo de aquel a quien se hubiere concedido el derecho de uso —ejecutado—, dicha circunstancia no supone que se autorice al otro titular —ejecutante— a ocupar la vivienda de forma exclusiva, ya que la utilización de un bien por uno solo de los partícipes que excluya el uso de los demás es ilegítimo (art. 394 CC).

Al respecto, la citada STS, Sala 1ª, 691/2020, de 21 de diciembre, tras señalar que *"ejercitar la acción de desahucio frente a un coheredero o comunero en provecho exclusivo del actor, pretendiendo su uso exclusivo y excluyente, contravendría el fundamento de la acción, pues incurriría en la misma posesión exclusiva"*, añade que *"como declaramos en las sentencias de 8 de mayo de 2008 y 26 de febrero de 2008, si algún heredero, hace uso exclusivo de algún bien, al no tener título que ampare su posesión, se coloca como precarista siendo viable la acción ejercitada. Pero esa conclusión "en modo alguno puede comportar la inexistencia del derecho a coposeer [...], no encontrándonos, ante una posesión sin título, sino ante un posible abuso en el ejercicio del derecho, exceso que queda determinado por el uso en exclusiva de un concreto bien, necesariamente comporta el implícito derecho a poseer en cuestión por parte de los coherederos""*.

En esta línea, el AAP de Castellón, Sección 4ª, de 6 de junio de 2023 (*Tol 9.755.299*) establece que *"finalizado el uso concedido, los copropietarios quedan situados en igualdad de condiciones y con idénticos derechos de acceso, uso y disfrute de la cosa común al no quedar afectada por el título de concesión. Por lo tanto, la recuperación no puede pretenderse para un uso exclusivo, sino en beneficio de la comunidad"* y que *"no puede aspirarse a través de un procedimiento de familia que estableció a través de la sentencia de divorcio unas medidas definitivas y concretas, una modificación del uso de la vivienda conforme al art. 96 CC que por no haber hijos o ser estos mayores de edad, solo permiten una concesión temporal —tiempo prudencial refiere el precepto— desde la misma. No cabe aspirar a establecer posteriores turnos"*.

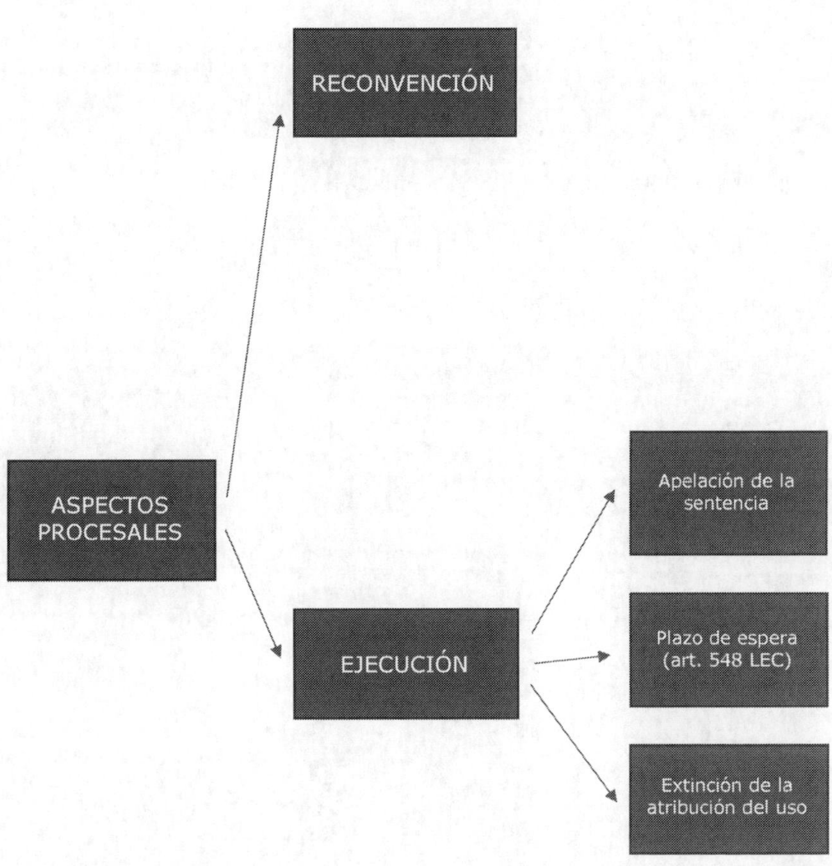
RECONVENCIÓN
ASPECTOS PROCESALES
EJECUCIÓN
Apelación de la sentencia
Plazo de espera (art. 548 LEC)
Extinción de la atribución del uso

Capítulo 11
Formularios

SUMARIO: 1. PROPUESTA DE CONVENIO REGULADOR. 2. DEMANDA DE DIVORCIO DE MUTUO ACUERDO. 3. DEMANDA DE DIVORCIO CONTENCIOSO CON SOLICITUD DE GUARDA Y CUSTODIA COMPARTIDA Y ATRIBUCIÓN DEL USO DE LA VIVIENDA A UNO DE LOS CÓNYUGES. 4. DEMANDA DE DIVORCIO CONTENCIOSO CON SOLICITUD DE GUARDA Y CUSTODIA A FAVOR DE UNO DE LOS CÓNYUGES Y PETICIÓN DE MEDIDAS PROVISIONALES. 5. DEMANDA DE MODIFICACIÓN DE MEDIDAS SOLICITANDO LA EXTINCIÓN DE LA ATRIBUCIÓN DEL USO DE LA VIVIENDA FAMILIAR.

1. PROPUESTA DE CONVENIO REGULADOR

Normativa aplicable: art. 90 y siguientes CC.

En (…), a (…) de (…) de (…).

REUNIDOS

De una parte, Dª. (…), mayor de edad, con domicilio en (…) y con DNI nº (…).

Y, de otra, D. (…), mayor de edad, con domicilio en (…) y con DNI nº (…).

Ambas partes intervienen en su propio nombre y derecho, reconociéndose mutuamente capacidad legal suficiente para el otorgamiento del presente convenio regulador.

MANIFIESTAN

I. Que contrajeron matrimonio [civil/canónico] en (…), el día (…) de (…) de (…), inscrito en el Registro Civil de (…), Tomo (…), página (…).

II. Que de este matrimonio nacieron dos hijos: (...), nacido el día (...) de (...) de (...) y (...), nacido el día (...) de (...) de (...).

III. Que la vivienda que ha constituido el domicilio familiar se encuentra en (...), perteneciendo a ambos cónyuges en *pro indiviso.*

IV. Que ambos cónyuges han decidido, de común acuerdo, poner fin a la convivencia, circunstancia por la que formulan la presente propuesta de convenio regulador que someten a aprobación judicial.

ESTIPULACIONES

I. GUARDA Y CUSTODIA

Los hijos menores del matrimonio quedarán bajo la guarda y custodia del padre/de la madre.

II. PATRIA POTESTAD

Ambos progenitores compartirán la titularidad y ejercicio de la patria potestad sobre sus hijos menores de edad, de acuerdo con lo dispuesto en los arts. 154 y siguientes del Código Civil.

III. RÉGIMEN DE VISITAS

Como régimen de visitas para el padre/la madre, este/a podrá estar en compañía de sus hijos y tenerlos en su compañía los fines de semana alternos, desde el viernes a la salida del colegio hasta las 20:00 horas del domingo, recogiéndolos en aquel lugar y reintegrándolos al domicilio materno/paterno.

Asimismo, podrá tener a sus hijos en su compañía un día entre semana, que, a falta de acuerdo en otro sentido, será el miércoles, desde la salida del colegio hasta las 20:00 horas, recogiéndolos en aquel lugar y reintegrándolos al domicilio materno/paterno.

Además, la mitad de los períodos íntegros vacacionales escolares que se fijen para Navidad, Semana Santa y verano, si bien en la época estival los períodos se distribuirán por quincenas. A falta de acuerdo en otro sentido, la madre elegirá los años pares y al padre los impares.

IV. ATRIBUCIÓN DEL USO DE LA VIVIENDA Y AJUAR FAMILIAR

El uso de la vivienda familiar y del ajuar doméstico en ella existente se atribuye a los hijos y al padre/a la madre hasta la mayoría de edad de aquellos.

V. PENSIÓN ALIMENTICIA

El padre/la madre abonará en concepto de alimentos a sus hijos la cantidad de (...) mensuales para cada uno de ellos, en total (...) mensuales, pagaderos por anticipado, dentro de los cinco primeros días de cada mes, en la cuenta corriente o libreta de ahorro que al efecto designe la madre/el padre. Dicha cantidad se actualizará anualmente, con efectos de primero de enero de cada año, en proporción a las variaciones que experimenten al alza los índices de precios al consumo, según el Instituto Nacional de Estadística u organismo que lo sustituya.

VI. GASTOS EXTRAORDINARIOS

Los gastos extraordinarios que tengan su origen en los hijos serán satisfechos por mitad entre ambos progenitores, requiriéndose el conocimiento del gasto necesario y su aceptación por el otro y, en su defecto, resolverá el Juzgado acerca del carácter extraordinario del mismo.

V. PENSIÓN COMPENSATORIA

Al no producir el divorcio un desequilibrio económico a ninguno de los cónyuges en relación con la posición del otro que implique un empeoramiento en su situación anterior en el matrimonio, no procede el establecimiento de pensión compensatoria.

VI. GASTOS DE REPRESENTACIÓN Y DIRECCIÓN TÉCNICA

Los gastos de Procurador/a y Letrado/a serán satisfechos por mitad entre ambos cónyuges.

VII. VIGENCIA

Los pactos contenidos en el presente documento desplegarán sus efectos desde fecha de su firma.

Y en prueba de conformidad con el contenido del presente documento, los comparecientes se ratifican en todos y cada uno de los pactos recogidos en él, firmándolo por triplicado y a un solo efecto en el lugar y fecha arriba indicados.

2. DEMANDA DE DIVORCIO DE MUTUO ACUERDO

Normativa: arts. 81, 85, 86 y 90 a 101 CC y 749.2, 750.2, 769.2 y 777 LEC

AL JUZGADO DE PRIMERA INSTANCIA DE (...) QUE POR TURNO CORRESPONDA

D./Dª. (...), Procurador/a de los Tribunales, en nombre y representación de D. (...) y D.ª (...), tal y como se acreditará mediante comparecencia *apud acta*, y bajo la dirección del/de la Letrado/a D./D.ª (...), ante el Juzgado comparezco y, como mejor proceda en Derecho, **DIGO:**

Que, por medio del presente escrito, y en la representación que ostento, de conformidad con lo dispuesto en el art. 777.1 LEC, formulo **DEMANDA DE DIVORCIO DE MUTUO ACUERDO**, y ello sobre la base de los siguientes:

HECHOS

PRIMERO.- Que D. (...) y Dª. (...) contrajeron matrimonio [civil/canónico] en (...), el día (...) de (...) de (...), inscrito en el Registro Civil de (...), Tomo (...), página (...). Se acompaña como DOCUMENTO nº 1 certificado literal del matrimonio.

SEGUNDO.- Que de este matrimonio han nacido dos hijos: (...), el día (...) de (...) de (...) y (...), el día (...) de (...) de (...). Se acompañan como DOCUMENTOS nº 2 y 3 certificados de nacimiento de ambos hijos.

TERCERO.- Que la vivienda que ha constituido el domicilio familiar pertenece a la sociedad de gananciales del matrimonio, al haber sido adquirida por los cónyuges constante el mismo.

CUARTO.- Que el régimen económico del matrimonio, al no haber otorgado los cónyuges capitulaciones matrimoniales, es el de la sociedad de gananciales.

QUINTO.- Que, habiendo transcurrido más de tres meses desde la celebración del matrimonio, ambos cónyuges han decidido, de mutuo acuerdo, solicitar judicialmente el divorcio, acompañando, como DOCUMENTO nº 4, propuesta de convenio regulador suscrito el día (...).

A los anteriores hechos son de aplicación los siguientes:

FUNDAMENTOS DE DERECHO

I. JURISDICCIÓN

Son competentes los Tribunales civiles españoles de acuerdo con los arts. 21 y 22 LOPJ y 36 LEC.

II. COMPETENCIA

Es competente el Juzgado al que me dirijo de conformidad con lo dispuesto en el art. 769.2 LEC, al corresponder el mismo al último domicilio común del matrimonio.

III. CAPACIDAD Y LEGITIMACIÓN

Mis representados tienen la capacidad procesal necesaria de acuerdo con el art. 6 LEC y gozan de legitimación en virtud de lo establecido en el art. 10 LEC.

IV. REPRESENTACIÓN Y DEFENSA

Conforme a lo establecido en el art. 750.2 LEC, ambos cónyuges comparecen representados por el/la Procurador/a D./Dª. (...) y bajo la asistencia letrada de D./Dª. (...).

V. PROCEDIMIENTO

El procedimiento para la tramitación de la presente solicitud de divorcio es el contemplado en el art. 777 LEC.

VI. INTERVENCIÓN DEL MINISTERIO FISCAL

Siendo menores de edad los hijos del matrimonio, es preceptiva la intervención del Ministerio Fiscal, de acuerdo con lo establecido en los arts. 749.2 y 777.5 LEC.

VII. FONDO DEL ASUNTO

Resultan aplicables los arts. 85 a 89 y 90 a 101 CC, que regulan, respectivamente, la disolución del matrimonio y los efectos comunes a la nulidad, separación y divorcio.

En concreto, el art. 86 CC dispone que *"se decretará judicialmente el divorcio, cualquiera que sea la forma de celebración del matrimonio, a petición de uno solo de los cónyuges, de ambos o de uno con el consentimiento del otro, cuando concurran los requisitos y circunstancias exigidos en el artículo 81"*. Dicho precepto establece en su número 2º que se decretará judicialmente la separación *"a petición de ambos cónyuges o de uno con el consentimiento del otro, una vez transcurridos tres meses desde la celebración del matrimonio"*, debiendo acompañar a la demanda *"una propuesta de convenio regulador redactada conforme al artículo 90 de este Código"*.

Por lo expuesto

SUPLICO AL JUZGADO: Que, teniendo por presentado este escrito, junto con los documentos que se acompañan, lo admita y tenga por formulada demanda de **DIVORCIO DE MUTUO ACUERDO** del matrimonio contraído por D. (…) y Dª. (…), a fin de que, previa ratificación de ambos cónyuges y con la preceptiva intervención del Ministerio Fiscal, dicte sentencia en la que se declare la disolución del matrimonio por divorcio, con todos los efectos legales inherentes a dicha declaración, aprobando la propuesta de convenio regulador aportada.

Todo ello por ser de Justicia que respetuosamente pido en (...), a (...) de (...) de (…).

Firma del Letrado

Firma del Procurador

3. DEMANDA DE DIVORCIO CONTENCIOSO CON SOLICITUD DE GUARDA Y CUSTODIA COMPARTIDA Y ATRIBUCIÓN DEL USO DE LA VIVIENDA A UNO DE LOS CÓNYUGES

Normativa: arts. 81, 85 a 89 y 90 a 101 CC y 749.2, 750.1, 769.1 y 770 LEC

AL JUZGADO DE PRIMERA INSTANCIA DE (…) QUE POR TURNO CORRESPONDA

D./Dª. (…), Procurador/a de los Tribunales, en nombre y representación de D./D.ª (…), tal y como se acreditará mediante comparecencia *apud acta*, y bajo la dirección del/de la Letrado/a D./D.ª (…), ante el Juzgado comparezco y, como mejor proceda en Derecho, **DIGO:**

Que, por medio del presente escrito, y en la representación que ostento, de conformidad con lo dispuesto en el art. 770 LEC, formulo **DEMANDA DE DIVORCIO** contra D./Dª. (…), debiendo ser citado igualmente el Ministerio Fiscal al existir un/a hijo/a menor de edad, y ello sobre la base de los siguientes:

HECHOS

PRIMERO.- Que D. (…) y Dª. (…) contrajeron matrimonio [civil/canónico] en (…), el día (…) de (…) de (…), inscrito en el Registro Civil de (…), Tomo (…), página (…). Se acompaña como DOCUMENTO nº 1 certificado literal del matrimonio.

Han transcurrido, por tanto, más de tres meses desde la celebración del matrimonio.

SEGUNDO.- Que de este matrimonio ha nacido, el día (…) de (…) de (…) y (…), un/a hijo/a, (…). Se acompaña como DOCUMENTO nº 2 certificado de nacimiento.

TERCERO.- Que el régimen económico del matrimonio es el de (…).

CUARTO.- Que ambos cónyuges se encuentran separados de hecho desde el (…), fecha en la que D./Dª. (…) abandonó la vivienda que había constituido el domicilio familiar, en la que ha permanecido mi mandante junto al/a la hijo/a menor de edad.

QUINTO.- Que, siendo el deseo de mi mandante que se proceda a la disolución de su matrimonio con el/la demandado/a, interesa que, conforme a lo establecido en el art. 86 CC en relación con el art. 81 CC, se dicte sentencia declarando el divorcio de ambos cónyuges con todos los efectos legales inherentes a dicha declaración y, en especial, los siguientes:

1º. *Guarda y custodia.*- Siendo el sistema de guarda y custodia compartida el normal o deseable de acuerdo con la doctrina mantenida, de forma reiterada y constante, por el Tribunal Supremo (*v.gr.*, STS, Sala 1ª, 175/2021, de 29 de marzo, y las que en ella se citan), ambos progenitores compartirán la guarda y custodia del/de la hijo/a menor de edad, por semanas alternas, siendo las entregas y recogidas, a falta de acuerdo, los viernes, a la salida del colegio, con dos visitas intersemanales que, igualmente a falta acuerdo, serán los martes y los jueves desde la salida del colegio hasta las 20:00 horas.

Los períodos vacacionales escolares se distribuirán, igualmente, por mitad entre los progenitores, si bien en la época estival dicha distribución será por quincenas. En caso de desacuerdo entre ellos, cada progenitor tendrá prioridad de elección un año, correspondiéndole elegir a la madre los años pares y al padre los impares.

2º. *Patria potestad.*- Ambos progenitores compartirán la titularidad y ejercicio de la patria potestad sobre su hijo/a.

3º. *Pensión alimenticia.*- Teniendo ambos progenitores ingresos similares, los gastos ordinarios del/de la hijo/a serán sufragados por mitad entre ellos mediante el ingreso en una cuenta de la cantidad necesaria para el abono de los mismos en la citada proporción, incluyéndose entre tales gastos todos los de carácter escolar y los que se deriven de vestido o ropa del/de la menor, asumiendo cada uno de los progenitores los demás gastos ordinarios mientras se encuentre en su compañía.

Con objeto de acreditar la similitud de ingresos, se acompaña, como DOCUMENTO nº 3, la declaración del Impuesto sobre la Renta de las Personas Físicas de mi mandante correspondiente al último ejercicio y, como DOCUMENTO nº 4, las seis últimas nominas percibidas, interesando que se requiera a la parte demandada para que aporte tanto las seis últimas nominas percibidas como la declaración del Impuesto sobre la Renta de las Personas Físicas del último ejercicio.

4º. *Gastos extraordinarios.*- Los gastos extraordinarios que tengan su origen en el/la hijo/a serán satisfechos por mitad entre ambos progenitores, requiriéndose el conocimiento del gasto necesario y su aceptación por el otro y, en su defecto, resolverá el Juzgado acerca del carácter extraordinario del mismo.

5º. *Uso de la vivienda familiar.*- Residiendo el/la demandado/a en la actualidad en otra vivienda de su propiedad, se interesa la atribución a mi mandante del uso de la vivienda familiar hasta que se proceda a la liquidación del régimen económico del matrimonio.

6º. *Pensión compensatoria.*- Al no producir el divorcio un desequilibrio económico a ninguno de los cónyuges en relación con la posición del otro que implique un empeoramiento en su situación anterior en el matrimonio, no procede el establecimiento de pensión compensatoria.

A los anteriores hechos son de aplicación los siguientes:

FUNDAMENTOS DE DERECHO

I. JURISDICCIÓN

Son competentes los Tribunales civiles españoles de acuerdo con los arts. 21 y 22 LOPJ y 36 LEC.

II. COMPETENCIA

Es competente el Juzgado al que me dirijo de conformidad con lo dispuesto en el art. 769.1 LEC, al corresponder el mismo al último domicilio común del matrimonio y residir ambos cónyuges en el partido judicial en el que se encuentra.

III. CAPACIDAD Y LEGITIMACIÓN

Mi representado/a tiene la capacidad procesal necesaria de acuerdo con el art. 6 LEC y goza de legitimación en virtud de lo establecido en los art. 10 LEC al ser cónyuge del/de la demandado/a.

IV. REPRESENTACIÓN Y DEFENSA

Conforme a lo establecido en el art. 750.1 LEC, el/la actor/a comparece representado/a por el/la Procurador/a D./Dª. (...) y bajo la asistencia letrada de D./Dª. (...).

V. PROCEDIMIENTO

El procedimiento para la tramitación de la presente solicitud de divorcio es el contemplado en el art. 770 LEC.

VI. INTERVENCIÓN DEL MINISTERIO FISCAL

Siendo menor de edad el/la hijo/a del matrimonio, es preceptiva la intervención del Ministerio Fiscal, de acuerdo con lo establecido en el art. 749.2 LEC.

VII. FONDO DEL ASUNTO

Resultan aplicables los arts. 85 a 89 y 91 a 101 CC, que regulan, respectivamente, la disolución del matrimonio y los efectos comunes a la nulidad, separación y divorcio.

En concreto, el art. 86 CC dispone que *"se decretará judicialmente el divorcio, cualquiera que sea la forma de celebración del matrimonio, a petición de uno solo de los cónyuges, de ambos o de uno con el consentimiento del otro, cuando concurran los requisitos y circunstancias exigidos en el artículo 81"*. Dicho precepto establece en su número 2º que se decrete judicialmente la separación *"a petición de ambos cónyuges o de uno con el consentimiento del otro, una vez transcurridos tres meses desde la celebración del matrimonio"*, debiendo acompañar a la demanda *"una propuesta de convenio regulador redactada conforme al artículo 90 de este Código"*.

VIII. COSTAS

Es aplicable lo dispuesto en el art. 394 CC.

Por lo expuesto

SUPLICO AL JUZGADO: Que, teniendo por presentado este escrito, junto con los documentos que se acompañan, lo admita y tenga por formulada demanda de **DIVORCIO CONTENCIOSO** del matrimonio contraído por D. (...) y Dª. (...), a fin de que, con la preceptiva intervención del Ministerio Fiscal, dada la existencia de hijos menores de edad, y, previos los trámites legales oportunos, dicte sentencia en la que, estimando íntegramente esta demanda, se declare la disolución de dicho matrimonio por divorcio, con todos los efectos legales inherentes a dicha declaración y, en particular, los siguientes:

1º. Atribución de la guarda y custodia del/de la hijo/a menor de edad a ambos progenitores de forma compartida, por semanas alternas, siendo las entregas y recogidas, a falta de acuerdo, los viernes, a la salida del colegio, con dos visitas intersemanales que, igualmente a falta acuerdo, serán los martes y los jueves desde la salida del colegio hasta las 20:00 horas. Los períodos vacacionales escolares se distribuirán, igualmente, por mitad entre los progenitores, si bien en la época estival dicha distribución será por quincenas. En caso de desacuerdo entre ellos, cada progenitor tendrá prioridad de elección un año, correspondiéndole elegir a la madre los años pares y al padre los impares.

2º. Atribución de la patria potestad del/de la hijo/a menor de edad a ambos progenitores.

3º. Los gastos ordinarios del/de la hijo/a serán sufragados por mitad entre los progenitores mediante el ingreso en una cuenta de la cantidad necesaria para el abono de los mismos en la citada proporción, incluyéndose entre tales gastos todos los de carácter escolar y los que se deriven de vestido o ropa del/de la menor, asumiendo cada uno de los progenitores los demás gastos ordinarios mientras se encuentre en su compañía.

4º. Los gastos extraordinarios que tengan su origen en el/la hijo/a serán satisfechos por mitad entre ambos progenitores, requiriéndose el conocimiento del gasto necesario y su aceptación por el otro y, en su defecto, resolverá el Juzgado acerca del carácter extraordinario del mismo.

5º. Atribución del uso de la vivienda familiar a mi mandante hasta que se proceda a la liquidación del régimen económico del matrimonio.

PRIMER OTROSÍ DIGO: Que, para acreditar los hechos en que se funda la demanda, interesa a esta parte el recibimiento a prueba del presente procedimiento,

SUPLICO AL JUZGADO se sirva acordarlo así en el momento procesal oportuno.

SEGUNDO OTROSÍ DIGO: Conforme a lo dispuesto en el art. 752 LEC, se solicita que se requiera al/a la demandado/a para que aporte las seis últimas nominas percibidas y la declaración del Impuesto sobre la Renta de las Personas Físicas del pasado ejercicio,

SUPLICO AL JUZGADO se acuerde la prueba propuesta.

Todo ello por ser de Justicia que respetuosamente pido en (...), a (...) de (...) de (...).

Firma del Letrado

Firma del Procurador

4. DEMANDA DE DIVORCIO CONTENCIOSO CON SOLICITUD DE GUARDA Y CUSTODIA A FAVOR DE UNO DE LOS CÓNYUGES Y PETICIÓN DE MEDIDAS PROVISIONALES

Normativa: arts. 81, 85 a 89, 90 a 101 y 102 a 106 CC y 749.2, 750.1, 769.1, 770, 771 y 772 LEC

AL JUZGADO DE PRIMERA INSTANCIA DE (...) QUE POR TURNO CORRESPONDA

D./Dª. (...), Procurador/a de los Tribunales, en nombre y representación de D./D.ª (...), tal y como se acreditará mediante comparecencia *apud acta*, y bajo la dirección del/de la Letrado/a D./D.ª (...), ante el Juzgado comparezco y, como mejor proceda en Derecho, **DIGO:**

Que, por medio del presente escrito, y en la representación que ostento, de conformidad con lo dispuesto en el art. 770 LEC, formulo **DEMANDA DE DIVORCIO** contra D./Dª. (...), debiendo ser citado igualmente el Ministerio Fiscal al existir un/a hijo/a menor de edad, y ello sobre la base de los siguientes:

HECHOS

PRIMERO.- Que D. (...) y Dª. (...) contrajeron matrimonio [civil/canónico] en (...), el día (...) de (...) de (...), inscrito en el Registro Civil de (...), Tomo (...), página (...). Se acompaña como DOCUMENTO nº 1 certificado literal del matrimonio.

Han transcurrido, por tanto, más de tres meses desde la celebración del matrimonio.

SEGUNDO.- Que de este matrimonio ha nacido, el día (...) de (...) de (...) y (...), un/a hijo/a, (...). Se acompaña como DOCUMENTO nº 2 certificado de nacimiento.

TERCERO.- Que el régimen económico del matrimonio es el de (...).

CUARTO.- Que ambos cónyuges se encuentran separados de hecho desde el (...), fecha en la que D./Dª. (...) abandonó la vivienda que había constituido el domicilio familiar, en la que ha permanecido mi mandante junto al/a la hijo/a menor de edad.

QUINTO.- Que, siendo el deseo de mi mandante que se proceda a la disolución de su matrimonio con el/la demandado/a, interesa que, conforme a lo establecido en el art. 86 CC en relación con el art. 81 CC, se dicte sentencia declarando el divorcio de ambos cónyuges con todos los efectos legales inherentes a dicha declaración y, en especial, los siguientes:

1º. *Guarda y custodia.-* Teniendo en cuenta la edad del/de la niño/a y que desde que se produjo la separación de hecho de sus progenitores ha estado conviviendo con mi representado/a, se interesa que se le atribuya la guarda y custodia del mismo/a, sobre todo teniendo en cuenta la escasa relación del/de la demandado/a con su hijo/a desde entonces.

2º. *Régimen de visitas.*- No obstante, y al amparo del art. 94 CC, debe establecerse un régimen de visitas para el padre/la madre en los términos que resulten más beneficiosos para el/la niño/a, régimen que, dado su deseo de estar con su madre/padre, debe ser lo más amplio posible con objeto de recuperar y consolidar la relación paternofilial. En concreto, se interesa el siguiente:

a) Podrá comunicarse con su hijo/a y tenerlo/a en su compañía los fines de semana alternos, desde el viernes a la salida del colegio hasta las 20:00 horas del domingo, recogiéndolo/a y reintegrándolo/a en el domicilio paterno/materno.

b) Asimismo, el padre/la madre podrá tener a su hijo/a en su compañía dos días entre semana que, a falta de acuerdo, serán el martes y el jueves, desde la salida del colegio hasta las 20:00 horas, recogiéndolo/a y reintegrándolo/a en el domicilio paterno/materno.

c) Además, la mitad de los períodos íntegros vacacionales escolares que se fijen para Navidad, Semana Santa y verano, si bien en la época estival los períodos se distribuirán por quincenas. En caso de desacuerdo entre los padres, cada progenitor tendrá prioridad de elección un año, correspondiéndole elegir a la madre los años pares y al padre los impares.

3º. *Patria potestad.*- Ambos progenitores compartirán la titularidad y ejercicio de la patria potestad sobre su hijo/a.

4º. *Pensión alimenticia.*- El padre/la madre deberá satisfacer en concepto de alimentos a su hijo/a la cantidad de (...) mensuales, pagaderos por anticipado, desde la fecha de presentación de la demanda, dentro de los cinco primeros días de cada mes en la cuenta corriente o libreta de ahorro nº (...). Dicha cantidad deberá actualizarse anualmente, con efectos de primero de enero de cada año, en proporción a las variaciones que experimenten los índices de precios al consumo, según el Instituto Nacional de Estadística u organismo que lo sustituya.

Para fijar la cantidad solicitada se han tenido en cuenta los ingresos de ambos progenitores y las necesidades del/de niño/a e, igualmente, las Tablas orientadoras para la determinación de las pensiones alimenticias de los hijos en los procesos de familia elaboradas por el Consejo General del Poder Judicial.

Al respecto, se acompaña, como DOCUMENTO nº 3, la declaración del Impuesto sobre la Renta de las Personas Físicas de mi mandante correspondiente al último ejercicio y, como DOCUMENTO nº 4, las seis últimas nominas percibidas, interesando que se requiera la parte demandada para que aporte tanto las seis últimas nominas percibidas como la declaración del Impuesto sobre la Renta de las Personas Físicas del último ejercicio.

5º. *Gastos extraordinarios*.- Los gastos extraordinarios que tengan su origen en el/la hijo/a serán satisfechos por mitad entre ambos progenitores, requiriéndose el conocimiento del gasto necesario y su aceptación por el otro y, en su defecto, resolverá el Juzgado acerca del carácter extraordinario del mismo.

6º. *Uso de la vivienda familiar*.- De acuerdo con lo dispuesto en el art. 96.1 CC, debe atribuirse a mi mandante el uso de la vivienda familiar, al permanecer junto a él/ella el hijo/a menor del matrimonio.

7º. *Pensión compensatoria*.- Al no producir el divorcio un desequilibrio económico a ninguno de los cónyuges en relación con la posición del otro que implique un empeoramiento en su situación anterior en el matrimonio, no procede el establecimiento de pensión compensatoria.

A los anteriores hechos son de aplicación los siguientes:

FUNDAMENTOS DE DERECHO

I. JURISDICCIÓN

Son competentes los Tribunales civiles españoles de acuerdo con los arts. 21 y 22 LOPJ y 36 LEC.

II. COMPETENCIA

Es competente el Juzgado al que me dirijo de conformidad con lo dispuesto en el art. 769.1 LEC, al corresponder el mismo al último domicilio común del matrimonio y residir ambos cónyuges en el partido judicial en el que se encuentra.

III. CAPACIDAD Y LEGITIMACIÓN

Mi representado/a tiene la capacidad procesal necesaria de acuerdo con el art. 6 LEC y goza de legitimación en virtud de lo establecido en el art. 10 LEC al ser cónyuge del/de la demandado/a.

IV. REPRESENTACIÓN Y DEFENSA

Conforme a lo establecido en el art. 750.1 LEC, el/la actor/a comparece representado/a por el/la Procurador/a D./Dª. (...) y bajo la asistencia letrada de D./Dª. (...).

V. PROCEDIMIENTO

El procedimiento para la tramitación de la presente solicitud de divorcio es el contemplado en el art. 770 LEC.

VI. INTERVENCIÓN DEL MINISTERIO FISCAL

Siendo menor de edad el/la hijo/a del matrimonio, es preceptiva la intervención del Ministerio Fiscal, de acuerdo con lo establecido en el art. 749.2 LEC.

VII. FONDO DEL ASUNTO

Resultan aplicables los arts. 85 a 89 y 91 a 101 CC, que regulan, respectivamente, la disolución del matrimonio y los efectos comunes a la nulidad, separación y divorcio.

En concreto, el art. 86 CC dispone que *"se decretará judicialmente el divorcio, cualquiera que sea la forma de celebración del matrimonio, a petición de uno solo de los cónyuges, de ambos o de uno con el consentimiento del otro, cuando concurran los requisitos y circunstancias exigidos en el artículo 81"*. Dicho precepto establece en su número 2° que se decrete judicialmente la separación *"a petición de ambos cónyuges o de uno con el consentimiento del otro, una vez transcurridos tres meses desde la celebración del matrimonio"*, debiendo acompañar a la demanda *"una propuesta de convenio regulador redactada conforme al artículo 90 de este Código"*.

VIII. COSTAS

Es aplicable lo dispuesto en el art. 394 CC.

Por lo expuesto

SUPLICO AL JUZGADO: Que, teniendo por presentado este escrito, junto con los documentos que se acompañan, lo admita y tenga por formulada demanda de **DIVORCIO CONTENCIOSO** del matrimonio contraído por D. (...) y Dª. (...), a fin de que, con la preceptiva intervención del Ministerio Fiscal, dada la existencia de hijos menores de edad, y, previos los trámites legales oportunos, dicte sentencia en la que, estimando íntegramente esta demanda, se declare la disolución de dicho matrimonio por divorcio, con todos los efectos legales inherentes a dicha declaración y, en particular, los siguientes:

1°. Que la guarda y custodia del/de la hijo/a del matrimonio le sea atribuida a mi mandante.

2°. Que se atribuya a ambos progenitores la patria potestad del/de la hijo/a menor de edad.

3º. Que se establezca el siguiente régimen de visitas para que el/la demandado/a pueda estar en compañía de su hijo/a:

a) Los fines de semana alternos, desde el viernes a la salida del colegio hasta las 20:00 horas del domingo, recogiéndolo/a y reintegrándolo/a en el domicilio paterno/materno.

b) Asimismo, dos días entre semana que, a falta de acuerdo, serán el martes y el jueves, desde la salida del colegio hasta las 20:00 horas, recogiéndolo/a y reintegrándolo/a en el domicilio paterno/materno.

c) Además, la mitad de los períodos íntegros vacacionales escolares que se fijen para Navidad, Semana Santa y verano, si bien en la época estival los períodos se distribuirán por quincenas. En caso de desacuerdo entre los padres, cada progenitor tendrá prioridad de elección un año, correspondiéndole elegir a la madre los años pares y al padre los impares.

4º. Obligación de D./Dª. (...) de abonar, en concepto de alimentos a su hijo/a, la cantidad de (...) mensuales, pagaderos por anticipado, desde la fecha de presentación de la demanda, dentro de los cinco primeros días de cada mes, en la cuenta corriente o libreta de ahorro nº (...). Dicha cantidad se actualizará anualmente, con efectos de primero de enero de cada año, en proporción a las variaciones que experimenten los índices de precios al consumo, según el Instituto Nacional de Estadística u organismo que lo sustituya.

5º. Los gastos extraordinarios que tengan su origen en el/la hijo/a serán satisfechos por mitad entre ambos progenitores, requiriéndose el conocimiento del gasto necesario y su aceptación por el otro y, en su defecto, resolverá el Juzgado acerca del carácter extraordinario del mismo.

6º. Atribución del uso de la vivienda familiar a mi mandante, al permanecer junto a él/ella el hijo/a menor del matrimonio.

PRIMER OTROSÍ DIGO: Que, para acreditar los hechos en que se funda la demanda, interesa a esta parte el recibimiento a prueba del presente procedimiento,

SUPLICO AL JUZGADO se sirva acordarlo así en el momento procesal oportuno.

SEGUNDO OTROSÍ DIGO: Que, conforme a lo dispuesto en el art. 752 LEC, se solicita que se requiera al/a la demandado/a para que aporte las seis últimas nominas percibidas y la declaración del Impuesto sobre la Renta de las Personas Físicas del pasado ejercicio,

SUPLICO AL JUZGADO se acuerde la prueba propuesta.

TERCER OTROSÍ DIGO: Que, al amparo de lo dispuesto en el art. 773 LEC en relación con el art. 103 CC, interesa al derecho de esta parte que, con el carácter de provisionales, se adopten las medidas interesadas con el carácter de definitivas en el primer Suplico de esta demanda relativas a la guarda y custodia, patria potestad, régimen de visitas, pensión alimenticia y gastos extraordinarios,

SUPLICO AL JUZGADO que, teniendo por solicitadas las medidas provisionales indicadas, con formación de pieza separada, las admita a trámite y, previa la convocatoria de los cónyuges y de Ministerio Fiscal a comparecencia, acuerde su adopción como medidas provisionales que habrán de regir hasta el dictado de la sentencia de divorcio.

Todo ello por ser de Justicia que respetuosamente pido en (...), a (...) de (...) de (...).

Firma del Letrado

Firma del Procurador

5. DEMANDA DE MODIFICACIÓN DE MEDIDAS SOLICITANDO LA EXTINCIÓN DE LA ATRIBUCIÓN DEL USO DE LA VIVIENDA FAMILIAR

Normativa: arts. 90, 91 y 96 CC y 750.1, 769.1, 770 y 775 LEC

AL JUZGADO DE PRIMERA INSTANCIA DE (...) QUE POR TURNO CORRESPONDA

D./Dª. (...), Procurador/a de los Tribunales, en nombre y representación de D./D.ª (...), tal y como se acreditará mediante comparecencia *apud acta*, y bajo la dirección del/de la Letrado/a D./D.ª (...), ante el Juzgado comparezco y, como mejor proceda en Derecho, **DIGO:**

Que, por medio del presente escrito, y en la representación que ostento, de conformidad con lo dispuesto en el art. 775 LEC, formulo **DEMANDA DE MODIFICACIÓN DE MEDIDAS DEFINITIVAS** contra D./Dª. (...), y ello sobre la base de los siguientes:

HECHOS

PRIMERO.- Que D. (...) y Dª. (...) se encuentran divorciados en virtud de Sentencia firme del Juzgado de Primera Instancia número (...) de (...), dictada, en fecha (...), en los autos de divorcio tramitados con el número (...), que se acompaña como DOCUMENTO nº 1.

SEGUNDO.- Que dicha resolución acordó, entre otras medidas definitivas, la atribución del uso de la vivienda familiar, de carácter ganancial, al/a la demandado/a y a los hijos menores de edad del matrimonio.

TERCERO.- Que las circunstancias que se tuvieron en cuenta para la adopción de dicha medida han variado sustancialmente, ya que todos los hijos del matrimonio han alcanzado la mayoría de edad [y —en su caso— son independientes económicamente y no conviven en el vivienda que constituyó el domicilio familiar], tal y como se acredita con los certificados de nacimiento que se acompañan como DOCUMENTOS nº 2 y 3 [y —en su caso— con los DOCUMENTOS nº ... y ...].

A los anteriores hechos son de aplicación los siguientes:

FUNDAMENTOS DE DERECHO

I. JURISDICCIÓN

Son competentes los Tribunales civiles españoles de acuerdo con los arts. 21 y 22 LOPJ y 36 LEC.

II. COMPETENCIA

Es competente el Juzgado al que me dirijo de conformidad con lo dispuesto en los arts. 45 y 769.1 LEC.

III. CAPACIDAD Y LEGITIMACIÓN

Mi representado/a tiene la capacidad procesal necesaria de acuerdo con el art. 6 LEC, gozando ambas partes de legitimación, al amparo del art. 10 LEC, al discutirse la extinción de una medida adoptada en el proceso de divorcio en el que ambos fueron parte.

IV. REPRESENTACIÓN Y DEFENSA

Conforme a lo establecido en el art. 750.1 LEC, el/la actor/a comparece representado/a por el/la Procurador/a D./Dª. (...) y bajo la asistencia letrada de D./Dª. (...).

V. PROCEDIMIENTO

El procedimiento para la tramitación de la presente solicitud, de conformidad con lo dispuesto en el art. 775.2 LEC, es el contemplado en el art. 770 LEC.

VI. FONDO DEL ASUNTO

Resultan aplicables los arts. 90, 91 y 96 CC y 775 LEC.

En concreto, el art. 90.3 CC establece en su primer inciso que *"las medidas que el Juez adopte en defecto de acuerdo o las convenidas por los cónyuges judicialmente, podrán ser modificadas judicialmente o por nuevo con-*

venio aprobado por el Juez, cuando así lo aconsejen las nuevas necesidades de los hijos o el cambio de las circunstancias de los cónyuges", teniendo contenido similar el art. 91, párrafo primero, *in fine*, CC. Por su parte, el art. 775.1 LEC dispone que *"el Ministerio Fiscal, habiendo hijos menores o con discapacidad con medidas de apoyo atribuidas a sus progenitores y, en todo caso, los cónyuges, podrán solicitar del tribunal que acordó las medidas definitivas, la modificación de las medidas convenidas por los cónyuges o de las adoptadas en defecto de acuerdo, siempre que hayan variado sustancialmente las circunstancias tenidas en cuenta al aprobarlas o acordarlas"*.

Habiendo alcanzado todos los hijos del matrimonio la mayoría de edad procede la extinción del derecho de uso de la vivienda familiar de acuerdo con el art. 96.1 CC que, tras su redacción por la Ley 8/2021, de 2 de junio, establece en su párrafo primero, inciso primero, que *"en defecto de acuerdo de los cónyuges aprobado por la autoridad judicial, el uso de la vivienda familiar y de los objetos de uso ordinario de ella corresponderá a los hijos comunes menores de edad y al cónyuge en cuya compañía queden, hasta que todos aquellos alcancen la mayoría de edad"* y añade en su párrafo tercero que *"extinguido el uso previsto en el párrafo primero, las necesidades de vivienda de los que carezcan de independencia económica se atenderán según lo previsto en el Título VI de este Libro, relativo a los alimentos entre parientes"*.

Al respecto, la STC, Sala 2ª, 12/2023, de 6 de marzo (*Tol 9.466.559*), declara que *"la prestación alimenticia y de habitación a favor del hijo mayor, tenga la edad que tenga, está desvinculada del derecho a continuar usando la vivienda familiar, pues sus necesidades básicas se satisfacen mediante el derecho de alimentos entre parientes. Esta misma interpretación es la que ha venido realizando la Sala de lo Civil del Tribunal Supremo en todas aquellas ocasiones en las que se le ha planteado este supuesto, expresando que "ningún alimentista mayor de edad, cuyo derecho se regule conforme a lo dispuesto en los arts. 142 y siguientes del Código civil, tiene derecho a obtener parte de los alimentos que precise mediante la atribución del uso de la vivienda familiar con exclusión del progenitor con el que no haya elegido convivir. En dicha tesitura, la atribución del uso de la vivienda familiar ha de hacerse al margen de lo dicho sobre los alimentos que reciba el hijo o los hijos mayores, y por tanto, única y exclusivamente a tenor, no del párrafo 1 sino del párrafo 3 del artículo 96 CC*[57] *" (sentencia de 11 de noviembre de 2013)".*

VII. COSTAS

Es aplicable lo dispuesto en el art. 394 CC.

Por lo expuesto

SUPLICO AL JUZGADO: Que, teniendo por presentado este escrito, junto con los documentos que se acompañan, lo admita y tenga por formulada demanda de **MODIFICACIÓN DE MEDIDAS DEFINITIVAS** contra D./Dª. (…), a fin de que, previos los trámites legales oportunos, dicte sentencia en la que, estimando íntegramente esta demanda, acuerde la extinción del derecho de uso de la vivienda que constituyó el domicilio familiar atribuido a los hijos del matrimonio y al/a la demandado/a por Sentencia del Juzgado de Primera Instancia número (…) de (…), dictada, en fecha (…), en los autos de divorcio tramitados con el número (…); y, subsidiariamente, para el caso de que no se acordare la extinción, se limite la atribución del uso de la vivienda al plazo de un año a contar desde la fecha de presentación de esta demanda, apercibiendo en ambos casos al/a la demandado/a de desalojo si no la abandonare en el plazo que prudencialmente se señale. Todo ello con expresa condena en costas al/la demandado/a.

PRIMER OTROSÍ DIGO: Que, para acreditar los hechos en que se funda la demanda, interesa a esta parte el recibimiento a prueba del presente procedimiento,

SUPLICO AL JUZGADO se sirva acordarlo así en el momento procesal oportuno.

Todo ello por ser de Justicia que respetuosamente pido en (...), a (...) de (...) de (…).

Firma del Letrado

Firma del Procurador

---

57 En la actualidad, tras la modificación por la Ley 8/2021, de 2 de junio, art. 96.2 CC.